CHRISTIANE GREF

Die Blutlüge – Ludwig Tessnow

VOM INDIZ ZUM BEWEIS Lechtingen bei Osnabrück im Jahr 1898. Zwei Mädchen verschwinden auf ihrem Schulweg. Ihre zerstückelten Körper werden von der Suchmannschaft in einem Wäldchen abseits des Weges gefunden. Am Tatort stellt die Polizei einen Knopf sicher, der zur Jacke des 26-jährigen Tischlergesellen Ludwig Tessnow gehört. Auf der Jacke entdecken die Ermittler außerdem braune Flecken, die Tessnow als Holzbeize erklärt. Da ihm die Polizei nichts Gegenteiliges nachweisen kann, muss sie Tessnow notgedrungen auf freien Fuß setzen. Im Juli des Jahres 1901 wiederholt sich die Tat. Dieses Mal handelt es sich um zwei Jungen. Der Verdacht gegen Tessnow erhärtet sich, da abermals verdächtige Flecken auf der Jacke sind. Paul Uhlenhuth, ein Mitarbeiter des Mediziners und Mikrobiologen Robert Koch, tritt mit seinem neu entwickelten Blut-Präzipitin-Test den Beweis an, dass Tessnow der Mörder ist. Bald geht es jedoch nicht mehr nur um Tessnows Schuld. Es entbrennt ein Kompetenzstreit zwischen Jurisprudenz und den, als Gutachter in den Verhandlungen, involvierten Psychiatern.

Christiane Gref konnte sich schon immer für Bücher begeistern. Dennoch dauerte es bis zum Jahre 2005, bis sie selbst begann, Geschichten aufzuschreiben. Wissenschaftliche und zugleich historische Themen liegen ihr besonders am Herzen. Ergänzend zum Brotberuf im Büro legte sie im Herbst 2014 erfolgreich ihre Überprüfung zur Heilpraktikerin für Psychotherapie ab und bildet sich seitdem kontinuierlich auf diesem Gebiet weiter. Ihr Leitmotto: Gerade die unangenehmen Themen sind einen zweiten Blick wert, denn sie enthalten die meiste Wahrheit über das Menschsein.

Bisherige Veröffentlichungen im Gmeiner-Verlag:
Die Seelenwärter (2014, zusammen mit Meike Schwagmann)
Die Schädeljäger (2012, zusammen mit Meike Schwagmann)

CHRISTIANE GREF

Die Blutlüge – Ludwig Tessnow

Biografischer Kriminalroman

GMEINER SPANNUNG

Personen und Handlung sind zu Teilen fiktional.

Besuchen Sie uns im Internet:
www.gmeiner-verlag.de

Im Ehnried 5, 88605 Meßkirch
Telefon 07575/2095-0
info@gmeiner-verlag.de

1. Auflage 2016

Lektorat: Claudia Senghaas, Kirchardt
Herstellung: Mirjam Hecht
Umschlaggestaltung: U.O.R.G. Lutz Eberle, Stuttgart
unter Verwendung eines Fotos von: © ullstein bild –
Süddeutsche Zeitung Photo / Scherl
Druck: CPI books GmbH, Leck
Printed in Germany
ISBN 978-3-8392-1940-9

Für Urmeline, die von Anfang an dabei war

KAPITEL 1

Greifswald, 4. Juli 1902.

Kurz nachdem der Richter das Todesurteil verkündet hatte, erlitt der Angeklagte, Ludwig Tessnow, einen Anfall.

Am Abend berichtete der Geschworene Weber seiner Frau, was sich an jenem Tag im Gerichtssaal ereignet hatte. »Du kannst es dir nicht ausmalen. So vorhersehbar. Da ging es dem Kindsmörder noch gut, doch schon einen Moment später, als der ehrenwerte Richter das Urteil verlas, kippte der Tessnow nach hinten um und lag alsdann zuckend am Boden. Er ist ein Simulant, das steht für mich fest.«

»Warum hat sich niemand erbarmt und dem Leiden gleich ein Ende bereitet?«, warf Elisabeth ein. »Dass solche Verbrecher einen Prozess erhalten … da müsste mal jemand was machen!« Allein die Vorstellung, ihre Jungs wären dem Schlächter über den Weg gelaufen, trieb ihr das Grausen in die Glieder. Stolz erfüllte sie, dass ihr Gatte mithalf, den armen Grawerts Satisfaktion zu geben.

Zwar belebte dies die beiden Söhne der Fuhrmannsleute auch nicht wieder, doch zumindest konnte der Galgenvogel nie wieder morden. Elisabeth räumte den Tisch ab.

»Können Sie mich hören?«, fragte Doktor Beumer. Er befand sich in der Gefängniszelle und schwenkte eine Kerze vor Tessnows Augen hin und her. Dessen Pupillen reagierten kaum. Beumer fühlte dem Angeklagten den Puls, der unregelmäßig war. Die Haut am Handgelenk war eiskalt. »Wärter«, rief er. Und als der Gerufene die Klappe öffnete, fügte Beumer hinzu: »Der Gefangene ist unterkühlt. Wir brauchen eine warme Decke und Suppe.« Er wusste, die Gefangenen waren hier nichts als lästiges Übel. Man sorgte dafür, dass sie nicht verhungerten. Wenn sie krank wurden, verlegte man sie kurzerhand in die Hospitäler. Das sparte Geld und Mühe. Nach 20 Minuten erschien die Wache tatsächlich mit einer Schale Suppe und einer Decke, die zwar nach Schimmel roch, doch dicht gewebt war. Beumer lagerte Tessnow mit dem Oberkörper erhöht, indem er die reguläre Gefängnisdecke zusammenrollte und ihm unter den Rücken schob. Dann flößte er dem Gefangenen die Suppe ein. »Besser?«, wollte er wissen. Tessnow nickte schwach und schluckte brav Löffel um Löffel. Zufrieden stellte Beumer fest, dass das Gesicht seines Patienten ein wenig an Farbe gewann. Er wagte einen Vorstoß, obgleich er sich bewusst war, dass es womöglich zu früh war. »Was ist im Gerichtssaal heute Nachmittag geschehen?«

Tessnow runzelte die hellen Augenbrauen. »Gerichtssaal«, wiederholte er. »Ich kann mich nicht erinnern.«

Beumer tastete seine Manteltaschen ab, doch bedauerlicherweise hatte er sein Notizbuch vergessen. Das Buch, das Abbildungen der verstümmelten Kinder enthielt. Jedes Mal, wenn er mit Tessnow zu tun hatte, kamen ihm die grausamen Details der Morde in den Sinn. Es war schwierig, ihn nicht als Bestie, sondern als Patienten zu betrachten. Beumer räusperte sich. »Können Sie sich daran erinnern, wie Sie den heutigen Tag begannen?«

Wieder dauerte es eine Weile, bis Tessnow schleppend zu sprechen begann: »Ja, das weiß ich wohl noch.«

»Und?«

»Ich kämmte mich und kratzte mir die Wanzenbisse blutig, damit sie nicht jucken, wenn ich den feinen Leuten gegenübersitze. Und dann gab es Essen.«

Beumer dachte nach. Zwischen dem Frühstück und dem Prozessbeginn lagen gut und gerne zwei Stunden.

»Was taten Sie nach dem Essen?«, wandte er sich erneut an Tessnow.

»Ich kann mich nicht erinnern. Es ist alles durcheinander. Als hätte mir einer im Kopfe herumgerührt.«

Beumer nahm sich vor, den Direktor sofort nach diesem Gespräch um ein Blatt Papier und einen Stift zu bitten. Nicht was der Tessnow sagte, erregte seine Aufmerksamkeit, sondern wie er sich verhielt. Die Augenlider fielen ihm zu, er kratzte sich unkoordiniert, wobei er zusammenzuckte, als er eine Stelle über seinem linken Auge erwischte. Er lallte wie trunken und machte lange Pausen zwischen den einzelnen Wörtern.

»Schlafen Sie sich erst einmal aus. Ich komme morgen wieder«, sagte Beumer und erhob sich. Er musste sich dringend mit seinen Kollegen besprechen. Hatte er sich geirrt, indem er Ludwig Tessnow als Simulanten dargestellt hatte?

KAPITEL 2

Stettin, Februar 1872.

Die Wehen waren fürchterlich und dauerten schon viel zu lange. Immer wieder verschwamm die Welt vor ihren Augen. Die Hebamme, eine ältere Frau, die streng aus dem Mund roch, sprach ihr gut zu. Emma hörte nicht hin, viel zu sehr war sie mit ihrem eigenen Leid beschäftigt. Fast war sie sicher, kein Menschenkind, sondern eine Schimäre zu gebären. Recht geschah ihr. Was hatte sie geleistet in ihrem Dasein? Strafte Gott sie nicht immerzu mit Kopfschmerzen und Ohnmachten? Und dann diese Schatten, die sie heimsuchten. Alles eine Prüfung. Aber warum sie? Früher hatte sie geglaubt, dass der Teufel und der Herrgott einen Streit um ihre Seele ausfochten. Da hatte sie sich wichtig gefühlt, ja, einzigartig. Heute sah sie die Dinge anders. Sie war gewöhnlich, mehr noch, sie löste sich nach und nach auf. Ihre Stimme wurde immer leiser, ihr Mann und ihr Schwiegervater immer lauter, ihre Haut immer blasser, während die Adern auf den Nasen der Männer rot und lila wurden. Ihr Stiefsohn, Bernhard, tat jetzt schon, was er wollte. Ihr Wort galt überhaupt nichts. Erst die Schläge des Vaters brachten Gehorsam in das Kind. Emma wurde nicht oft geschlagen. Was habe er schon davon, eine schwache, gestörte Person zu züchtigen? Wenn er so sprach, kam sie sich noch kleiner vor.

»Und jetzt, pressen. Feste pressen.« Die Hebamme atmete ihr schwer ins Gesicht. Ein Schwall übler Gerüche drang Emma in die Nase. Der Schmerz schien sie in der Mitte zerreißen zu wollen. Sie hielt die Luft an.

»Atmen«, rief die Hebamme. »Immer schön weiter atmen.«

Emma schwanden die Sinne, das Gesicht der Hebamme zerfaserte vor ihren Augen, der Schmerz war zwar immer noch da, doch er wurde ihr egal. Schwarze Schlieren schoben sich in ihr Gesichtsfeld.

Ein Anfall. Bitte, lieber Herrgott, nicht jetzt!, flehte sie still. Plötzlich erscholl ein Quäken, das sie nur am Rande wahrnahm. Ein kühler Windzug strich über ihren verschwitzten Arm und die Halsbeuge. Da erst wurde Emma bewusst, dass die Hebamme von ihrer Seite gewichen war. Emma blinzelte mehrmals.

»Ein Junge. Etwas dürr, weil er vor der Zeit gekommen ist, aber den kriegen wir schon hin.« Die Hebamme streckte ihr hilfsbereit einen Arm entgegen, an dem sich Emma in die Höhe zog. Und dann hielt Emma ihren Sohn im Arm, der sie angreinte und alsbald gierig nach ihrer Brustwarze schnappte.

Als der kleine Ludwig, denn so wollte sie ihn nennen, später in seiner Wiege lag, faltete Emma die Hände und dankte dem Himmel für den glimpflichen Ausgang der Geburt. In der Nacht begann der Kleine zu zittern. Emma packte ihn unter ihre Bettdecke, doch er fror weiter. Er verweigerte außerdem das Trinken. Kalter Schweiß kroch auf die Stirn des Kindes. Emma zitterte im Laufe der verrinnenden Stunden ebenso heftig wie der Säugling. Schließlich weckte sie ihren Mann.

»Hol' die Hebamme. Sie muss nach Ludwig sehen. Ich glaub', das Kind stirbt!«

Ausnahmsweise reagierte ihr Mann sofort.

Die Hebamme hielt die Lampe dicht über das Gesicht des Säuglings. Es wirkte ausgezehrt. Aus dem anfänglichen

Geschrei war ein klägliches Wimmern geworden. »Es ist krank. Am besten holen wir den Pfarrer, dass er's tauft.«

Da begann Emma Tessnow bitterlich zu schluchzen. Sie wusste, was eine Nottaufe bedeutete.

Als sich Emma, Friedrich, Bernhard und der Pfarrer am Morgen um das Taufbecken versammelten, lag der kleine Ludwig apathisch in Emmas Armen. Sein Atem ging stoßweise. »So ein kleines Wesen«, sagte der Pfarrer und blickte Emma bedauernd an. Emma hielt das Kind über das Becken. In dem Moment, als der Pfarrer ihm das geweihte Wasser über das Köpfchen goss, umklammerte der kleine Ludwig fest Emmas Zeigefinger.

KAPITEL 3

Es war ein heißer Sommer im Jahr 1875. Emma Tessnow hatte einen guten Frühling ohne jedwede Anfälle verlebt. Sie hatte sich als Küchenhilfe verdingt, ein paar einfache Näharbeiten für den ansässigen Schneider ausgeführt und war dieses Mal so schlau gewesen, die Münzen vor ihrem Liebhaber Tebesius zu verstecken, der sich als schäbiger Säufer entpuppt hatte. So wie alle ihre Männer. Für einen Moment presste sie grimmig die Lippen aufeinander, konnte an diesem schönen Tag allerdings nicht im Groll schwelgen.

Vermutlich wurde sie durch das Sonnenlicht und das müßige Brummen der Insekten betäubt. Sie ging zum offenen Fenster und sah ihrem Sohn beim Spielen zu. Eine zeitlang hatte er einen Kreisel über die Straße getrieben. Doch jetzt hatte er offenbar etwas Interessanteres entdeckt. Emma ahnte auch, was das war. Hatte sie doch selbst am Morgen einen großen Schritt darüber gemacht. Ludwig ging in die Hocke und betrachtete die, von einer Kutsche, überrollte Taube im Rinnstein. Neugierig bohrte er mit seinem Zeigefinger in der offenen Bauchhöhle des toten Vogels herum. »Ludwig, lass das!«, rief Emma und hieb die Faust auf das Fensterbrett.

Langsam, als koste es ihn unendliche Kraft, den Blick von dem Tierkadaver abzuwenden, hob Ludwig den Kopf und sah Emma mit seinen hellen Augen an. Ohne die geringste Gefühlsregung. Emma wurde unruhig, aber sie zwang sich, den Blick nicht abzuwenden und seiner stummen Missbilligung mit mütterlicher Härte zu begegnen. Nach einer gefühlten Ewigkeit senkte Ludwig den Kopf und gleichsam seinen Zeigefinger erneut in die Innereien der Taube. Emma schloss das Fenster und wandte sich seufzend ab.

Am Abend polterte Friedrich in die Wohnung, stolperte über die Schwelle, fluchte und riss beim Versuch sich abzufangen den Krug vom Tisch. Den einzigen, den Emma Tessnow besessen hatte. Fassungslos schaute sie auf die Scherben. Friedrich indessen polterte weiter, riss die Tür zum Zimmer der Buben auf und holte die schlafenden Kinder aus dem Bett. Sie konnte Friedrich nicht abgewöhnen, immer noch bei ihr aufzutauchen, obgleich sie jetzt mit dem wahren Vater von Ludwig zusammenlebte. Leider erhielt sie keinerlei Unterstützung, weder von ihrem Vater noch von Tebesius, der die Anwesenheit Friedrichs als leidiges Übel betrachtete.

»Friedrich, was tust du?«, sprach Emma den trunkenen Mann ruhig an.

»Es wird Zeit, dass die beiden das Leben sehen, wie's halt ist.«

Emma konnte sich keinen Reim darauf machen, was Friedrich damit meinte. »Es ist spät. Nimm sie doch morgen zur Arbeit mit.«

»Was weißt du denn schon«, raunzte Friedrich und starrte die Kinder mit glasigen Augen an. »Zieht euch an, wir gehen raus«, wandte er sich nun an die beiden, die sich schlaftrunken die Augen rieben. Bernhard fasste sich als Erster und griff nach seiner Hose, die über dem Schemel lag. Ludwig allerdings verweilte in seinem Träumerland, wie Emma insgeheim jenen Ort nannte, an den sich Ludwig auch zuweilen tagsüber zurückzog. Friedrich bohrte mit dem Zeigefingernagel zwischen seinen Vorderzähnen. »Wenn du mitwillst, Bankert, dann zieh dir Hose und Hemd an. Ansonsten kannst du mir gestohlen bleiben.« Emma sah, wie die Ader auf Friedrichs Stirn zu pochen begann. Eilig half sie ihrem Jüngsten beim Ankleiden, der noch immer mit abwesendem Blick durch das Zimmer starrte. Friedrich schob die Kinder zur Tür hinaus. Die Geräusche der Kinderfüße waren neben Friedrichs Getrampel kaum zu hören. Emma setzte sich an den Tisch neben dem Herd, bedeckte die Augen mit den Handflächen und fühlte den Schmerz hinter den Augenhöhlen herantosen.

Rufen und penetrantes Klopfen an der Wohnungstür weckten Emma auf. Ihr Kopf war in der Nacht irgendwann vor

Erschöpfung auf den Tisch gesunken. Es war kalt, und Emmas Genick schmerzte, als sie sich aufrichtete. In ihren Ohren rauschte das Blut. Steif humpelte sie zur Tür. Davor stand ein Mann in einem durchschwitzten, derben Hemd. Er trug den kleinen Ludwig auf seinen ausgestreckten Armen. Emma biss sich beim Anblick des bleichen Kindes auf die Fingerknöchel. Bernhard lehnte mit rotgeweinten Augen an der Seite des Mannes. Sein Hemd war blutbesudelt. Auch Ludwigs Kleidung zeigte große bräunlich-rote Flecken. »Was, um Gottes willen, ist geschehen?«, stieß Emma hervor.

»Mein Name ist August Wachter. Ich kenne Friedrich von der Arbeit. Wir hatten für die Werft Innenteile zu fertigen. Friedrich wurde von der Polizei geholt.«

»Kommen Sie rein«, bat Emma. Sie wollte nicht, dass Herr Wachter die unselige Geschichte im Treppenhaus erzählte, die Nachbarn waren sowieso zu neugierig. Gemeinsam mit Wachter, brachte Emma die Kinder zu Bett. Sie schliefen sofort ein.

In der Küche stellte sie ein kleines Glas vor den Gast und füllte vom Selbstgebrannten ein. Dankbar nickte Herr Wachter und trank in einem Zug den Schnaps aus. Dann wischte er sich mit der Hand über den Mund und sah Emma ernst an. »Der Friedrich steht im Verdacht, einen Mann ermordet zu haben.«

Ein Beben ergriff von Emma Besitz. Es begann merkwürdigerweise im Kinn und setzte sich über den Oberkörper, den Bauch und schließlich die Beine fort. Ihre Kopfhaut prickelte. »Und die Kinder haben das gesehen?«

Herr Wachter zuckte mit den Schultern. »Ja, scheint so.«

Schweigend saßen sie noch eine Weile, dann stand Wachter auf und verabschiedete sich. Emma blieb wie festgenagelt auf ihrem Stuhl sitzen. Ihre Beine waren taub, ihr Herz klopfte schwer und langsam. Die Finger zitterten. Das erste Mal seit Jahren trank sie Schnaps, obwohl sie wusste, dass sie für die paar Schlucke teuer würde bezahlen müssen. Vielleicht wollte sie ja genau das. Sie hatte versagt, hatte als Mutter ihre Kinder nicht vor dem Bösen schützen können.

Bernhard gebärdete sich seitdem wie toll. Eines Morgens, es war etwa eine Woche vergangen, kam er heulend in die Küche. In seinen Händen hielt er Emma etwas entgegen.

»Er ist tot. Tot!«, schrie er aufgebracht.

Sie legte den Kochlöffel beiseite und beugte sich zu Bernhard herunter. Emma brauchte eine Weile, um in den rosigen Fetzen, an denen Fell hing, den Stallhasen Piet zu erkennen, Bernhards Liebling.

»Meine Güte, wer war das?«

»Er hat mich so komisch angeschaut«, stieß Bernhard hervor. Dann rannte er aus der Küche. Emma sah ihm nach und entdeckte Ludwig, der still an der Tür gestanden und alles mitbekommen hatte. Mehr erschreckte sie jedoch sein versonnenes Lächeln.

KAPITEL 4

Es war Ende Januar des Jahres 1876, als ein schweres Wintergewitter Stettin heimsuchte. Die Straßen standen unter Wasser, Vorräte wurden aus vollgelaufenen Kellern geborgen. Alte Bäume lagen kreuz und quer. Der Wind hatte sie geknickt wie Kienspäne. Seit drei Stunden tobte das Unwetter bereits. Viele Leute waren aus ihren Häusern gekommen, um die Eingänge mit Sandsäcken gegen das einbrechende Wasser abzudichten. Auch Emma und Tebesius schleppten Säcke. Bernhard war nirgendwo zu sehen, Ludwig harrte im trockenen Eingangsbereich aus und spähte auf die Straße.

Die Luft roch nach Regen und legte sich wie ein kühler Mantel auf das Gesicht. Manchmal verirrte sich ein Spritzer zu Ludwig. Er hauchte in seine eiskalten Hände. Ein weiterer Blitz zerriss den Himmel, der Donner folgte fast augenblicklich. Plötzlich rasten zwei glühende Punkte auf Ludwig zu. Er schrie und warf sich zur Seite. Er fühlte Fell unter sich, das einen modrigen Geruch ausströmte. In das Fell kam Bewegung, ein qualvolles Bläken quoll dumpf unter Ludwigs Leib hervor. Dann fuhren mit einem Mal Messer aus dem Fellball und der Teufel zerschnitt ihm das Gesicht. Ludwig fuhr hoch, Kratzen auf Fliesen war zu hören, eine huschende Bewegung, nur zu erahnen. Ludwig schrie nach seiner Mutter. Die Straße lag menschenleer da. Was, wenn das Gewitter sie alle aufgefressen und dafür diese teuflischen Kreaturen auf die Erde gespuckt hatte? Ludwig jammerte unartikuliert und drückte seine Hände auf die brennenden Wunden in seinem Gesicht.

Jemand zog ihm die Hände fort. Ludwig strampelte, schrie und boxte um sich. Eine schallende Ohrfeige war die Reaktion.

»Was ist denn hier los? Kann man dich nicht mal fünf Minuten allein lassen? Wie sieht überhaupt dein Gesicht aus?«

Ludwig antwortete nicht. Er schlang die Arme um seine Mutter, barg sein Gesicht in ihrer Halskuhle und weinte bitterlich. Seit diesem Tag hasste er Katzen, denn er hatte ihr wahres Wesen erkannt.

Stettin, 1878. Ludwig drehte seinen Schuh so, dass sich das Sonnenlicht am frisch polierten Leder brach. Es fühlte sich ungewohnt an, festes Schuhwerk zu tragen. Seine Mutter hatte die dunkelbraunen Schuhe durch Zufall günstig erstanden und sich alle Mühe gegeben, sie so aussehen zu lassen, als wären sie gerade erst vom Schuster gefertigt worden. Auch wusste er, dass sie für den großen Tag in den vergangenen Nächten heimlich Äpfel kandiert und Rumrosinen hergestellt hatte. Aber das sagte er ihr nicht, weil er ihr nicht die Überraschung verderben wollte. Dann würde sie wieder so traurig schauen. Auch, dass Bernhard schon wieder die halbe Nacht durch Stettins Straßen gestromert war, verschwieg er ihr lieber. »Ludwig, kommst du?«

Ludwig zog den Fuß vom Fensterbrett, griff nach der Schiefertafel, die nur ein klitzekleines bisschen am Holzrahmen gesplittert war, und lief in den Flur. Seine Mutter trug ihr gutes Sonntagskleid, das etwas um ihre Leibesmitte schlotterte. »Du passt gut auf und meldest dich, wenn du etwas zu sagen hast. Und höre immer auf das, was der Lehrer sagt, ja? Und benimm dich anständig. Nicht so wie dein Bruder.«

»Ja, Mutter«, sagte er gottergeben. Seine Mutter seufzte. »Ach, was bist du so schnell groß geworden. Kaum konntest du laufen, kommst du schon in die Schule. Es ist unglaublich, wie schnell die Zeit vergeht.«

»Ja, Mutter.«

»Viel sprichst du zwar immer noch nicht, aber ich bin dem Arzt von damals sehr dankbar, dass er dich nach Rügen verschickt hat, ohne dass es uns einen Taler gekostet hätte.«

»Ich kann mich nicht daran erinnern.«

»Nun ja, du warst erst drei. Die Hauptsache ist doch, du bist wieder gesund geworden.« Ludwig hasste es, wenn seine Mutter ihm durch die Haare fuhr. Unwillig trat er beiseite. »Was ist eigentlich mit Bernhard?«

»Der schläft noch.«

»Aber er muss doch auch zur Schule!« Seine Mutter stieß mit geschlossenen Augen die Luft aus. »Wie auch immer. Wir müssen uns eilen«, sagte sie gepresst. Gemeinsam verließen sie die Wohnung. Ohne Bernhard.

Vor der Schule sammelten sich die Eltern mit ihren Sprösslingen. Ludwig kannte ein paar der Kinder flüchtig. Seine Mutter hielt sich abseits. Er wusste, sie hasste Menschenmengen. So wie er auch. Die Nähe zu anderen erstickte ihn. Jetzt stand er gehorsam neben seiner Mutter, den Lärm der aufgeregten Kinder schied er von sich ab wie den Rahm von der Milch und merkte erst auf, als seine Mutter ihn an der Schulter rüttelte. »Ludwig«, sagte sie. »Wo warst du denn mit deinen Gedanken?«

Ludwig zuckte mit den Schultern. »Der Direktor ruft die Kinder zu sich und teilt sie in die Klassen ein.«

Tatsächlich. Vorne stand ein rundlicher Mann, um die 50 Jahre mochte er wohl zählen, und rief Namen auf, die er von einer Liste ablas. »Tessnow, Ludwig, hier herüber.« Er deutete auf eine durcheinanderredende Schar Jungen, die sich neben einem hageren Lehrer zusammendrängte. Ludwig musterte die Kinder. Einerlei. Gesichter waren unwichtig. Er stellte sich an den Rand und überhörte die Fragen nach seinem Namen, wo er wohne, wie alt er sei. Die Fragen hörten irgendwann auf, und er konnte in Ruhe den Rest der Aufteilung verfolgen. Die Gruppen, es gab insgesamt drei Klassen mit neuen Sprösslingen, setzten sich im Gänsemarsch in Bewegung. Vor Rührung weinende Mütter und Väter mit grimmig zusammengepressten Kiefern oder letzten Ermahnungen auf den Lippen blieben zurück. Seine Mutter sah ihm still nach. Keine Träne verließ ihren Augenwinkel. Keine Regung, kein Winken. Ludwig drehte sich um und blickte nach vorne. Dem Eingang des Schulgebäudes entgegen, der imposant von zwei Säulen flankiert war.

KAPITEL 5

Als der Kastanienbaum im Schulhof ein paar Wochen später begann, seine stachelige Fracht abzuwerfen und die Kinder begeistert die braunglänzenden Kastanien sammelten, kam kein Kind mehr zu ihm und wollte seinen Namen wissen. Ludwig stand meist am Zaun, mit dem Rücken zur Straße, und betrachtete das Geschehen rings um sich. Ein Junge geriet eben in Streit mit Bernhard. Es sah ernst aus. Sein Bruder wurde gegen den Hals geboxt, fiel um wie ein nasser Sack und blieb japsend liegen. Der andere setzte sich rittlings auf ihn und hieb ihm die Faust ins Gesicht. Ludwig eilte los, schubste unterwegs Kinder zur Seite, erreichte schließlich die Kämpfenden. Der andere bemerkte ihn nicht. Ludwigs Sichtfeld engte sich ein, das Licht verblasste. Bernhards Blut, das von der geballten Faust des Angreifers tropfte, war fast schwarz. Ein Spritzer flog weg und zerplatzte im Sand des Hofes. Ludwig war selten so konzentriert gewesen wie in diesem Augenblick. Er holte weit mit dem rechten Bein aus und trat dem Peiniger seines Bruders so fest er konnte gegen den Hinterkopf. Es knackte, als die Schuhsohle mit dem Schädelknochen kollidierte. Der Tritt katapultierte den Jungen von Bernhard herunter. Er überschlug sich und blieb reglos liegen. Blut floss aus einer Wunde am Kopf. Die Zuschauer, die einen Kreis um die Raufbolde gebildet und sowohl Bernhard als auch den anderen Jungen angefeuert hatten, verstummten plötzlich. Sein Bruder rappelte sich hoch und klopfte Ludwig anerkennend auf die Schulter. »Du hast echt Mumm. Das hätte ich von dir nicht gedacht.« Dann besah er sich den wie tot Daliegenden. »Aber ganz so arg hättest du nicht zutreten dürfen.«

»Hab ich auch nicht«, sagte Ludwig leise, drängte sich durch die Gaffer und nahm seinen angestammten Platz am Zaun wieder ein. Nur wenige Minuten später wurde er zum Direktor gerufen. Der dicke Mann war mit einem Mal gar nicht mehr so gemütlich. Er musterte Ludwig mit wütender Miene durch ein Monokel. »Tessnow, ich weiß, dass du deinem Bruder helfen wolltest. Aber findest du es nicht unsportlich, ja geradezu infam, dich hinterrücks anzuschleichen und zuzutreten?«

Ludwig senkte den Blick und schwieg.

»Ich finde das sehr bedenklich und kann es mir nur dadurch erklären, dass du einem Familienmitglied beistehen wolltest und dir der Konsequenzen nicht bewusst warst. Du hast großes Glück, dass du noch nie als Krawallmacher aufgefallen bist. Die Lehrer sagen, du seist ein stilles und friedliebendes Kind. Daher belasse ich es bei einer satten Strafarbeit und werde auf einen Schulverweis verzichten. Sollte so etwas jedoch noch einmal vorkommen, werde ich dich umgehend vom Unterricht suspendieren. Hast du mich verstanden, Tessnow?«

Ludwig nickte.

»Gut, du kannst gehen.«

Als Ludwig nach Hause kam, war Bernhard ausnahmsweise zu Hause. »Und, was gab's beim Direktor?«

»Hab eine Strafarbeit bekommen.«

»Karl liegt im Krankenhaus. Du hast ihm wohl den Schädelknochen kaputt getreten.« Bernhard konnte sich ein Grinsen nicht verkneifen.

»Wo ist Mutter?«, wollte Ludwig wissen.

»Na in der Schule, du Blödmann.«

»Warum denn?«

»Ich fliege von der Schule.« Ludwig erschrak. Bernhard erweckte allerdings nicht den Eindruck, als würde ihm die Suspendierung allzu viel ausmachen.

»Du hast doch gar nichts gemacht, der hat dich doch verhauen!«

»Es war eben eine Rauferei zu viel. Dem Direktor hat es gereicht. Der konnte mich eh noch nie leiden. Ist mir egal. Ich suche mir halt irgendeine Arbeit.«

»Du bist aber erst zehn.«

»Na und?«

Ludwig wusste, dass es sinnlos war, seinem Bruder zu widersprechen. Beide warteten still auf die Rückkehr der Mutter.

KAPITEL 6

Es war ein milder Wintertag. Die Sonne schien, und Ludwig öffnete das Fenster, um den Geruch des Holzofens herauszulassen. Die Sonne spiegelte sich in der Fensterscheibe. Es war amüsant, er bewegte die Scheibe hin und her, ließ den Sonnenstrahl immer schneller aufblitzen. Plötzlich spürte er, wie es ihm im Kopf ganz leicht zumute wurde. Dann mischte sich eine diffuse Angst hinzu, und dann verlor er die Kontrolle über seinen Körper. Es fühlte sich an, als kröchen Schlangen unter seiner Haut. Er kippte nach hinten, spürte, wie er sich den Hinterkopf an der Tischkante anschlug – und dann nichts mehr.

Als er zu sich kam, gähnte er als Erstes. Sein Hemd war nass auf der Brust. Sein Kiefer schmerzte. Eine Trägheit steckte ihm in den Knochen, als habe er den ganzen Tag beim Schleppen von Kohlensäcken geholfen. Aber dabei hatte er doch nichts geschleppt. Oder doch? Er konnte sich an den bisherigen Verlauf des Tages nicht erinnern. War er in der Schule gewesen? Er keuchte entsetzt auf, als er feststellte, dass er sich in die Hose gemacht hatte. Nicht nur die Hose war durchweicht, auch in die Bodendielen war Urin eingesickert. Mit schamroten Wangen setzte sich Ludwig auf und zog sich am Tisch hoch. Aus der stehenden Perspektive betrachtet, sah der Boden noch schlimmer aus. Denn dort, wo Ludwig mit dem Kopf gelegen hatte, war Blut. Er griff sich an den Hinterkopf und besah sich seine Finger. Sie waren rot. Seinen Plan, die Küche zu wischen, verwarf er. Er war krank. Und wenn man krank war, musste man zu Bett. Das hatte ihm seine Mutter oft genug eingebläut. Sie selbst hielt es schließlich auch so. Er zog seine Schuhe aus und legte sich hin.

Blitze zuckten vor seinen geschlossenen Lidern. Er fand nur in unruhigen Schlaf, und er litt entsetzlichen Durst, konnte sich aber nicht bewegen. Seine Arme und Beine lagen bleischwer auf der Matratze. Als seine Mutter nach Hause kam, konnte er auf ihr Rufen nur wimmernd antworten. Zu viel Kraft kostete eine laute Äußerung.

»Ludwig, was ist denn geschehen?« Sie setzte sich auf die Bettkante.

»Schwindlig. Hingefallen. Wehgetan.« Mehr bekam er nicht heraus, und selbst diese wenigen Wörter hörten sich an, als hätte sein Vater sie nach dem siebten Schnaps ausgesprochen.

Vorsichtig tastete Mutter seinen Kopf ab. Als ihre Finger die Wunde berührten, sog er scharf die Luft ein. Sie erwärmte ein wenig Wasser auf dem Herd und säuberte die Haut um die Verletzung. »Du hast Glück gehabt. Das hat von selber aufgehört zu bluten.« Ludwig konnte sich darüber angesichts der hämmernden Schmerzen nur mäßig freuen.

Dann half sie ihm, sich zu waschen und saubere Kleidung anzuziehen. Ludwig brannte eine Frage schon seit seinem Erwachen auf der Zunge: »Bin ich sterbenskrank, Mutter?«

»Ich hatte schon öfter den Verdacht, dass du meine Fallsucht geerbt hast. Jetzt ist es wohl offiziell. Machen kann man nicht viel. Aufregung sollte man meiden, aber ach …« Sie stieß spöttisch die Luft aus. »Das geht wohl nur, wenn man reich ist. Sorgt man sich täglich um den Lebensunterhalt, ist es mit der Ruhe schnell vorbei.«

Ludwig überlegte. Seine Mutter war schon über 30 und lebte noch. Das bedeutete, dass die Krankheit wohl nicht tödlich war. Allerdings hatte sie manches Mal Anfälle, nach denen sie tagelang im Bett lag. Er fühlte sich, sah man einmal von den Kopfschmerzen und den lästigen Blitzen ab, wieder ganz wohl. Er wusste wieder, dass er in der Schule gewesen war – und leider fiel ihm bei der Gelegenheit auch ein, dass er noch Hausaufgaben anfertigen musste.

Der Anfall hatte ihn sensibel für seine körperlichen Zustände gemacht. Er spürte, wenn sich die Melancholie anschlich, die ihn meist in den dunklen Monaten überfiel. Er widersetzte sich der Lähmung, die dann auch seinen Geist und seinen Körper befiel. Er ging hinaus, wenn es soweit war, weil er das Gefühl hatte, die Wände kämen beständig näher und wollten ihn erdrücken. Sein Zimmer bewohnte er nunmehr allein.

Bernhard verbrachte die Nächte meist in irgendwelchen Spelunken oder beim Vater mit seinen stets wechselnden Geliebten. Kaum, dass er sich zu Hause blicken ließ – und wenn, dann nur, um die Mutter um Geld anzubetteln. Eines Tages bekam die Mutter Post, die sie zum Weinen brachte. Sie las den Brief, zerknüllte ihn und warf ihn in den Ofen. »Mutter, warum verbrennst du den Brief?«, fragte Ludwig. »Das hast du doch noch nie gemacht. Du hebst doch sonst alles sorgsam auf.«

»Es ist böse Post, und dem Bösen muss man mit Feuer begegnen.«

Ludwig verstand die Welt nicht mehr. »Wer sollte dir denn finstere Dinge schreiben? Du hast doch nichts Schlimmes getan.«

»Doch, ich habe Bernhard zur Welt gebracht. Und obgleich er auf Abwege geraten ist, kann ich nicht aufhören, ihn zu lieben. Das ist meine Schuld. Vielleicht wird das Gefängnis ihn läutern.«

An jenem Tag ging seine Mutter sehr früh zu Bett. Ludwig verstand nicht, warum sie sich die Schuld gab. Sie war doch nicht Bernhard. Ihm fiel auf, dass Tebesius schon wieder nicht nach Hause kam. Wo steckte der Mann bloß?

KAPITEL 7

Ludwig spürte, dass er immer zorniger wurde. Dabei brauchte die Wut keinen Anlass. Sie schlich sich leise an, sammelte sich wie Wasser in einer Regentonne. Mit Grausen erinnerte er sich an das Räuber-und-Gendarm Spiel mit den anderen Kindern. »Ha, Tessnow, ich hab dich«, hatte Fritz Unkelbach gegrölt und Ludwig fest umklammert. Da bekam es Ludwig mit der Angst zu tun. Er wand sich im festen Griff, was Fritz dazu animierte, nur noch fester zuzudrücken. Ludwig glaubte zu ersticken. Die Arme von Fritz waren wie Schraubstöcke und schienen jede Zelle zermalmen zu wollen. Ludwig konnte die Tränen nicht mehr zurückhalten und das Zittern nicht länger unterdrücken. »Schaut mal, der Tessnow heult wie ein Mädchen«, machte sich Fritz lustig. Die anderen Kinder lachten und zeigten vergnügt mit dem Finger auf ihn. Ludwig glaubte vor Scham sterben zu müssen. Seitdem hatte er nie wieder mit den anderen Kindern gespielt. Sein Wutfass begann vollzulaufen.

Sommer 1884. Ludwig war zwölf Jahre alt und hatte das Basteln mit Holz für sich entdeckt. In der Schreinerei die Straße runter gab es immer das eine oder andere Stück Buche oder Eiche, das der Tischler ihm schenkte. Ludwig schnitzte aus einer handtellergroßen flachen Scheibe ein Schiff. Dieses wollte er, wie ein Bild, an einer Schnur befestigen und als Schmuck an seine Wand hängen. Noch war es freilich nicht fertig, und Ludwig musste wohl noch viel Geduld aufbringen, bis man die grobe Kontur erahnen mochte. Er konnte sie die ganze Zeit über sehen, brauchte keinen Stift zum Vorzeichnen. Es war, als hätte das Holz ihm die Form eingeflüstert. So saß er nach der Schule in seinem Zimmer am Tisch, den er ans Fenster gerückt hatte, und vertiefte sich in seine Bastelei.

Kurz nachdem Ludwig in die sechste Klasse gekommen war, interessierte sich das erste Mal ein Mädchen für ihn. Sie hieß Elsa und wohnte im Haus gegenüber. Ludwig fiel auf, dass Elsa oft am Fenster saß und zu ihm herüber sah. Meist tat er so, als sähe er sie nicht. Was auch der Fall sein konnte, denn sein Schiff forderte ihm nun einiges an Geschick ab. Er schnitzte behutsam mit der Messerspitze feine Linien aus dem Holz. Vom Schweiß seiner Hände war das Werkstück ein wenig nachgedunkelt, die Maserung kam besonders schön zur Geltung. Wenn sein Blick doch auf Elsa fiel, lächelte sie ihn an und winkte. Ludwig wusste nicht recht, ob er zurückwinken sollte.

Am Abend schickte seine Mutter ihn den Abfallkübel im Hof zu entleeren. Lustlos schlenderte Ludwig die Treppe herunter und ließ den Eimer immer wieder gegen das Geländer pendeln. Die Schläge hallten dumpf durch das Treppenhaus. Frau Castell aus dem Erdgeschoss hatte nur darauf gewartet. Sie riss ihre Wohnungstür auf und fing sofort an zu schimpfen: »Ungehobelter Bengel, willst du wohl aufhören, einen solchen Lärm zu veranstalten? Unglaublich. Hast du etwa mit dem dreckigen Eimer gegen das saubere Geländer geschlagen? Na warte, Bürschchen, das erzähle ich deiner Mutter. Gleich geh ich mit hoch.«

Ludwig ging wortlos an ihr vorbei, kippte den Eimer auf den Komposthaufen und wollte gerade wieder durch den Hintereingang ins Haus gehen, als ihm jemand auf die Schulter tippte. Ludwig fuhr herum, in Erwartung, Frau Castell Aug' in Aug' gegenüberzustehen. Doch es war Elsa. Ihr Lächeln war so von Herzen rein und das Rot ihrer Wangen gesund. Zu einer solchen Färbung brachte er selbst es nur, wenn ihn hohes Fieber plagte, was etwa alle zwei Monate der Fall war. Doch Elsa schien weder Fieber noch eine andere Krankheit zu haben. Da stand sie vor ihm. Und lächelte ihm zu.

»Was gibt's?«, sagte er.

»Ich wollte dich aus der Nähe sehen, ob du wirklich so aussiehst, wie ich dich mir vorgestellt habe.« Sie legte den Kopf schief und betrachtete tatsächlich jeden Zentimeter seines Gesichts. Ludwig war zutiefst verunsichert, wusste nicht, wo er hinsehen sollte. In Elsas große, braune Augen jedenfalls nicht. »Ich bin 14 und du?«, fragte sie, ohne in ihrem Gesichtsstudium innezuhalten.

»Zwölf.«

»Siehst aber älter aus.«

»Wahrhaftig?«

»Glaub mir, ich habe schon viele Jungengesichter angesehen. Ich mag das.«

Ludwig wurde es unheimlich zumute. Was meinte sie wohl damit? Und warum mochte sie es, in Gesichter zu sehen. Er war froh, wenn er keines anschauen musste.

»Komm mit«, sagte sie und zog ihn beiseite. Ludwig wusste nicht, wohin mit dem Eimer. Er nahm ihn kurzerhand mit. Elsa zog ihn zu der kleinen Remise, die sich an die Hofwand schmiegte. Die Tür quietschte, und Ludwig warf unwillkürlich Blicke zu den Fenstern. »Was ist denn da drin?«

»Das siehst du gleich«, gab Elsa frech zurück.

Die Remise war nahezu leer. Lediglich ein paar verrostete Gerätschaften fristeten ein fades Dasein in dem Verschlag. Elsa zog die Tür zu. Durch die Ritzen der Bretter fiel gedämpftes Abendlicht. Die Enge der Remise ließ einen Abstand zwischen ihren Körpern nicht zu. Es roch nach Staub und festgetretenem Lehmboden, leicht dumpf. Und leicht metallisch der Geruch von viel Sonne auf Haut. Elsa knöpfte ihr Kleid auf und entblößte ihre Brüste, die sich weiß von ihrem gebräunten Dekolleté abhoben. Dann griff sie nach Ludwigs Händen und legte sie auf das pralle Fleisch. »Drück sie.«

Ludwig schrie auf und entriss ihr seine Hände. »Ich will das nicht, hörst du. Das ist eklig!« Er stemmte sich gegen die Tür, überquerte keuchend den Hof und rannte ins Treppenhaus. Dort nahm er zwei, drei Stufen auf einmal, gelangte in seine Wohnung, warf die Tür hinter sich ins Schloss und stemmte sich mit dem Rücken dagegen. Schon hörte er Tritte auf der Treppe. Dann klopfte es vernehmlich. »Was ist denn los?«, fragte seine Mutter. Sie kam aus der Küche und wischte sich mit einem Tuch Mehl von den Fingern. »Mach nicht auf, bitte«, flehte er.

Seine Mutter runzelte die Stirn. »Was hast du ausgefressen?«

Es klopfte heftiger, ein nervtötendes Geräusch. »Und ob ich öffne, Freundchen.«

Sie schob ihn kurzerhand zur Seite und drückte die Klinke. Ludwig raste in sein Zimmer und verbarrikadierte die Tür, in dem er die schwere Truhe davorschob. Dann hörte er durch das Dröhnen seines Herzschlags die Stimme von Frau Castell. »Gott sei Dank«, flüsterte er. »Nicht die Elsa.« Siedend heiß fiel ihm ein, dass er den Müllkübel in der Remise vergessen hatte.

KAPITEL 8

Zwei Wochen später sah er Elsa mit einem älteren Jungen poussieren, der, wie Ludwig wusste, Klempnergeselle war. Es ging ihr gut, das beruhigte ihn. Und doch blieb ein unterschwelliges Ekelgefühl, wenn er ihr begegnete. So ging es ihm überhaupt mit allen Mädchen. Während seine Klassenkameraden begannen, die Welt jenseits des Schulzauns zu erkunden, wenn sie sich in der Pause auf den Hof begeben mussten und den Mädchen auf der Straße Scherzworte zuriefen, hielt sich Ludwig zurück. Ihn interessierten die jungen Damen nicht. Ihm genügte es zuzusehen, wenn der Wind in das welke Laub fuhr und es davonwirbelte. Woher kamen diese Windkreise? Manchmal spürte er es in der Luft. Ein Prickeln, wie kurz vor einem Gewitter, wenn sich die Härchen auf den Armen aufstellten und die Haut abwechselnd warm und kalt wurde. Manchmal sah er sie auch. Diejenigen, die dafür verantwortlich waren. Sie traten als Schatten in Erscheinung, immer gerade abseits des Blickfeldes, aber doch zu ahnen, wenn man schnell den Kopf drehte. Einmal wollte er seiner Mutter einen dieser Schatten zeigen, der in der Küchenecke stand und menschliche Umrisse besaß. Sie hatte ihm gesagt, er dürfe niemandem erzählen, dass er die Schatten sah. Sonst käme er ins Irrenhaus. Ludwig unternahm keinen weiteren Versuch, seine Umwelt auf das Phänomen aufmerksam zu machen, vielmehr kostete er es für sich aus. Es war sein privates Vergnügen, dass er nicht hergeben, mit anderen Menschen teilen oder sich dazu rechtfertigen musste. Er genoss es, die Magie als Privilegierter zu spüren, und fühlte sich dadurch den Mitschülern überlegen. Natürlich fiel es im Laufe der Zeit auf, dass er kein Mädel hatte, für das sein Herz schlug. Dann pflegte er zu sagen, dass er nur auf die Richtige warte. Meist verstummten die kritischen Stimmen. Ludwig begann, sich Notizen zu den einzelnen Sensationen zu machen, derer er ansichtig wurde. Da waren zum Beispiel die Lichtbögen, die sich manchmal im Himmel aufspannten, meist zeigten sie sich, bevor ihn ein Anfall niederstreckte. Seine Mutter sah keine Lichter, also schloss Ludwig aus, dass die Erscheinungen etwas mit der Krankheit zu tun hatten. Wohl aber unterhielt sich seine Mutter mit jemandem, den Ludwig nicht sehen konnte. Ferner behauptete sie, es spuke in der Tessnow'schen Wohnung.

Ludwig war in der letzten Klasse der Volksschule, kurz vor dem Ende seiner Schulzeit, als der Direktor vor die Schüler trat und wissen wollte, welche Lehre sie denn anstrebten. Ludwig fiel das Buch wieder ein, dass er fünf Jahre zuvor zum Geburtstag geschenkt bekommen hatte. Es hieß ›Was willst du werden‹(21) und stammte aus einem Berliner Verlag. Oft hatte sich Ludwig die Bilder angesehen. Einige stießen ihn auf Anhieb ab, beispielsweise das der Lohgerber. Er wusste, dass es aus den Gerbergruben scharf roch und viele Gerber krank wurden und unter schrecklichen Schmerzen starben. Aber der Tischler gefiel ihm gut. Er liebte Holz und konnte sich gut vorstellen, das Möbelfertigen zu erlernen. Außerdem kannte er keinen, der früh gestorben war. »Tischler«, sagte Ludwig folglich, als der Direktor ihn fragte. Die Schreibfeder des Direktors kratzte über das Papier. Niemand sonst aus seiner Klasse strebte diesen Beruf an. Dafür gab es gleich fünf Bäckeranwärter. Ludwig feixte innerlich.

Bäcker mussten mitten in der Nacht aufstehen und auch an den Feiertagen backen. Das hatten seine törichten Mitschüler natürlich nicht bedacht.

»Ihr werdet in den nächsten Tagen eine Liste mit den Anschriften der Meister erhalten, die Lehrbuben nehmen. Ihr seid angehalten, nach der Schule die Meister aufzusuchen und dort vorstellig zu werden. Und mit viel Fleiß und gutem Willen ist es jedem von euch vergönnt, eine Lehrstelle zu erhalten.«

Zwei Wochen später stand Ludwig vor der Tischlerwerkstatt. Aus der Halle hinter den großen Fenstern waren schleifende Geräusche zu hören, dann ein Poltern. Es roch herrlich nach Kiefernholz. Als er gerade die Tür öffnen wollte, wurde sie aufgestoßen, und zwei junge Männer rannten ihn beinahe um. »Tschuldigung«, bellte ihn der eine an. Sie trugen einen massiven Balken über der Schulter. Den Gesichtern nach zu urteilen musste dieser sehr schwer sein. War dieser Beruf vielleicht doch nicht für ihn geeignet? Ludwig scheute schwere Arbeit. Er vergewisserte sich, dass der Weg frei war, und betrat die Werkstatt. Drei Männer unterschiedlichen Alters waren in ihre Arbeit vertieft. Einer, Ludwig vermutete, dass er schon Geselle war, arbeitete ein wunderbares Relief aus einer Schranktür. Der Stichel fuhr ruhig und gleichmäßig in das Holz. Mit einem Tuch wischte der Mann immer wieder die Späne ab und hielt kurz inne, um den Fortschritt seines Werkes zu betrachten. Ludwig war es, als sei das Bild am Leben, so detailgetreu waren die Figuren herausgearbeitet. »Suchst du jemanden?«, wurde er angesprochen. Ludwig riss sich von der Betrachtung des Reliefs los und wendete sich der Stimme zu. Ihm gegenüber stand ein Mann um die 40, dessen Gesicht die größte Nase verunzierte, die Ludwig jemals gesehen hatte. Ludwig nahm seine Mütze ab. »Ich heiße Ludwig Tessnow und möchte höflichst um eine Lehrstelle ersuchen«, sprudelte er die zurechtgelegten Worte hervor.

Der Mann musterte ihn kritisch. »Warum sollte ich einen Hänfling wie dich einstellen?«

»Ich mag Holz.«

»Ich nicht!«, tönte es aus der Ecke der Werkstatt. Die Männer lachten. Ludwig spürte, wie Hitze von den Ohren zum Hals kroch.

»Nichts für ungut«, fuhr der 40-Jährige fort, »aber Holz zu mögen reicht mir nicht.«

Ludwig fiel das Schiff ein, das er vor zwei Jahren gefertigt hatte. »Darf ich nochmals bei Ihnen vorsprechen und Ihnen zeigen, was ich gefertigt habe?«

»Ja, sicher, tu das. Schaden kann's gewiss nicht.«

Am nächsten Tag sprach der Knollennasige anders. Er drehte Ludwigs Schiff in den Händen und murmelte: »Nicht schlecht, gar nicht schlecht für einen Ungelernten. Ich will dich wohl einstellen. Am ersten August fängst du an. Hand drauf.«

KAPITEL 9

Während einige seiner Schulkameraden immer noch nach einer Lehrstelle suchten und dabei zusehends verzweifelten, konnte sich Ludwig in Ruhe seinen Gedankenkonstrukten widmen, die ständig komplexer wurden. Sein Lehrvertrag lag in der Küchenschublade, dort, wo nur saubere Dinge aufbewahrt wurden. Diese Schublade enthielt auch Mutters Zeugnisse und wichtige Briefe. Mutter versah die Schublade regelmäßig mit neuem Einlegepapier, dass sich darin keine Feuchtigkeit sammeln konnte.

Der vorletzte Schultag brach an. Ludwig sollte sich an diesen Tag sein Leben lang erinnern, wenn auch in verschiedenen Varianten.

Er verließ wie immer um kurz nach sieben die Wohnung und schlenderte die Straße entlang. Hinter ihm liefen zwei Buben, die eine Klasse unter ihm waren. Sie waren in ein Gespräch vertieft, das sich um die Schifffahrt drehte. Ludwig mochte keine großen Schiffe und kannte auch niemanden, der zur See fuhr. Er dachte an das Tischlerhandwerk und malte sich aus, wie er die Wohnung mit neuen Möbeln bestückte. Auch während des Unterrichts drehten sich seine Gedanken um zweckmäßige und doch wertvolle Möbel. Wie er beides vereinen konnte, wusste er noch nicht mit Bestimmtheit zu sagen, aber aus diesem Grund hatte er sich für dieses Handwerk entschieden. Herr Haas, der Deutschlehrer, zwirbelte seinen Bart und war an diesem Tag besonders nachsichtig mit der Klasse. Überhaupt schienen sich auch die Lehrer zu freuen, dass sich das Schuljahr dem Ende zuneigte.

Ein Klopfen an der Tür riss die Klasse aus ihrer Träumerei. »Herein«, ließ sich Herr Haas vernehmen. 30 Augenpaare richteten sich auf den Direktor, der mit ernster Miene den Raum betrat. Sein Blick glitt über die Gesichter der Jungen. »Tessnow, würdest du bitte mit vor die Tür kommen?«

Ludwig glaubte, sich verhört zu haben. »Ich?«, fragte er daher nach.

»Es gibt nur einen Jungen diesen Namens«, gab der Direktor zurück.

Ludwig griff nach seinen Büchern, die immer noch mit dem Gurt zusammengeschnürt waren, und nahm seine Mütze vom Haken. Er ahnte, dass er nicht mehr hierher zurückkommen würde.

Schweigend folgte Ludwig dem Direktor in dessen Büro. Dort erhob sich seine Mutter aus dem Besuchersessel, der ausschließlich den Erwachsenen vorbehalten war. Ihr Gesicht war verweint. Ludwig betrachtete sie ausdruckslos. Bei seinem Anblick brach sie in Tränen aus, stürzte auf ihn zu und schloss ihn fest in die Arme. Ludwig erwiderte die Geste nicht. Seine Arme pendelten als nutzlose Anhängsel rechts und links von seinen Schultern herab. Überhaupt fühlte er sich haltlos, wie eine Pelle ohne Wurst.

Der Direktor verschanzte sich hinter seinem Schreibtisch und tat so, als würde er sich in ein Schriftstück vertiefen, dabei bewegten sich seine Augen jedoch nicht. Ludwig konnte das genau sehen.

Seine Mutter bebte am ganzen Leib. Sie löste ihre Umklammerung und trat einen Schritt zurück. »Bernhard ist … er hat …« Neuerliches Schluchzen beendete ihren Satz.

»Ist er tot?«

Seine Mutter nickte heftig. Ludwig fühlte Kälte, die durch sein Gesicht kroch. Beginnend von der Mitte der Stirn, breitete sich das Eis unter seiner Haut über die Augen zu den Wangen und schließlich über den Kiefer und das Kinn aus. Bernhard ist tot. Ludwig fühlte die Information wie eine Welle gegen die Innenseiten seines Schädels schwappen. Bernhard ist tot, er ist tot, tot. Er fühlte nicht das Geringste.

»Der Herr Direktor hat erlaubt, dass ich dich mit nach Hause nehme.«

»Wofür? Das macht ihn auch nicht lebendig.«

»Na, na, junger Mann. So spricht man nicht mit seiner Mutter. Und ein wenig mehr Mitgefühl angesichts des Todes ist angezeigt. Du musst deiner Frau Mutter nun beistehen.«

Ludwig öffnete die Tür und verließ grußlos das Büro des Direktors. Ob seine Mutter ihm folgte oder nicht, war ihm gleich. Das Schulgebäude blieb hinter ihm zurück, Ludwig sah nach vorne. Zu Hause warf er achtlos seine Bücher in die Ecke der Küche und ging in sein Zimmer. Vor die Tür schob er die Truhe. Seine Mutter klopfte und verlangte Einlass, dann entfernten sich ihre Schritte. Stundenlang starrte Ludwig das Bett seines Bruders an. Die Überdecke hatte bereits Staub angesetzt. Es war sicherlich ein halbes Jahr her, seit Bernhard das letzte Mal hier geschlafen hatte. »Und jetzt tut er es nie wieder«, flüsterte Ludwig.

Angekleidet rollte er sich zusammen und schlief traumlos bis zum nächsten Morgen.

Als er aufwachte, plagten ihn fürchterliche Kopfschmerzen. Nicht einmal der Gedanke, dass er nicht mehr zur Schule musste, konnte ihn trösten. Seine Mutter sah aus, als hätte sie keinen Augenblick geschlafen. Dunkle Ringe umschatteten ihre geröteten Augäpfel. Die Nase war geschwollen und die Lippen rissig. Ihre Finger hielten ein Hemd von Bernhard fest, das die letzten vier Monate sein Dasein im Flickkorb gefristet hatte. Das Loch am Ellenbogen war immer noch nicht gestopft.

Ihr Blick glitt über Ludwig, und es lag kein Zeichen des Erkennens darin. Ludwig holte sich ein Schneidebrett und säbelte sich eine Scheibe Brot von dem Kanten aus dem Vorratsschrank, dazu gab es ein fingerdickes Stück Käse. »Wie kannst du jetzt ans Essen denken?«, zürnte ihm seine Mutter.

»Weil ich Hunger habe.« Während er sich Brot und Käse schmecken ließ, stand seine Mutter auf und verließ die Küche.

Am Mittag erschien der Stiefvater. Nüchtern.

Die Mutter gab ihm einen Brief zu lesen. Auch das war merkwürdig. Keine Anschuldigungen flogen zwischen den beiden hin und her. Sie beugten sich gemeinsam über das Schriftstück. Während sein Vater bedächtig las, flitzten die Blicke seine Mutter über das Papier. Sie ließ ihn in Ruhe zu Ende lesen und griff nach einem Taschentuch.

»Was ist das für ein Brief?«, wollte Ludwig wissen.

Seine Mutter sah ihn prüfend an, dann sagte sie stockend: »Aus dem Gefängnis. Darin steht, dass … Bernhard, dass er … Er hat sich das Leben genommen.«

Bilder blitzten in Ludwigs Erinnerung auf. Bilder von einem Körper, aus dem viel Blut floss. Einem Körper, der reglos am Boden lag. Einem Körper, der vor dem Tod gelitten hatte. Die Geräusche von berstenden Knochen und aufplatzender Haut geisterten durch sein Gehör. In seinen Gedanken besaß der Körper eine Tätowierung und trug

Bernhards Gesichtszüge. Er lag in einem düsteren Raum auf dem Rücken, Gitterstäbe vor dem Fenster zerrissen das Licht in Streifen.

»Ludwig?« Die Stimmen seiner Eltern drangen aus weiter Ferne an sein Ohr. Er schüttelte den Kopf, fühlte rasenden Schmerz zwischen den beiden Schläfen und taumelte in sein Zimmer, wo er sich auf sein Bett warf und die Decke bis über den Kopf zog. Er wollte nichts mehr von dieser Welt wissen.

KAPITEL 10

Mehrere Tage lang lag Ludwig nur im Bett, stand lediglich auf, um auf den Abort zu gehen, einige Schlucke Wasser zu trinken oder hastig ein paar Bissen Brot zu essen. Die Tageszeiten wechselten sich ab, manchmal kam es Ludwig vor, als läge er eine Ewigkeit im Dunkeln.

Glücklicherweise lagen zwei Wochen zwischen dem Beginn seiner Lehrzeit und der Nachricht. Immer noch etwas entrückt, aber bei Weitem nicht mehr völlig weggetreten, betrat er um sieben Uhr am Morgen des 2. August 1886 seine Lehrwerkstatt. Wieder fiel ihm als Erstes der Geruch auf. Harz, Holz und ein beißender Geruch. Der Meister trat auf ihn zu, musterte ihn von oben bis unten und knuffte ihn an der Schulter. »Und, hast du die letzten Schultage gut herumgebracht und bist du nun bereit, das Tischlerhandwerk zu erlernen?«

Ludwig nickte.

»Dann will ich dir zuerst die Regeln erklären. Erstens, jeder hier darf dir Anweisungen geben. Das hat einen guten Grund, denn ich kann nicht überall gleichzeitig sein. Du befolgst, was dir die anderen sagen und zwar so, als hätte ich dir die Anweisung selbst erteilt. Also nochmal: Jeder hier ist dir überstellt. Zweitens, Sicherheit geht immer vor. Deshalb werden keine Nägel, Werkzeuge oder Beizeneimer auf dem Boden liegen oder stehen gelassen. Völlig egal, wer sie vergessen hat. Siehst du etwas dergleichen, räumst du es weg.«

Ludwig blickte umher, konnte jedoch nicht einmal Späne auf dem Boden der Werkstatt entdecken. Der Meister war seinem Blick gefolgt. »Der Boden ist rein zu halten. Bricht ein Feuer aus und es liegen überall Späne herum, braucht keine Löschkette der Welt mehr ihr Glück zu versuchen. Bislang war dies die Aufgabe von Wenzel, des anderen Lehrbubs, der heute in das dritte Jahr aufsteigt. Ab sofort ist es deine. Den Rest zeige ich dir nach und nach. Nun stelle ich dir die restlichen Tischler vor.«

Ludwig lief hinter dem Meister her, nahm seine lederne Schürze in Empfang, die er nicht nur tragen musste, um die Späne schneller von seiner Kleidung zu bekommen, sondern auch, wenn er einmal mit dem Stechbeitel ausrutschte. Dann stach er sich nicht in die Beine, oder schlimmer noch, in andere Körperteile, wie der Geselle Curt mit einem frivolen Grinsen äußerte. Hermann und Erich sägten an einem besonders dicken Balken, sie waren so vertieft, dass sie Ludwig nur flüchtig zunickten, ohne ihn dabei anzusehen. »Sie gehören eigentlich nicht zu mir«, erklärte der Meister. »Die beiden sind Zimmermannsgesellen auf der Walz und wollen ein wenig Tischlerluft schnuppern. Die beiden haben vor, Überseeschiffe mit Holzvertäfelungen auszukleiden und edle Möbel für die Kabinen der betuchteren Passagiere zu bauen.«

»Und das ist Wenzel«, sagte der Meister und hieb dem dicklichen Jungen auf den Rücken, dass es nur so patschte. Dann nahm er ihm den Besen aus der Hand und drückte ihn Ludwig in die Hand. »Du bist ab sofort vom Fegen befreit.« Anders als selig hätte niemand Wenzels Lächeln beschreiben können, das seine runden Wangen mit zwei Grübchen spickte. Er reichte Ludwig die Hand.

Schon zur Mittagszeit hatte er das Fegen und Bücken satt. Er fragte sich, wann er endlich die schönen Werkzeuge benutzen durfte. Er wurde herbeigerufen, wenn es etwas festzuhalten gab, damit Curt oder der Meister Markierungen anzeichnen konnten, oder er musste großflächige Hölzer beizen, was immerhin eine Verbesserung zum Fegen darstellte.

Das ging noch die ganze Woche so weiter. Bis ihn endlich der Meister rief und ihm einen massiven Eichenblock zeigte. »Heute lernst du, die Säge zu benutzen.«

Er zeigte Ludwig die Werkzeuge und auch, welche Säge er für welches Holz zu benutzen hatte. Ludwig sollte aus dem Eichenblock die ungefähre Form eines Kelches heraussägen. »Den Kelch selbst fertigt dann ein Drechsler, es geht nur um den Rohling.«

Ludwig machte sich mit Feuereifer an die Aufgabe. Er sägte, wischte die Späne beiseite und sägte erneut. Er trat immer wieder einen Schritt zurück, um sein Werk zu betrachten. Wie stets, wenn er seine Hände beschäftigte, fühlte er keine Unruhe, sondern ein profundes Gefühl der Zufriedenheit. Als die Hobel der anderen verstummten, war Ludwig beinahe zufrieden. Sein Meister indes weniger. »Wie oft hast du heute gefegt?«, wollte er wissen. »Ein Mal.«

»Sieh dich um, erinnerst du dich, was ich dir zum Thema Späne auf dem Boden erzählte? Zum Thema Nägel und Werkzeuge?«

Wenzel, der das Grollen des Meisters vernommen hatte, bückte sich eilig und begann, Gerätschaften aufzusammeln. Dann wollte er den Besen zur Hand nehmen, doch der Meister brüllte quer durch die Werkstatt: »Wenzel, kümmere dich um deine Angelegenheiten. Die Werkstatt rein zu halten ist Ludwigs Aufgabe. Und besorge nicht seine Geschäfte um der lieben Harmonie willen. Sonst ist es vorbei mit freundlich.« Wenzel zog den Kopf ein und widmete sich dem Einspannen einer Kommodentür.

»Der Kelch ist für einen Rohling zu genau gearbeitet. Kein Drechsler kann ihn mehr verwenden, da du ihm bereits eine Form zugedacht hast. Ein Rohling ist genau das, wie der Name schon sagt. Der Drechsler muss alle Freiheiten haben, jedwede Kelchform herausdrehen zu können.«

Ludwig senkte den Kopf.

»Morgen wirst du dich nicht mit solchen Eitelkeiten beschäftigen. Ich zweifle allmählich, ob es eine so gute Idee war, dich als Lehrling zu nehmen.«

Ludwig biss sich auf die Zunge, um sein Schweigen zu wahren. So fest, dass er Blut schmeckte. »Du fegst aus und räumst die Werkzeuge weg, dann darfst du gehen.«

Der Meister ließ ihn stehen. Wenzels mitleidiger Blick streifte ihn. Carl und die Wandergesellen kümmerten sich um ihre eigenen Dinge. Ludwig fror, als er nach Hause lief.

Da wurde ihm bewusst, dass Wut auch kalt sein konnte. Am nächsten Tag schien der Vorfall vergessen, zumindest sprach der Meister nicht mehr davon und behandelte Ludwig freundlich.

Doch Ludwig konnte nicht vergessen. Entweder warf er dem Meister hasserfüllte Blicke zu und stellte sich vor, wie dieser mit seinem Stechbeitel abrutschte und sich die Hand zerschnitt, dass das Blut nur so spritzte, oder er saß still da und sperrte die Außenwelt aus seiner Wahrnehmung aus. Es dauerte manches Mal nur Augenblicke, dass er von einem Zustand in den anderen geriet. Das machte die Zusammenarbeit mit den anderen schwierig. Sie verstanden nicht, was in ihm vorging. Sie hielten ihn für einfältig, dabei waren sie die Narren. Ludwig sah schon bald Möglichkeiten, die Wege und Handgriffe in der Werkstatt zu verbessern. Doch der Meister ließ sich nicht reinreden. »Wenn du einmal eine eigene Werkstatt besitzt, kannst du gerne alles anders machen. Doch hier machst du es so, wie ich es möchte.« Notgedrungen fügte sich Ludwig in sein Schicksal. Nur die Liebe zum Holz und die unendlichen Möglichkeiten, ihm eine Form zu geben, hielten ihn davon ab, einfach fernzubleiben.

KAPITEL 11

Ludwig gewöhnte sich an, seine Verbitterung mit Bier herunter zu spülen. Wenzel war ein zuverlässiger Begleiter, wenn es in die Wirtschaft ging. Manchmal kamen auch die beiden Wandergesellen mit. An eines hielten sie sich allesamt. Es wurde nicht über die Arbeit gesprochen, während gezecht wurde. Ludwig genoss das. Nicht, dass er sich rege an den Gesprächen beteiligt hätte, aber er verspürte wenig Lust, sich in seiner kargen Freizeit über den Meister und seine hehren Pläne auszutauschen. Dafür waren sie ihm auch schlichtweg zu uninteressant. »Ich kenne da eine«, begann Wenzel, als sie ihre Nasen in die vollen Krüge steckten. »Die ist wunderschön. Aber leider nicht meines Standes.«

»Eine Bauerndirn?«, sagte Erich und grinste breit. Wenzel knuffte ihn in die Seite. »Nein, eine Händlertochter, die überdies die einzige Erbin ist. Ihr Vater hütet sie wie seinen Augapfel. Nur in der Kirche, da sitzen wir manches Mal nebeneinander, und letzten Sonntag habe ich ihre Hand gehalten.«

Diese Eröffnung entlockte den Wandergesellen spöttische Pfiffe. Wenzel errötete, Ludwig nahm einen weiteren Schluck. »Und?«, hakte Hermann nach.

Wenzel zog fragend die Augenbrauen hoch. »Was und?«

»Na, wart ihr schon allein?«

»Nein.« Wenzels Schultern sackten herab. »Ich würde so gerne Berthas Vater überzeugen, dass ich der Richtige bin, aber er wird mich wohl erst als Eidam akzeptieren, wenn ich die Meisterwürde erlangt habe. Und dafür können wohl noch sicher zehn Jahre ins Land ziehen. Ihr wisst ja, wie es ist.«

»Und was, wenn du sie einfach so begattest, du musst sie ja nicht heiraten«, schlug Erich vor.

Wenzel sah ihn entsetzt an. »Aber das gehört sich nicht. Und außerdem möchte ich den Lebensabend mit ihr verbringen und nicht nur ein kurzes Abenteuer erleben.«

»Ach, die Ehe ... völlig überschätzt wird sie.« Erich trank einen großen Schluck Bier und wischte sich grinsend den Schaum von den Lippen. Ludwig war im Nachhinein selbst überrascht, wie seine Reaktion auf Erichs Gerede ausfiel. Er knallte das Glas auf den Tisch, dass das Bier nur so schwappte, und griff anschließend den völlig überrumpelten Erich am Kragen, zog ihn zu sich heran und brüllte: »Und dann entsteht ein Kind draus, und ihr macht nicht nur euch, sondern auch das Kind unglücklich!« Über sich selbst erschrocken, ließ er von Erich ab und stürmte hinaus in die kalte Winterluft.

Der Ausbruch erschütterte ihn bis ins Mark. Ludwig verkroch sich in seinem Zimmer und lehnte den Kopf an die Wand. Er suchte Zuflucht in seinen Plänen. Er hatte im Geiste eine Windmühle konstruiert, die verschiedene Mühlräder besaß, die wiederum allesamt miteinander durch ein ausgetüfteltes Zahnrad- und Riemensystem verbunden waren. Nicht einen Strich einer Zeichnung hatte er bisher notiert. Alles befand sich gut verwahrt in seinem Kopf. Die Ordnung seiner Erfindung beruhigte ihn. Immer wieder stellte er sich vor, wie er die einzelnen Teile für die Mühlräder fertigte. Wie er die Zapfen einschlug, alles montierte und endlich Bewegung in die Sache kam.

Die Realität holte ihn am nächsten Morgen ein. Fast die ganze Nacht hatte er sich geistig mit der Windmühle beschäftigt, nun war er müde. Kaum war er in der Lage, die Augen offen zu halten. Aber es war Mittwoch, und es lagen noch vier Arbeitstage vor ihm. Vielleicht lag es an der Übermüdung, dass er nicht Acht gab, denn Erich fing ihn vor der Werkstatt ab. Er packte ihn am Revers, drückte ihn gegen die Hauswand und kam so dicht mit seinem Gesicht vor Ludwigs, dass ihm Erichs Speichel ins Gesicht spritzte, als dieser ihm drohte: »Wenn du mich noch einmal vor allen in der Wirtschaft vorführst, dann säufst du das nächste Mal die Beize, anstatt sie auf das Holz zu verteilen. Hast du mich verstanden, Tessnow?«

Ludwig nickte, und Erich ließ ihn los. Zufrieden marschierte Erich in die Werkstatt, während Ludwig ihm verdutzt folgte. Was hatte Erich damit gemeint, er habe ihn vorgeführt? Er konnte sich wohl daran erinnern, am gestrigen Abend mit den Wandergesellen und Wenzel in der Wirtschaft gewesen zu sein, aber was genau gesprochen worden war, dessen entsann er sich nicht. Nur, dass er nicht so viel wie sonst getrunken hatte, das merkte er ja schließlich, weil ihn keine gar so heftigen Kopfschmerzen plagten. Er schüttelte den Kopf und ging hinein. Lediglich der Meister und Curt behandelten ihn wie immer. Die anderen drei waren auf eine nicht zu begreifende Art merkwürdig. Wenzel warf ihm schräge Seitenblicke zu und vermied es, ihn anzusprechen. Hermann und Erich lachten und machten abfällige Bemerkungen, in denen erstaunlich oft das Wort »Bankert« fiel. Ludwig beschloss, sich nichts anmerken zu lassen, und erledigte sein Tagewerk.

Als er nach Hause kam, lag seine Mutter zwischen Küche und Wohnstube auf dem Boden und regte sich nicht. »Mutter?«, rief Ludwig. Sie reagierte nicht. »Nein, Mutter, bitte nicht!«

Ludwig ging in die Hocke und tastete mit zitternden Fingern nach ihrem Puls am Hals. Die Haut war kühl und glatt. Ein Schauer überlief Ludwigs Rücken. Fühlte sich so eine Leiche an? Was, wenn sie tatsächlich … er hatte damit rechnen müssen. Die Fallsucht hatte schon viele dahingerafft. Schon wollte er die Hand wegnehmen, doch da erspürte er ein zartes Flattern des pulsierenden Blutes unter seinen Fingerkuppen. Erst jetzt wagte er, seine Mutter auf den Rücken zu drehen. Er schlug ihr leicht gegen die Wangen. »Mutter, hörst du mich?« Sie reagierte nicht.

Getrockneter Speichel klebte ihr auf Kinn und Wangen. Ludwig umgriff ihre Handgelenke und schleppte sie in ihr Zimmer. Dort bugsierte er sie ins Bett, deckte sie zu und schloss leise die Tür. Mit ihr würde er heute nicht mehr rechnen können.

Am nächsten Tag tat ihm alles weh. Sein Kopf schien platzen zu wollen, jedes Mal, wenn er etwas vom Boden aufhob. Und seine Glieder fühlten sich verkantet an. Wenn er aus Metall bestünde, er würde darauf wetten, dringend geölt werden zu müssen. An diesem Tag ließ er einen schweren Holzklotz fallen, der seinen Fuß nur um Fingerbreite verfehlte. Ihm fehlte die Kraft zum Hobeln, daher griff er freiwillig zum Besen und fegte den Boden, obgleich dieser noch sauber war.

Am nächsten Morgen zweifelte Ludwig daran, jemals wieder aus dem Bett zu kommen. Er rollte sich auf die Seite und ließ sich einfach hinausfallen. Sein Hals war so entzündet, dass er seiner Mutter den Guten-Morgen-Gruß nur krächzend darbieten konnte.

»Ludwig«, sagte sie auch prompt, »ich geh gleich zu deiner Werkstatt und entschuldige dich. Du hast ja Fieber.« Ludwig legte seine Hand an die Wangen. Sowohl Gesicht als auch Finger waren gleich heiß. Seine Mutter werkelte am Ofen. Das Wasser im Kessel brodelte. »Du legst dich wieder ins Bett, ja?«, ordnete sie an.

»Nein, es geht schon.«

»Sei doch vernünftig.«

»Und wie geht es dir?«, lenkte er ab.

»Besser. Hier trink das.« Seine Mutter stellte ihm einen Becher mit einer dampfenden Flüssigkeit hin. Dann band sie die Schürze ab, hängte sie an den Haken und richtete sich schnell die Haare, die sich aus den Kämmen gelöst hatten. »Ich bin gleich wieder da«, sagte sie und eilte zur Tür. Ludwig seufzte. Er schloss die Augen und hielt das Gesicht über den Becher. Der heiße Dampf drückte angenehm gegen seine Augenlider. Die Nase begann zu laufen. Ludwig schniefte. Dann nippte er an dem Tee. Scheußlich. Bestimmt wieder aus selbstgepflückten Kräutern.

KAPITEL 12

Beinahe eine Woche lang hütete Ludwig das Bett. Ihm ging es hundsmiserabel. Draußen ergoss sich die Sonne über die ersten sprießenden Pflanzen. Der Frühling war da. Ludwig glaubte in den Sonnenstrahlen ein gewisses Pulsieren wahrnehmen zu können. Besaßen die Strahlen so etwas wie ein Herz? Lebten sie? Versuchsweise streckte er seine Hand aus und konnte tatsächlich eine Wärmeveränderung fühlen. Da klopfte es an der Tür. »Ja?«

Herein kam Wenzel. Er trug einen Korb über dem Arm, was ihm einmal mehr etwas Mütterliches verlieh. »Wie geht es dir?«, wollte er wissen und ließ sich schwer auf Ludwigs Bett fallen. »Äh.«

»Das dachte ich mir. Deshalb habe ich dir ein stärkendes Tonikum mitgebracht. Meine Großmutter stellt es her. Schmeckt nicht übel, ist viel Honig drin. Und hier hast du ein paar Äpfel, fast ohne Druckstellen und kaum runzlig.« Stolz breitete Wenzel seine Gaben auf Ludwigs Decke aus. »Danke, das ist nett, aber …«

»Ich soll dich auch vom Meister und Curt grüßen und gute Besserung bestellen. Curt sieht auch verquollen aus, aber es geht ihm gut, sagt er.«

Ludwig würde den Redeschwall Wenzels ohnehin nicht eindämmen können, also lehnte er sich mit verschränkten Armen gegen das Kopfteil seines Bettes und sagte: »Was gibt es sonst Neues?«

Wenzel dachte kurz nach. »Ach ja, die beiden Wandergesellen, die sind heute den letzten Tag da gewesen. Die ziehen weiter Richtung Rostock.«

Wenzel nahm sich einen der Äpfel, rieb ihn am Ärmel seines Hemdes ab und biss kräftig hinein. Ludwig atmete tief durch. »Und Curt, so munkelt man, ist wohl drauf und dran, um die Meisterwürde zu ersuchen.«

Ludwig nahm das Fläschchen mit dem Tonikum zur Hand und schüttelte die milchig gelbe Flüssigkeit.

»Ehe ich es vergesse. Es war auch ein Mann da, der wissen wollte, wann er seine Truhe abholen kann.«

Ludwig ließ vor Schreck das Tonikum fallen, zum Glück landete es auf der Bettdecke. Wenzel schien sein Erschrecken nicht wahrzunehmen. Er biss vergnügt in seinen Apfel. »Das ist das erste Mal gewesen, dass ich den Meister völlig überrumpelt gesehen habe. Da hast du wirklich was verpasst. Immer wieder hat er sein Auftragsbuch durchgeblättert und konnte sich nicht erklären, warum die Truhe nicht drinstand. Und an die Anzahlung, sagte er, hat er sich auch nicht erinnern können. Letzteres hat er natürlich nur uns gegenüber gesagt.«

»Hat der Mann sonst noch etwas gesagt?« Ludwig bemühte sich um einen gelangweilten Ton. Ihm schwante Übles.

»Ja, in der Tat. Er behauptete, dir in der Taverne den Auftrag zur Fertigung erteilt zu haben. Lustig, nicht?«

Ludwig zwang sich zu einem Grinsen. »Ja, wirklich lustig.« Was hatte er schon wieder betrunken angestellt?

Als der Tag nahte, an dem Ludwig gesundet zur Werkstatt musste, war ihm ganz flau im Magen. Die Wahrscheinlichkeit, dass die Sache glimpflich ausgehen würde, war denkbar gering. Dafür war sein Meister zu schlau. Es war ruhig ohne Hermanns und Erichs Flachsereien beim Arbeiten. Curt war ohnehin meist so vertieft, dass er kein Wort von sich gab, und Wenzel war vom Schleppen der Balken so außer Atem, dass er wohl keine Lust verspürte, sich zu unterhalten. Ludwig brachte es schnell hinter sich. Er nahm die Mütze ab, klemmte sie in den Ärmel seines Mantels, hängte selbigen an seinen Haken und trat in die Stube des Meisters. »Guten Morgen«, sagte er.

»Morgen, Tessnow. Geht es dir wieder besser?«

»Ja, danke.«

»Gut, dann auf ans Werk. Wir haben viel zu tun.«

Ludwig nickte und beeilte sich, an die Arbeit zu gehen.

Am Mittag nahm das Unheil seinen Lauf. Ein Mann trat in die Werkstatt, entdeckte Ludwig und nickte ihm zu. Ludwig blieb keine Zeit, sich davonzustehlen oder sich zumindest abzukehren. »Ah, da bist du ja«, dröhnte der Mann lautstark. Der Meister kam neugierig aus seiner Stube. Die beiden Männer schüttelten sich die Hände. »Das ist der Bursche, bei dem ich die Truhe bestellt habe. In der Taverne, nicht wahr. Du kannst es bestätigen.«

Ludwig riss die Augen auf. Ihm wurde heiß und kalt. Der freundliche Ausdruck des Meisters rutschte vom Gesicht wie Butter von einer heißen Kartoffel. Seine Augen verengten sich, all das geschah binnen eines Herzschlags. Er wandte sich an den Kunden und sagte: »Selbstverständlich wird mein Lehrling Ihnen nach Ihren Vorgaben die Truhe anfertigen und sie Ihnen nach Hause bringen.«

»Das ist gut. Ich hatte schon befürchtet, einem Betrüger aufgesessen zu sein. Nichts für ungut«, sagte er, Letzteres in Ludwigs Richtung.

»Ja, da haben Sie Recht. Man kann nie vorsichtig genug sein«, stimmte der Meister schmallippig zu. Offensichtlich zufrieden verließ der Kunde die Werkstatt.

»Bist du dir darüber im Klaren, was du da getan hast?«, wandte sich der Meister an Ludwig. Ehe Ludwig die Möglichkeit bekam zu antworten, fuhr der Meister fort: »Nicht nur, dass du krumme Geschäfte in einer Taverne tätigst. Nein, du verstößt gegen die Zunftregeln. Nur ich bin berechtigt, Aufträge entgegen zu nehmen, es sei denn ich übertrage die Verantwortung jemand anderem. Du hast meinen Namen beinahe in den Schmutz getreten. Ich kann dich leider nicht weiter beschäftigen. Du wirst die Truhe fertigen, die ich gleich offiziell in das Auftragsbuch schreiben werde. Die Anzahlung wirst du mir erstatten, und danach möchte ich dich hier drin nie wieder sehen.«

KAPITEL 13

Ludwig ließ sich Zeit mit dem Maßnehmen der Bretter. Er steuerte einer ungewissen Zukunft entgegen. Das Fegen und Einsammeln der Werkzeuge wurde wieder Wenzel aufgetragen. »Aber nur so lange, bis wir einen neuen Lehrbub haben«, versprach der Meister. Jedes Mal, wenn Ludwig traurig wurde, lenkte er sich ab. Der Meister ließ ihn deutlich spüren, wie enttäuscht er war. Wenzel warf ihm ständig weidwunde Blicke zu. Die Truhe nahm Gestalt an. War es dem Umstand zu verdanken, dass das kritische Auge des Meisters nicht mehr auf ihm ruhte, dass er in seinem eigenen Rhythmus arbeiten konnte?

Seiner Mutter gegenüber verschwieg er den Rauswurf. Er beschloss, sich auf eigene Faust einen neuen Lehrmeister zu suchen.

Ludwig war beinahe fertig. Er polierte die Metallbeschläge seiner Truhe und betrachtete stolz sein Werk. Erst nach einer Weile bemerkte er Curt, der neben ihm stand und die Truhe ebenfalls ansah. Seinen Gesichtsausdruck konnte Ludwig nicht deuten. »Was ist?«, wollte Ludwig wissen. Curt verzog die Mundwinkel. »Ich finde es eine Schweinerei, was du unserem Meister angetan hast. Solche Nestbeschmutzer wie dich sollte man umgehend aus der Zunft werfen. »Du hast bestimmt auch schon gegen die Regeln verstoßen und gibst es bloß nicht zu«, gab Ludwig zurück.

Curt stieß ihn gegen die Schulter. »Was unterstellst du mir da?«

»Du hast als Einziger immerhin einen Schlüssel zur Werkstatt. Da ist es ein Leichtes, einfach mal ein paar Münzen einzustecken, wenn das Geld für den Besuch in der Wirtschaft nicht reicht.«

»Jetzt ist es aber genug«, rief Curt und schubste Ludwig, der daraufhin sein Gleichgewicht verlor und in die Späne fiel, die Wenzel in eine Schubkarre geladen hatte. Der Meister schmunzelte, Curt lachte lauthals, Wenzel errötete und wandte sich verlegen ab. Wenzels Scham wog für Ludwig am schwersten. Die Demütigung schien ihn einige Zentimeter tiefer in die Späne zu drücken. Curt hatte sich bereits weggedreht, für ihn war die Sache anscheinend erledigt, nicht so für Ludwig. Er stemmte sich aus der Schubkarre und ging Curt mit gesenktem Kopf hinterher. Dieser ahnte nichts. Erst, als sein Blick auf Wenzel fiel, der mit großen Augen zu Ludwig sah, drehte sich Curt um. Doch da krachte bereits Ludwigs Faust in sein Gesicht. »Spinnst du?«, rief Curt und hielt sich die Hand vor die blutende Nase. Ludwig schlug abermals zu. Curt prallte gegen die Werkbank, Ludwig setzte nach, drückte Curt auf die Arbeitsplatte und griff nach dem Beitel. Er holte aus, zielte direkt auf Curts Augen, wurde jedoch von jemandem am Arm gepackt und von Curt weggerissen. Von jemandem mit viel Kraft. Er sah in das wutverzerrte Gesicht seines Meisters.

»Du nimmst jetzt deinen Mantel und verschwindest aus meiner Werkstatt. Ich möchte dich nie wieder sehen!« Er lockerte seinen schmerzhaften Griff. Ludwig keuchte, schlich zu seinem Haken, nahm seinen Mantel und verließ die Werkstatt, ohne sich noch einmal umzudrehen.

Natürlich ließ es sich der Meister nicht nehmen, persönlich bei seiner Mutter vorzusprechen und ihr einen langen Vortrag über Ludwigs moralische Makel zu halten. Ludwig lauschte an der halboffenen Tür. Die Mutter hörte stumm zu, nickte dann und wann und saß noch eine geraume Weile schweigsam am Küchentisch, nachdem der Meister gegangen war.

Sie schlug die Hände vor das Gesicht und schluchzte.

Ludwig beschloss, sie wieder glücklich zu machen. Er war eigentlich kein Schläger. Bernhard, ja, der hatte gerne zugehauen. Aber er? Früh am nächsten Morgen packte er ein Brot ein und machte sich auf den Weg zu den Werkstätten, die ein Stück entfernt lagen. Er mochte weder Curt noch seinem ehemaligen Meister über den Weg laufen. Bereits beim dritten Versuch hatte er Glück. Es war Meister Koberling im Rosengarten, der versprach, ihn als Lehrling aufzunehmen. Zur Feier des Tages ging Ludwig in eine Wirtschaft, um seine neue Stelle zu feiern, aber er übertrieb nicht mit dem Biergenuss, schließlich wollte er nicht gleich am ersten Tag auffallen.

Der neue Meister zuckte zusammen, als Ludwig die Werkstatt betrat. »Guten Morgen, Junge. Ich habe erst nächste Woche mit dir gerechnet.«

»Wir hatten heute ausgemacht?«

»Auch gut. Dann mal los.«

Da der Meister sitzen blieb, fühlte sich Ludwig genötigt zu fragen: »Was kann ich denn tun?«

»Was willst du denn tun?«, kam die Gegenfrage.

»Fegen vielleicht?«, schlug Ludwig vor.

»Wie du willst.«

War der Vorschlag falsch gewesen? Ludwig wusste es nicht. Er warf dem neuen Meister neugierige Blicke zu. Er war um die 50 Jahre alt. Eine breite Narbe verunzierte die rechte Wange. Sein rotblonder Vollbart war von weißen Fäden durchzogen. Ludwig war der Einzige außer ihm in der Werkstatt. Der Meister saß reglos vor seinem ledernen Folianten und starrte hinein. Ludwig zuckte mit den Schultern, fegte die Werkstatt, inspizierte die Schränke. Mit Freude stellte er fest, dass die Werkzeuge von Meister Koberling bei Weitem besser waren als die des alten.

Schon nach wenigen Tagen ahnte Ludwig, warum Koberling keine Angestellten und keine weiteren Lehrbuben hatte.

Die Werkstatt hatte wenig Laufkundschaft. Die Aufträge waren entsprechend komplex. Es würde eine Umstellung bedeuten, da sowohl der Schnitt als auch die Hölzer anders als gewohnt waren. Ludwig machte das nichts aus. Und die Kunden, die zu ihnen kamen, die mochten es wohl auch ernst meinen. Nur die Art und Weise des neuen Meisters war gewöhnungsbedürftig. Während Firchow immer genaue Anweisungen gegeben hatte, so antwortete Koberling stets mit einer Gegenfrage und überließ Ludwig ganz und gar die Entscheidung.

»Heute bist du alleine«, teilte der Meister ihm am Morgen seines achten Arbeitstages mit. »Ich muss auf eine Beerdigung. Die Schlüssel für die Schränke sind hier«, er deutete auf einen sehr umfangreichen Bund. »Das Auftragsbuch kennst du ja bereits. Ich bin morgen wieder da.«

»Was, wenn ein Kunde kommt?«, fragte Ludwig ängstlich.

»Dann fragst du ihn, was er haben will und schreibst es auf.«

»Und wenn er bezahlen will?«

»Dann nimmst du das Geld entgegen, schreibst eine Erhaltsquittung und tust das Geld in einen der Werkzeugschränke.«

»Und wenn …«

»Du kommst zurecht, Junge. Glaub einfach mehr an dich.«

Was blieb Ludwig anderes übrig? Er nickte ergeben und hielt sich zuerst einmal an das Fegen. Der gleichmäßige Schwung des Besens beruhigte ihn. Der Meister verließ die Werkstatt, und Ludwig setzte sich an den Tisch mit dem Auftragsbuch und starrte vor sich hin. Er musste zugeben, es hatte etwas

Hypnotisches: der Tanz der Staubkörner und das Knacken des Holzes im Ofen. Ludwig kämpfte gegen den Impuls an, die Augenlider zu schließen und ein Nickerchen zu machen. Warum eigentlich nicht? Nur kurz.

Er erwachte, als jemand an die Scheibe klopfte. Ludwig fuhr hoch. Mit Schrecken bemerkte er, dass es draußen schon dunkel war. Die Lampe, die in der Werkstatt brannte und nur dazu da war, die Schränke auszuleuchten, wenn man einmal etwas suchte, war beinahe leer gebrannt. Durch die schräg stehenden Belüftungsschlitze der Ofenklappe glomm das letzte Rot der sterbenden Holzscheite. Ludwig kniff die Augen zusammen und versuchte zu ergründen, wer an die Scheibe geklopft hatte. Er sah lediglich einen schwarzen Schemen, vor dem sich ein helles Oval abzeichnete. »Es ist offen«, rief er. Doch niemand kam herein. Ludwig zuckte mit den Schultern und tat so, als inspiziere er das Auftragsbuch. In Wirklichkeit spähte er zwischen den Wimpern zu der Gestalt, die sich auf seinen Ruf hin ein wenig nach rechts bewegt hatte. Ludwig wurde es mulmig zumute. An der Schiebetür waren zu allem Überfluss Schritte zu vernehmen. Dann ging die Lampe aus, und das Glimmen des Ofens war die einzige Lichtquelle. Ludwigs Herz begann wild zu schlagen. Beiläufig griff er nach dem Schürhaken. Er ging rückwärts zur Hintertür, ließ das Gesicht nicht aus den Augen, das zu ihm herein spähte. Er spürte einen kalten Luftzug. Da hatte doch jemand klammheimlich die Schiebetür geöffnet. Eine eiskalte Hand legte sich auf seine Schulter. So kalt, dass er glaubte, der Stoff seines Hemdes müsse auf der Stelle gefrieren. Ludwig schlug die Hand fort, drehte sich um und stand seinem Bruder Bernhard gegenüber.

»Das kann nicht sein«, stammelte er. »Du bist tot.«

»Ich weiß«, sagte Bernhard listig. Seine Augen funkelten in der Dunkelheit wie Katzenaugen, wenn sie angeleuchtet wurden. Ludwigs Herz schlug nun ganz langsam. »Warum bist du hier?«, flüsterte er.

»Weil du eigentlich hättest sterben sollen, nicht ich«, brüllte Bernhard unvermittelt und sprang mit gefletschten Zähnen auf ihn zu. Ludwig duckte sich und fiel. Der Aufschlag war fürchterlich.

Ludwig schrie, als sich etwas auf sein Gesicht fallen ließ. Er schlug wie toll um sich, keuchte. Sein Gesicht kam frei. Seine Nasenflügel blähten sich wie Schiffssegel, so schnell sog Ludwig die Luft in sich hinein. Es dauerte eine Weile, bis er sich bewusst wurde, dass er keine vier Jahre zählte, und er nicht von einer Katze attackiert worden war. Ludwig saß auf dem Boden der Werkstatt und rekapitulierte, was geschehen war. Er war eingeschlafen, im Schlaf war er zur Seite gekippt, auf dem Boden aufgeschlagen. Das Auftragsbuch hatte er mit hinunter gewischt. Es war auf seinem Gesicht gelandet. Kein Bernhard. Keine Dunkelheit. Ein Blick auf die Standuhr in der Ecke sagte ihm, dass er nur 47 Minuten geschlafen hatte. Genug anscheinend, um wirres Zeug zu träumen. Der Schreck saß ihm gehörig in den Knochen, denn er zitterte heftig. Ludwig legte Holz nach und blieb eine Weile vor der geöffneten Ofenklappe stehen. Er rieb die Handflächen so lange aneinander, bis er seine Fingerspitzen wieder fühlte.

Bernhard. Ewigkeiten hatte er nicht mehr an seinen Bruder gedacht. Mit ihm hatte er immer reden können, über alles. Und plötzlich schossen Ludwig Tränen in die Augen, und er fühlte sich allein wie noch nie zuvor. Ludwig saß traurig bis zum Ende seines Dienstes um sechs Uhr in der Werkstatt. Viertel vor sechs begann er alle Schränke abzuschließen, nochmals kurz durchzufegen, obgleich nicht ein Holzspan an diesem Tag mehr den Boden berührt hatte, und ging pünktlich nach Hause. Auf dem Weg rief er sich den Traum ins Gedächtnis. Sein Bruder an der Hintertür, ein nicht zu erkennendes Gesicht am Eingang. Ludwig witterte eine Botschaft hinter dem Traum. Er war überzeugt, dass Bernhard ihm den Traum geschickt hatte. Als Warnung? Als Drohung? Beide Möglichkeiten waren nicht angenehm.

KAPITEL 14

Fortan träumte er oft von Bernhard. Nie waren es harmonische Szenen, immer war es entweder dunkel oder Bernhard grässlich entstellt. Oder Ludwig fand ihn am Strick baumelnd in einer Gefängniszelle. Er begann sich bei allem, was er tat zu fragen, ob dies auch in Bernhards Interesse gewesen wäre. Die Antwort lautete meist Nein. »Lass mich in Ruhe«, schrie er oft. Und war dann so gereizt, dass es ihn viel Mühe kostete, sich bei der Arbeit in der Werkstatt zurückzuhalten. Wenn der Meister die Veränderung bemerkte, so kommentierte er sie nicht. Die Zeit verstrich. Ludwig kam ins zweite, dann ins dritte Lehrjahr. Immer wieder gab es Zwischenfälle. Einmal war sein Meister beinahe so weit, ihn hinauszuwerfen, aber Ludwig riss sich zusammen und entschuldigte sich, was den Meister wieder gewogen machte.

Einmal noch hatte er Wenzel gesehen. Sein ehemaliger Kollege hatte mit Bravour die Gesellenprüfung abgelegt und war bei Ludwig zu Hause vorbeigekommen, um sich zu verabschieden, ehe er auf Wanderschaft ging. Zwar wollte er nicht weit fort, nur bis Rostock und sich dort in der Ausstattung von Schiffen verdingen. »Ich werde wohl dort bleiben. Insofern ist es auch keine richtige Wanderschaft. Meine Liebste und ich wollen uns dort niederlassen.« Wenzel grinste über das ganze Gesicht. Ludwig musste ihm versprechen, die beiden zu besuchen, wenn er in der Gegend weilte. »Und du?«, wollte Wenzel wissen. »Du hast es ja auch bald geschafft. Wo wirst du arbeiten, wenn du Geselle bist?«

»Ich weiß nicht. Werde vielleicht aus Stettin weggehen. Hält mich nichts hier.«

»Jedenfalls viel Glück.«

»Eines noch. Das lässt mir keine Ruhe«, sagte Ludwig und strich sich über das Kinn. »Damals, als der Firchow mich rausgeworfen hat, da habe ich eines Abends den Curt gesehen, wie er heimlich an etwas gearbeitet hat. Weißt du, was das gewesen sein könnte?« Wenzel dachte eine Weile nach, dann erhellten sich seine Gesichtszüge. »Ja, ich erinnere mich. Es war sein Meisterstück. Er hat eine Engelsfigur geschnitzt, die das Gesicht seiner Frau trägt. Um diese Figur herum hat er einen Schrank errichtet.«

»Der Meister wusste davon?«

»Natürlich. Er hat ihn ja noch selbst auf die Idee gebracht.«

»Na dann«, sagte Ludwig tonlos.

Wenzel reichte ihm die Hand. »Leb wohl, mein Freund.« Dann verschwand er für immer aus Ludwigs Leben.

Die Gesellenprüfung ging Ludwig recht blauäugig an. Er wusste, dass er ein Möbelstück zeichnen und dieses anhand seiner eigenen Angaben fertigen musste. Dabei musste er den Rohstoffeinsatz berechnen und die Materialien bereithalten. Er entschied sich für einen Apothekerschrank. Wieso ihm just dieser Einfall kam, wusste er nicht zu sagen. Aber nie zuvor hatte er gehört, dass jemand dieses Werkstück zur Gesellenprüfung gefertigt hätte. Die meisten entschieden sich für Beistelltische oder für einen Stuhl, wobei Stühle in der letzten Zeit nicht mehr hoch im Kurs standen. Natürlich bedeuteten die vielen Schubladen des Apothekerschranks viel Arbeit. Das Ausmessen sparte sich Ludwig dann jedoch an so mancher Stelle, da die Schubladen allesamt dasselbe Maß haben sollten. Als er für seine Verhältnisse recht lebhaft dem Meister Bericht erstattete, fiel dessen Begeisterung kärglich aus. »Kannst du machen, ja.«

»Aber?«, fragte Ludwig zurück.

»Ich weiß nicht. Irgendwo fehlt doch da der Nutzen.«

»Einem Apotheker nutzt der Schrank dann schon was«, ließ sich Ludwig nicht abbringen.

Der Meister winkte ab und setzte sich auf seinen angestammten Platz. Ein Kunde hatte neulich spöttisch gesagt: »Die Sitzkuhle in seinem Stuhl, die hat er nicht mit einem Werkzeug erschaffen.«

Am Abend saßen seine Mutter und Ludwig beisammen. Diese Zeiten waren rar geworden. Ludwig ging abends meist seiner Wege, und seine Mutter hatte sich mit Tebesius zusammengerauft. Er war ja auch keine schlechte Partie. Ludwig hatte ihn ihr unlängst als Ehemann ans Herz gelegt. Nachdem sein Vater und sie schließlich nie geheiratet hatten, wurde es langsam Zeit, und zudem waren der Stiefvater und sie nunmehr endlich geschieden(7) worden. Doch seine Mutter winkte nur ab und sagte: »Ja, ja.«

Auf Ludwigs Bericht, wie der Meister auf die Idee mit dem Apothekerschrank reagiert hatte, sagte seine Mutter: »Klar war der eingeschnappt. Der dachte, du machst was für ihn.«

Ludwig schlug sich mit der Hand an den Kopf. Warum fehlte ihm das Einfühlungsvermögen? Da hätte er auch selbst drauf kommen können. Allerdings war er nicht bereit, dem Meister zuliebe seine Idee aufzugeben. »Außerdem«, sagte er laut, »kann der sich jedwedes Möbelstück selbst fertigen. Wozu ist er schließlich Meister?«

»Hast du ihn denn schon einmal arbeiten sehen?«

Ludwig war schon im Begriff zu nicken, doch dann hielt er verblüfft inne. »Nein, das habe ich nicht. Nicht richtig zumindest. Er kommt hinzu und gibt mir Ratschläge, wenn ich etwas tischlere, aber er hat noch nie selbst etwas von Anfang bis Ende gefertigt. Wenn ein Auftrag kommt, so fragt er mich, wie ich diesen anfertigen würde. Ich habe das immer für einen Teil der Ausbildung gehalten. Wie hat er sich so lange gehalten, wo er doch vor mir allein war?«

»Wer sagt denn, dass es so war?«, wandte seine Mutter ein.

»Einerlei, ich werde jedenfalls den Apothekerschrank bauen. Wenn er mir nichts dergleichen sagt, kann es mir egal sein, was für Erwartungen der Meister stellt. Er kann den Schrank ja dann verkaufen.«

Seine Mutter schürzte die Lippen und nickte. »Weißt du, wer dir die Prüfung sonst noch abnimmt?«

»Nein, da muss ich mich wohl überraschen lassen.«

Als Ludwig am Morgen der Prüfung in die Werkstatt kam, erwartete ihn ein ernst dreinblickender Mann, der eine Brille mit ovalen Gläsern auf der Nase trug. Sein Meister trug ein zinnoberrotes Halstuch, das so gar nicht zu seinem kragenlosen Hemd passen wollte. Als er Ludwig per Handschlag begrüßte, merkte dieser, dass die Hände des Meisters zitterten. Er fragte sich, wovor er sich fürchtete.

»Ludwig Tessnow, Lehrling im dritten Jahr. Fühlst du dich imstande, hier und heute den ersten Teil deiner Prüfung zum Gesellen abzulegen?«

Ludwig nickte, und als er sah, dass der andere die Brauen runzelte, beeilte er sich zu sagen: »Ich bin bereit.«

»Gut, gut. Dann beginne bitte mit der Konstruktionszeichnung deines Werkstückes. Die entsprechenden Materialien findest du auf dem Tisch dort. Du hast bis zwei Uhr Zeit.« Der dürre Finger des fremden Meisters, der sich Ludwig überhaupt nicht mit seinem Namen vorgestellt hatte, wies auf den Tisch, auf dem der Meister normalerweise Kleinkram, der keinen festen Platz hatte, abzulegen pflegte. Heute lagen mehrere große Bögen Papier darauf sowie einige Crayons, zwei verschieden lange Lineale und ein Zirkel.

Ludwig verschränkte die Finger, ließ sie knacken und nahm Platz. Er hasste Zeichnungen, denn sie kosteten nur Zeit und lenkten von der wunderbaren Arbeit mit dem Holz ab. Alles, was er baute, gelang ihm ohne vorherige Zeichnung. Allenfalls eine grobe Skizze warf er aufs Papier. Auch sein Meister schien überrascht von den Anforderungen des Fremden. Allmählich glaubte Ludwig seiner Mutter, die die Fähigkeiten seines Meisters infrage stellte.

Ludwig musste sich schwer beherrschen, um nicht vor Ungeduld gleich mit dem Bauen zu beginnen. Er zog Linie um Linie, ließ sich von dem dürren Kerl, der ihm oft über die Schulter schaute – dabei kam er Ludwig so nah, dass dieser den Atem des anderen am Ohr spüren konnte – nicht beirren. Er gab seinen fertigen Plan pünktlich zum zweiten Glockenschlag ab.

»Um drei Uhr werde ich dir mitteilen, ob du den ersten Teil bestanden hast oder nicht. Wenn ja, dann darfst du morgen mit dem praktischen Teil beginnen.«

Ludwig nickte und wollte sich zu seinem Meister an den Tisch setzen, doch der Prüfer runzelte die Stirn. »Hast du nichts zu tun?«

Ludwig seufzte leise, und, wie er hoffte, nur für seinen eigenen Meister hörbar. Dieser hielt sich aus der Prüfungsangelegenheit tunlichst heraus. Er wollte wohl gar nichts damit zu tun haben müssen. Ludwig trug schon einmal seine Materialien zusammen, schließlich ging er fest davon aus, dass er bestanden hatte. Dann holte er weitere Bretter und füllte den Vorrat in der Werkstatt auf, außerdem zurrte er die Planen fest, die sämtliche Vorräte, die auf dem Hof gelagert wurden, bedeckten.

Wenzel hatte einmal erzählt, dass die Zeit, in der die Meister die Zeichnungen bewerteten, die längste war. Ludwig war es jedoch so, als hätte er eben erst dem dünnen Meister den Rücken gekehrt, als er schon wieder hineingerufen wurde.

»Was denkst du selbst von deiner Zeichnung?«, wollte er wissen. Ludwig zuckte mit den Schultern.

»Ich habe selten eine bessere gesehen«, sagte der dürre Meister. »Du hast den ersten Teil deiner Prüfung bestanden. Meinen Glückwunsch hierfür.«

Koberling hieb Ludwig fest auf die Schulter. »Gut gemacht, mein Junge, gut gemacht.«

»Was nicht zuletzt Ihr Verdienst sein dürfte«, fügte der Prüfer hinzu.

»Aber nein, der Junge hat einfach Talent. Manchen ist's halt gegeben.«

Ja, weil du selbst gar nichts kannst und auf Talente angewiesen bist, dachte Ludwig. Er wusste, dass es gehässig war, schließlich hatte der Meister ihn immer gut behandelt. Trotzdem konnte er diese Gedanken nicht abwehren.

Wenn es überhaupt möglich war, sah Ludwig dem praktischen Teil noch ruhiger entgegen. Er hatte alles, was er brauchte, und fertig haben musste er seinen Schrank erst in zwei Wochen. Ausgeruht begab er sich morgens zur Werkstatt und verließ sie zur üblichen Zeit. Einmal wich er von seinem Alltag ab. Da ging er zum Keramikmacher und holte seine Schubladenknöpfe sowie die Schilder ab. Die Knöpfe zierten ein sorgsam entworfenes Ornament. Es zeigte zwei stilisierte Vögel. Ludwig hatte die Knöpfe bereits drei Wochen zuvor in Auftrag gegeben. Schließlich mussten 40 an der Zahl gefertigt werden. Dazu 40 Schilder, die mit Papier beklebt waren und die mit den gängigen Kräutern und Ingredienzien beschriftet werden konnten. Dies überließ er jedoch dem künftigen Besitzer seines Gesellenstücks.

Der langweilige Teil bestand darin, die Schubladenelemente zu fertigen. Sage und schreibe 200 identische Teile mussten gesägt, geschliffen und zusammengesetzt werden. Wobei Ludwig für die Unterseite der Schubladen ein etwas dünner geschnittenes Holz bevorzugte. Während er baute, dachte er nach. Er ersann im Geiste Erfindungen, die der Energiegewinnung dienten. Die Natur hielt die notwendigen Zutaten bereit. Warum nur kehrten sich die Menschen ab und erschufen künstliche Energiequellen? Man könnte sich Lava zunutze machen. Die Hitze entstand im Erdinneren, wenn es gelingen sollte, die Ströme flüssigen Gesteins so umzulenken, dass man beispielsweise damit heizen konnte. Oder wenn es gelänge, Windmühlenräder filigraner zu gestalten, sodass der Widerstand durch Luft und Drehbewegung kleiner würde.

Zehn Tage später war der Schrank fertig. Er bestand aus Kirschholz, war auf Hochglanz poliert, die Keramikknöpfe bildeten ordentliche Reihen, ebenso die Schilder, von denen keines in Höhe und Form abwich. Der Meister fand stets neue Worte des Lobes.

»Dafür, dass du so zeitig fertig geworden bist, gebe ich dir die restlichen Tage frei.«

Auch diesen Teil der Prüfung bestand er mit Bravour. Der Meister und er saßen an diesem Abend noch lange zusammen und feierten bei Bier und Schnaps. Es schien, als könne nie wieder etwas Ludwigs Laune trüben. Angetrunken, aber mehr noch trunken vor Glück, fiel er in sein Bett.

Leider sollten diesem Tag nur wenige glückliche folgen. Schon wenige Wochen nach seiner erfolgreichen Prüfung geriet er mit seinem Meister aneinander. Die beiden trennten sich, nachdem harte Worte gefallen waren. Ludwig fand verschiedene Anstellungen als Hilfstischler. Der Verdienst war mager. Er begann, sich auch mit anderen Arbeiten sein Auskommen zu verdingen. Sogar bei den Gerbern heuerte er für einen Sommer an. Es war unerträglich.

Am 11. April 1893, es war ein Dienstagabend, reichte es Ludwig. So hatte er sich sein Leben nicht vorgestellt. Während seine ehemaligen Kameraden allesamt verheiratet waren, trat er immer noch auf der Stelle. Von seiner Arbeit ganz zu schweigen. Warum hatte er das Tischlerhandwerk erlernt, wenn er für einen Hungerlohn das tat, was ungelernte Kräfte auch taten? Von den Schiffen strömten massenweise arbeitswillige Männer. Ludwig fühlte sich vom Leben betrogen. Die trüben Gedanken nahm er mit ins Bett.

»Brüderchen, komm tanz mit mir, beide Hände reich ich dir«, wurde Ludwig in der Nacht plötzlich von einer Stimme geweckt. Das ansonsten friedliche Tanzlied hörte sich aus dem Munde des Fremden aggressiv an. Diffuses Licht fiel in Ludwigs Zimmer. Vor dem Fenster tauchte eine Silhouette auf, die Ludwig merkwürdig verkrümmt erschien. Wie ein Mensch, bei dem zu viele Knochen gebrochen waren. »Los, erhebe dein müdes Haupt«, drängte die Stimme.

»Bernhard?«

»Steh auf, ich will dir was zeigen.«

Gehorsam tat er, was sein toter Bruder von ihm verlangte. Seite an Seite standen sie am Fenster. Es schien Ludwig, als könne er in andere Welten sehen. Er sah ein Waldstück und fühlte das Leben durch seine Adern rauschen. Da packte ihn schreckliche Sehnsucht. So etwas hatte er nie zuvor gefühlt.

»Du weißt, was du zu tun hast?«, fragte Bernhard streng.

»Gleich morgen, Bruder.«

KAPITEL 15

Am nächsten Morgen schnürte Ludwig sein Bündel. Seine Mutter stand fassungslos in der offenen Tür. »Aber Ludwig, warum willst du denn fort?«

»Mutter, du bist versorgt. Heirate Tebesius endlich und lass mich ziehen.«

»Wann kommst du zurück – und wo willst du überhaupt hin?«

»Ich geh auf die Walz. Früher hat das jeder Geselle gemacht.«

»Aber doch heute nicht mehr. Die Wanderschaft ist doch längst keine Pflicht mehr.«

»Aber ich möchte es. Und ich werde. Leb wohl.«

Ludwig küsste sie flüchtig auf die Wange und verließ eilends das Haus, ehe er es sich anders überlegte.

Nachdem er um zwei Straßenecken gebogen war, holte er tief Luft. Frei. So fühlte es sich also an. Freigesprochen. Dabei hatte er sich die Lehrjahre über nie als Gefangener seines Meisters gefühlt. Die Jahre der Lohnarbeiterei, da war er wirklich unfrei gewesen. Seit wenigen Augenblicken war er Herr über die Richtung, über die Wegstrecke, über die Entscheidung, ob er unter freiem Himmel oder mit einem Dach über dem Kopf schlafen wollte. Und, das war für Ludwig das Wichtigste: Wollte er Gesellschaft auf seiner Wanderung?

Jetzt hieß es allerdings erst einmal die Stadtgrenze Stettins zu überwinden. Er warf sein Bündel über das Stadtschild und überkletterte es anschließend. Dabei folgte er dem Brauch, seine Heimat, für die Öffentlichkeit sichtbar, hinter sich zu lassen. Leider winkte ihm kein Abschiedskomitee und wünschte ihm eine gute Reise. Er fühlte aber, das Richtige getan zu haben. Frohen Mutes nahm er die Straße Richtung Westen. Er hoffte, nach zwei Tagen strammen Marsches Pasewalk zu erreichen. Es war warm, am Horizont waren einige Wolken zu sehen, doch keine davon war grau und schwer. Am Vormittag zog Ludwig seine Weste aus und hängte sie an seinen Rucksack. Er lächelte, als er daran dachte, dass es von Ferne so aussehen musste, als trüge er jemanden auf dem Rücken. Er legte am frühen Nachmittag eine Pause ein. Ein Bach plätscherte munter, und Ludwig schöpfte einige Hände Wasser für sein verschwitztes Gesicht, dann trank er und ließ sich auf einem größeren Stein am Ufer nieder. Während er die nackten Füße ins Wasser baumeln ließ, verzehrte er ein ansehnliches Stück Käse mit Brot und einen halben Ring Fleischwurst. Er hatte beschlossen, auf seiner Wanderung nur einmal am Tag zu essen, da er Müdigkeit vermeiden und recht viel Strecke zurücklegen wollte. Das Gesumm der Mücken und Fliegen schläferte ihn ein. Er suchte sich eine trockene Stelle im Gras etwas vom Ufer entfernt und schloss die Augen. Fast sofort schlief er ein. Er wurde unsanft von einem Stich ins linke Jochbein geweckt. Er schlug mit der flachen Hand zu und sah ein Insekt an seinen Fingern kleben, das so zermatscht war, dass er nicht sagen konnte, um was es sich gehandelt haben mochte. Der Stich jedenfalls tat erbärmlich weh und schwoll schnell an. Ludwig tränkte sein Taschentuch mit dem kühlen Bachwasser und hielt es sich unter das linke Auge. Er fluchte, weil er spürte, wie die Haut heiß wurde, obgleich er sie mehrfach abkühlte. Sein Auge konnte er mittlerweile kaum noch öffnen. Außerdem begann seine Nase zu jucken und er verspürte einen Hustenreiz. Was war denn nun los? Ludwig packte sein Essgeschirr wieder in den Rucksack und sah zu, dass er von dieser teuflischen Wiese herunterkam. Er ging zurück zum Weg und versuchte abzuschätzen, wie lange er geschlafen hatte. Drei Stunden waren es sicherlich gewesen, wenn er so nach der Sonne schaute. Eine Uhr besaß er nicht. Und wenn er eine besessen hätte, so hätte er sie seiner Mutter in Stettin gelassen, die schließlich auf pünktliches Erscheinen bei ihren Arbeitsstätten angewiesen war. Plötzlich, allen körperlichen Beschwerden zum Trotz, durchströmte Ludwig ein Glücksgefühl. Er musste morgen früh nicht in die Werkstatt. Er konnte noch ein paar Tage von seinen Ersparnissen zehren, dann erst musste er sich in einem Ort eine Arbeit suchen. Und selbst, wenn diese ihm nicht gefiel, zog er eben weiter. Ludwig konnte nicht verstehen, warum die frischgebackenen Gesellen auf das Privileg der Wanderschaft verzichteten, nur, um in einem Industrieunternehmen eine Tätigkeit auszuüben, die sie unglücklich machte, und die meist gar nichts mehr mit Holz zu tun hatte. Traurig war das. Er hatte selbst gesehen, wie die neu errichteten Schornsteine schwarzen Rauch in den Himmel husteten. Jemand musste diesen Rauch ja herstellen. Hunderte von Menschen standen zeitgleich an ihren Werkbänken und hämmerten, sägten und produzierten, was das Zeug hielt. Aber ohne Herz. Alles ohne Herz. Ludwig schmiegte seine rechte Handfläche fester um den Wanderstab, den er sich mit viel Mühe gefertigt hatte. Ein schöner Stab aus Nussholz war das, mehrfach gebeizt und poliert, um die Maserung zur Geltung zu bringen. Immerhin war der Stock eine Art Aushängeschild, und so manch einer mochte vielleicht künftig den Stock bei Ludwig sehen und sich sagen: Wenn einer solch schöne Wanderstöcke fertigt, dann kann der nur was taugen. Dem möchte ich Arbeit geben.

Am Abend kam er zu einem Bauernhof. Da der Wind aufgefrischt hatte und Ludwig sich für ein Dach über dem Kopf entschied, klopfte er kurzerhand an die Tür des Haupthauses. Ihm öffnete ein alter Mann, der Ludwig zahnlos anlächelte.

»Gestatten, Tessnow«, stellte sich Ludwig vor. »Ich bin Geselle auf der Wanderschaft und bitte um Obdach für diese Nacht. Bin auch bereit dafür zu arbeiten.«

Der Alte reagierte nicht. Ludwig wollte sich schon zum Gehen abwenden, als eine Frauenstimme aus dem hinteren Teil des Hauses rief: »Wer ist denn an der Tür, Vater?«

In der Türöffnung erschien kurz später ein munteres Frauengesicht. Etwas pausbäckig zwar, aber mit großen, glänzenden Augen.

»Ah, ein Wandergeselle«, kam sie Ludwig zuvor. »Kommen Sie rein.« Sie schob den neugierig schnüffelnden Hund mit dem Fußrücken zur Seite und machte den Flur frei, damit Ludwig sein Bündel abstellen und die Jacke an den Haken hängen konnte. Was er auch erleichtert tat. »Sie haben Glück, es gibt gleich Essen.«

Wer war er, ein kostenloses Essen auszuschlagen. Und wie gut das duftete!

»Wenn Sie etwas auszubessern haben oder etwas, das gefertigt werden müsste, stehe ich gerne zur Verfügung«, sagte er mit Blick auf den Boden, seinen Hut zwischen den Händen.

»Jetzt wird erst einmal gegessen«, ordnete sie an. »Väterchen, Essen!«, rief sie nach dem Alten.

»Wir leben hier zu zweit. Seit mein Mann gestorben ist,

führe ich den Hof. Einiges an Viehzeug habe ich verkaufen müssen, aber ich verdiene mir etwas mit der Imkerei hinzu. Die Bienen hier machen guten Honig. Kommen Sie aus der Nähe?«

»Aus Stettin.«

»Aha«, sagte sie. Ludwig hatte keine Ahnung, ob sie dies anerkennend oder verurteilend gemeint hatte. Oder einfach nur so »aha« gesagt hatte, um überhaupt etwas zu sagen. Warum waren die Menschen nur so kompliziert? Ludwig verstand ohnehin nicht, warum so viel geplappert wurde. So viel Tratsch, so viele falsche Dinge, die erzählt wurden unter den Leuten. Was hatte seine Mutter schon geheult, weil Tessnow oder Tebesius Dinge gesagt hatten, die sie gar nicht so meinten, aber trotzdem immer wieder zu ihr sagten.

Es gab gekochte Wurst mit Kraut. Ludwig wunderte sich, wie schnell der Alte ohne Zähne seinen Teller leer gegessen hatte, den er mit einem satten Rülpser von sich schob.

Die Frau wandte sich an Ludwig. »Ich heiße übrigens Katharina Detlefsen. Und wie ist Ihr Name?«

»Ludwig Tessnow.«

»Was ist mit Ihrem Gesicht passiert?«

Ludwig legte die Hand auf seine Wange. »Mich hat was gestochen.«

»Mögen Sie das Wandern?«

»Ich weiß nicht, bin erst seit heute Morgen unterwegs.«

»Können Sie sich vorstellen, Ihre Wanderung vielleicht abzubrechen? Wo es doch so viele bösartige Insekten gibt.« Sie lächelte ihn schelmisch an.

»Warum sollte ich? Hab doch gerade erst angefangen.«

»Nun ja, ich könnte einen Mann auf dem Hof gut gebrauchen. Außerdem sind Sie mir sympathisch.«

»Sie sind aber geradeaus«, erwiderte er.

»Alles andere bringt nichts. Also?«

»Ich muss mir das durch den Kopf gehen lassen. Morgen sag ich Ihnen, wie ich mich entschieden habe.«

»Gut.« Sie stellte einen Krug mit Bier und eine Flasche Schnaps auf den Tisch.

Ludwig machte sich die Entscheidung nicht leicht. Gegen das Bleiben sprach sein Entschluss, auf Wanderschaft zu gehen, andere Städte zu sehen. Für das Verweilen auf dem Hof gab es mehrere Gründe. Zuerst einmal war es ein reicher Hof, das sah er auf Anhieb. Das Vieh stand gut im Futter, die Geräte waren von hervorragender Qualität, allerdings bedurften sie einiger Wartungsarbeiten. Und schließlich Frau Detlefsen selbst. Ihm gefiel ihr Selbstbewusstsein, der offene Blick.

Am Frühstückstisch konnte Katharina ihre Neugier nicht mehr länger bezwingen. »Und, haben Sie es sich überlegt?«

»Ja«, sagte er.

Sie rutschte unruhig auf dem Stuhl herum. »Ja, was?«

»Ich hab es mir überlegt.« Er grinste.

»Und?«

»Ich bleibe.«

»Großartig. Das freut mich. Hast du gehört, Vater? Er bleibt.«

Ludwig nickte dem zahnlosen Alten zu. Der murmelte etwas wie: »Wenn das man gut geht.«

Ludwig lebte sich gut auf dem Hof ein. Er setzte als Erstes die Werkbank instand und arbeitete sich dann allmählich durch die Gerätschaften in der Scheune. Die Rechen und Mistgabeln erhielten neue Holzstiele, das Scheunenvordach neue Holzschindeln. Auch die Wohnstube profitierte von Ludwigs Geschick. Wenn August, der Vater von Katharina, in der Nähe war, gab sich Katharina Mühe, ihr Interesse zu verbergen. Ludwig indes, entging es nicht. Sie warf ihm häufig schmachtende Blicke zu. Es gab Tage, da waren sie ihm unangenehm, dann wollte er nicht ihr Mittelpunkt sein, war ihm ihre Aufmerksamkeit lästig. Aber meistens gefiel ihm, dass sie seine Nähe suchte und sich genau erklären ließ, wie man verschiedene Hölzer bearbeitete.

Es war ein heißer Tag, Mitte Juni. Ludwig hatte den wuchtigen Sessel aus der Wohnstube auf den Innenhof gebracht. Bei Tageslicht betrachtet, sah der Stoff noch recht gut aus, nur die eine Lehne musste repariert werden. Das Holz war schon vor geraumer Weile gesplittert und verblasst. Ludwig wählte aus seinem Vorrat an Material, das er sich im Laufe der letzten Wochen angelegt hatte, das Richtige aus und begann es in Form zu sägen. Katharina kam aus dem Hühnerstall. Vorsichtig balancierte sie den flachen Korb. »Haben die gut gelegt?«, rief Ludwig ihr zu.

»Ja, schau.« Sie hielt ihm den Korb entgegen. Sie stellte den Korb ab und ging neben dem Sessel in die Hocke. »Er sieht traurig aus, mit seinem einen Arm.«

Ludwig schwenkte das Holz. »Ich baue ihm gerade einen neuen.«

»Erkläre es mir.«

Ludwig wandte sich ihr zu. Da war doch Sehnsucht in ihrem Blick. Er legte das Holz beiseite. »Dir geht es doch gar nicht darum zu wissen, wie man Möbel repariert. Du möchtest Zeit mit mir verbringen.«

»Und du würdest am liebsten fliehen, oder? Du schaust dann zum Hoftor und man sieht dir richtig an, dass du in Gedanken schon wieder auf der Walz bist.«

»Manchmal ja. Besonders, wenn dein Vater mich schief ansieht. Er ist mir unheimlich.«

Katharina lachte. »Er ist alt, das ist alles.«

Ludwig sagte nichts dazu, aber er wich nicht von seinem Eindruck ab, dass der Alte ihn belauerte, vielleicht sogar etwas gegen ihn im Schilde führte.

Katharina griff nach Ludwigs Hand. Es fühlte sich angenehm an. Ludwig entschied, dass es Zeit war, sie zu küssen. Er zog Katharinas Gesicht zu sich heran, drückte seine Lippen auf ihre, rechnete schon mit einer Ohrfeige. Als die nicht kam, schloss er seine Arme um sie und vergaß für eine Weile die Reparatur des Sessels.

In den nächsten Wochen folgten viele schöne Momente. Allerdings machte der Alte Ludwig zu schaffen. Er tauchte ständig dort auf, wo Ludwig sich gerade zum Arbeiten niedergelassen hatte. Dann stand er ihm im Weg herum, gab zynische Kommentare von sich oder nahm sogar Werkzeug fort und versteckte es, sodass Ludwig nicht weiterarbeiten konnte.

»Dein Vater geht mir gehörig auf die Nerven«, sagte er eines Abends zu Katharina.

»Das haben Eltern so an sich«, gab sie zurück.

»Nein, im Ernst. Er mag mich nicht.«

»Er hätte sich einen anderen für mich gewünscht. Aber zum Glück suche ich mir meine Männer noch selbst aus.«

»Was ist an mir auszusetzen?«

»Du bist manchmal seltsam, sagt er. Außerdem hat er dich einmal beobachtet, wie du mit der Mistgabel nach einer Katze gestoßen und sie verletzt hast.«

»Glaubst du ihm das?«

»Nun, warum sollte er das mit der Katze erfinden?«

Ludwig richtete sich halb auf und stützte sich auf den Ellenbogen, Katharina zugewandt. »Was meint er mit ›seltsam‹?«

»Das ist doch egal. Ich bin nicht mein Vater, hörst du? Er ist alt und stört doch auch kaum.«

Ludwig schlug mit der Faust gegen das Rückenteil des Bettes. »Ich bestehe darauf, es zu erfahren!«

Katharina zuckte zusammen und sah ihn erschrocken an. »Was ist denn in dich gefahren? Jetzt bist du mir auch unheimlich.«

Ludwig atmete ein paar Mal tief durch, dann strich er Katharina besänftigend über den Arm. »Ich wollte dir keine Angst machen.«

Sie nickte, drehte sich jedoch von ihm weg und schwieg.

Als hätte das Schicksal ein Einsehen mit ihm, wurde der Vater seiner Braut krank. Er bekam hohes Fieber und lag, wirres Zeug stammelnd, im Bett. Katharina kochte Tee und Kräutersud zum Einreiben. Bald war deutlich, dass ihr Vater Wasser in der Lunge hatte. Er röchelte und keuchte. Nur heiße Umschläge brachten ihm Linderung. Sie hielten abwechselnd Wache am Bett des Kranken.

Als Ludwig auf einem Stuhl neben dem Bett ausharrte, kam der Pfarrer in den Raum, um dem alten Detlefsen die letzte Beichte abzunehmen. Ludwig wurde aus unerfindlichen Gründen nicht aus dem Raum geschickt. Weder der Alte noch der Pfarrer schenkten ihm Beachtung.

»Ich habe gesündigt«, röchelte der Alte.

»Sprich«, sagte der Pfarrer.

»Als ich in der Schule war, habe ich einen Jungen so fest gegen den Kopf getreten, dass er für immer dumm bleiben wird. Ich habe es absichtlich getan, um meinen Bruder vor seinen Schlägen zu schützen.«

»Wirklich nur, um deinen Bruder zu schützen?«, hakte der Pfarrer nach.

»Nein. Ich wollte es.«

»Fahre fort.«

»In meiner Lehrzeit geriet ich in Streit mit einem Gesellen. Wir schlugen uns und ich hätte ihn umgebracht, wäre ich nicht aufgehalten worden.«

»Weiter«.

»Manchmal sehe ich den Teufel. Als ich fast fünf war, schickte er mir seine erste Kreatur über den Weg. Seitdem folgten weitere. Wenn ich Lust habe, bekämpfe ich sie. Ansonsten gehe ich ihnen aus dem Weg.«

Sorge zeichnete sich auf dem Gesicht des Pfarrers ab. »Wenn das so ist, mein Sohn«, sagte er betroffen, »kann ich dir das Sterbesakrament nicht erteilen. Es tut mir leid.«

Ludwig rief: »Aber es sind meine Sünden.«

Er fuhr hoch, rieb sich schlaftrunken die Augen. Neben ihm lag der Alte im Bett und röchelte. Ein Auge war halb geöffnet und musterte Ludwig anklagend. »Mörderkind«, sagte der Alte. Er hatte dieses Mal kein bisschen genuschelt.

Ludwig riss das Kopfkissen unter dem Haupt des Alten hervor und presste es ihm aufs Gesicht. Niemand nannte ihn ein Mörderkind. Nach einer Weile nahm Ludwig das Kissen fort. Der Alte sagte nichts mehr. Das Auge mit dem spöttischen Blick war geschlossen. Ludwig hoffte, dass der Alte schlief, bis Katharina ihn um sechs Uhr ablöste. Er trank einen Schluck Bier aus seinem fast leeren Humpen und machte die Augen zu.

Katharinas Rufen war unglaublich laut. »Er ist tot! Ludwig, hörst du mich? Er ist tot!«

Ludwig blinzelte schlaftrunken. Dann sah er den Alten an, der mit bleichen, halb geöffneten Lippen dalag. Er röchelte nicht mehr. Sein Kopfkissen lag auf dem Boden, der Bezug war feucht vom Speichel. »Er hat es überstanden«, sagte Ludwig und nahm Katharina in den Arm.

Der Sommer ging in den Herbst über. Auf dem Hof war viel zu tun. Jetzt, wo die meisten Gegenstände repariert waren, stand die Heuernte an. Diese ging nahtlos in die Weizenernte über. Von früh bis spät schufteten die beiden. Katharina hatte vier Erntehelfer eingestellt, die ebenfalls fleißig mit anpackten. Trotzdem war es für Ludwig eine Schinderei, die nicht sein musste. Man könnte eine Maschine erfinden, die den Großteil der Arbeit übernehmen würde. Oft saß er am Tisch, wenn Katharina sich schon längst die derben Stiefel angezogen und sich mit der Sense bewaffnet zur Wiese begeben hatte, und dachte nach.

»Lässt du dich auch mal wieder blicken?«, sagte sie eines Tages, als Ludwig herangeschlendert kam.

»Wenn wir eine Maschine hätten …«

»Die haben wir aber nicht. Hör endlich auf, von dieser Maschine zu erzählen und pack lieber mit an. Wir schaffen das nicht ohne dich.« Sie deutete auf das große Areal, das gemäht werden musste.

»Ich mag die Feldarbeit nicht«, sagte er. Und ehe er das weiter ausführen konnte, fiel ihm Katharina abermals ins Wort. »Ja denkst du, ich hätte mir das ausgesucht? Aber das Essen schmeckt dir, das uns diese Arbeit auf den Tisch bringt, nicht wahr? Weißt du was, Ludwig Tessnow, du bist ein Faulpelz. Du bist auf die Walz gegangen, weil dir die Arbeit in der Fabrik zu anstrengend gewesen wäre.«

»Du klingst wie dein Vater.«

»Vermutlich, weil es stimmt, was er über dich dachte.«

»Du hast doch keine Ahnung«, gab er erbost zurück, warf die Sense ins Gras und ging davon.

Zwar half er die nächsten Tage mit, allerdings blieb die Stimmung getrübt. Als hätte der Alte aus dem Totenreich einen Keil zwischen sie getrieben. Katharina ging, trotz vieler Arbeit, jeden Tag zu seinem Grab und betete.

Es war Sonntagabend, als sich Ludwig mit einer Flasche Branntwein am Tisch in der Wohnstube niederließ und seine Situation überdachte. Katharina war erschöpft ins Bett gefallen. Sonntag hin oder her, das Vieh musste trotzdem versorgt und der Haushalt erledigt werden. Ludwig drehte das Schnapsglas und sah den kleinen Sternchen zu, die das reflektierte Licht auf das Glas zauberte. »Will ich dieses Leben?«

»Nein, das willst du nicht. Nicht mit dieser Frau und nicht hier«, antwortete Bernhard, dessen Stimme so klar in Ludwigs Kopf erklang, als stünde der Bruder neben ihm.

»Und damit hast du verdammt recht«, stimmte Ludwig zu. Er trank nach und nach die Flasche leer. Angenehm betäubt fiel er ins Bett. Als er am nächsten Tag wach wurde, stand die Sonne hoch am Himmel. Katharina hatte das Haus verlassen. Die Sense und ihre derben Stiefel fehlten. Ludwig packte sein Bündel. Viel war es nicht. Dann sah er sich ein letztes Mal um, spürte, dass kein Abschiedsschmerz aufwallte. Zufrieden ging er zur Tür hinaus und war wenige Minuten später auf der Walz, als hätten die letzten Wochen nie stattgefunden.

KAPITEL 16

Pasewalk erreichte er am dritten Tag, da er sich mehrfach verlief und gut und gerne fünfzehn Kilometer dranhängen musste. Auf müden Füßen schlenderte er die Marktstraße entlang. Links spendeten zahlreiche Bäume Schatten, doch der Gehweg war mit Flaneuren gut gefüllt. So hielt sich Ludwig auf der anderen Seite. Rechter Hand kam eine Kirche in Sicht. Als er näher kam sah er, dass vor der Kirche eine Menschenansammlung stand, die ein junges Paar mit einem Säugling umringte. Aus dem geöffneten Kirchenportal drangen wunderbare Klänge. Ludwig entschied, sich in der Kirche etwas auszuruhen. Er trat ein, nahm seinen Hut ab und setzte sich. Die Orgelklänge berauschten ihn. Ihm war, als führten die bunten Glasbilder der Kirchenfenster ein Eigenleben.

Sah diese Gestalt nicht aus wie Bernhard? Winkte sie ihm nicht sogar zu? Ludwig lächelte und winkte zurück.

Der Pfarrer schritt den Mittelgang entlang. Sein Blick fiel auf Ludwig, wanderte die staubigen Kleidungsstücke bis zu den Stiefeln herab. Ludwig erwiderte den Blick. »Bist du ein Wandergesell?«

Ludwig nickte.

»Hast du schon Arbeit in Pasewalk gefunden? Wenn du überhaupt hierbleiben willst, heißt das.«

Jetzt schüttelte Ludwig den Kopf.

»Bist du stumm?«

»Nein.«

»Gut, gut. Also, wie sieht es aus? Hast du Zeit, dich um die Reparatur einiger Kirchenbänke zu kümmern?«

Ludwig nickte.

Der Pfarrer betrachtete Ludwig von der Seite und nickte eifrig, als die Orgel ein wundervolles Crescendo zum Besten gab. »Ja, die Musik. Sie ist einfach herrlich. Die Orgel gibt es seit rund 28 Jahren, und sie hat mich noch niemals enttäuscht.«

»Ich werde für Sie arbeiten«, entschied Ludwig. Die beiden reichten sich die Hand und besiegelten so die Absprache.

Ludwig kam im Gemeindehaus unter. Unter dem Dach gab es eine Kammer für Reisende, Kirchengäste oder auch den ein oder anderen Betrunkenen, der unterkommen musste, weil der Heimweg zu lang war. Aber, und hier war der Herr Pfarrer sehr streng, Landstreicher erhielten keinen Schlafplatz. »Die bringen nur Ungeziefer rein und stehlen darüber hinaus wie die Elstern.«

Ludwig stellte sein Bündel ab und folgte dem Pfarrer in die Kirche zurück. Leider war der Organist gegangen und das Hallen ihrer Schritte das einzige Geräusch. Zielsicher schritt der Pfarrer die Reihen der Bänke ab, blieb stehen und zeigte Ludwig die kaputten Stellen. »Siehst du hier, ein Brandloch. Es ist unfassbar, dass jemand in einem Gotteshaus zündelt. Der dies zu verantworten hat, kann froh sein, dass ich ihn nicht erwischt habe. Meinst du, du bekommst das wieder hin?«

Ludwig strich mit dem Finger über die versengte Stelle. Mit Abschleifen allein war es nicht getan. Er würde eine neue Sitzleiste einziehen müssen, aus dunklem Holz, das er mehrfach bearbeiten musste, damit es sich optisch nicht zu sehr vom restlichen Interieur abhob. Aber ein Problem war dies nicht. »Das dürfte nicht allzu schwierig werden.«

»Gut, ich mache dich jetzt mit dem Küster bekannt. Mit ihm kannst du alles Nötige besprechen. Was du an Mitteln brauchst und so weiter. Wir sehen uns heute Abend um sechs Uhr zum Essen bei mir zu Hause.«

Der Küster war ein schmaler Mann mit einem kleinen Buckel. »Schmidt«, stellte er sich Ludwig vor. Ludwig wurde nur allzu bald klar, warum Schmidt als Kirchenhausmeister ausgesucht worden war. Er wollte alles ganz genau wissen und drehte jeden Pfennig dreimal um. »Mir ist es gleich«, sagte Ludwig irgendwann. »Es sind nicht meine Kirchenbänke. Wenn Sie Bänke aus schlechtem Holz haben wollen, kann ich die Ihnen gerne anfertigen. Aber halten werden die keine fünf Jahre. Vor allem der Winter wird dem Holz zusetzen. Aber das müssen Sie wissen.« Ludwig faltete die Hände vor sich auf der Tischplatte und sah den Küster emotionslos an.

»Aber ehe wir dem erstbesten Holzlieferanten einen Auftrag erteilen, müssen wir zuerst einmal vergleichen.«

»Sicher, dagegen hat ja auch niemand etwas. Aber bei der Wahl des Holzes sollten Sie sich auf einen Sachkundigen verlassen und nicht das Billigste wählen.«

Die nächsten Tage fuhren sie bei etlichen Holzlieferanten vor und besahen sich deren Angebot. Im Preis gab es bei allen kaum Unterschiede. »Ich bestehe jedoch darauf, dass wir hier den günstigsten aussuchen«, beharrte Schmidt.

Gemeinsam luden sie etliche Bretter auf den Karren, den die beiden Kirchenochsen zogen. Pferde wären Ludwig lieber gewesen, denn die Ochsen waren gemächliche Tiere. Als es dämmerte, gelangten sie endlich vor der Kirche an. Im letzten Licht entluden sie die Fracht, der Küster überließ es Ludwig, die Ochsen abzuschirren und auf den Anger zu bringen. Verärgert stellte Ludwig fest, dass er das Abendessen beim Pfarrer versäumt hatte. Er schimpfte im Geiste auf den Küster und ging sich eine Wirtschaft suchen.

Heftiges Klopfen und wütendes Rufen weckten ihn am nächsten Tag. Als sich Ludwig im Bett aufrichtete, glaubte er sich im Innern eines Mühlrads zu befinden. Alles drehte sich und ein böser Schmerz fuhr ihm durch die Schläfen. »Ja?«, krächzte er. Die Tür wurde aufgerissen, und Schmidt trat ein.

»Wo steckst du denn? Wir warten alle auf dich. Ich habe eigens einige Tagelöhner verpflichtet. Und jetzt stehen die nutzlos herum. Das kostet doch alles Geld!«

Ludwig schirmte die schmerzenden Augen vor dem grellen Licht ab, das durch die Türöffnung fiel, und fragte sich, warum der Küster am Tag zuvor alle Zeit der Welt gehabt hatte und heute plötzlich voranmachte, als gäbe es morgen keine Tischler mehr.

Mit einem kritischen Blick auf Ludwigs löchrige Socken sagte Schmidt: »Ich warte dann in der Kirche. Beeil dich.«

Während er seine Hose suchte, versuchte sich Ludwig zu erinnern, was gestern Abend gewesen war. Hungrig hatte er sich aufgemacht und eine Wirtschaft gefunden, die ihm zusagte. Dort hatte er eine Schlachtplatte bestellt, reichlich Brot und Bier dazu. So weit so gut. Er wusste noch, dass er nach der Mahlzeit eigentlich hatte in die Dachkammer zurückkehren und schlafen wollen. Aber wie das so war: Die angenehme Wärme im Schankraum und das klackernde Geräusch der Würfel auf dem Tisch nebenan hatten ihn eingelullt. Als ihn dann ein ziemlicher betrunkener Kerl zum Armdrücken aufforderte, wies sich, dass Ludwigs Urteilsvermögen aufgrund von zu vielen Humpen wohl auch schon gelitten hatte. Der Kerl kugelte ihm jedenfalls beinahe den Arm aus und dachte gar nicht daran loszulassen, obwohl Ludwig auf die Tischplatte schlug. Irgendwann wusste er sich nicht anders zu helfen, als dem Kerl den Steingut-Humpen ins Gesicht zu schmettern. Ab da verschwammen seine Erinnerungen. Es musste wohl noch ordentlich zur Sache gegangen sein, denn die Knochen taten ihm höllisch weh, und er entdeckte zahlreiche Blutergüsse an Armen, Rücken und auf der Brust. Seine Unterlippe war ebenfalls lädiert.

Als wäre das noch nicht schlimm genug, deutete einer der Tagelöhner auf ihn, als er das Kirchenschiff betrat. »Das ist der Kerl von gestern Abend!«, rief er. Der Mann hatte fettiges, kinnlanges Haar, und sein rechtes Auge zierte ein Veilchen.

»Ich seh auch nicht viel besser aus, also rege dich ab«, sagte Ludwig.

»Was hat das zu bedeuten?«, ging der Küster dazwischen. Der Mann mit dem blauen Auge winkte ab und sagte: »Mit so einem arbeite ich nicht zusammen.« Er verließ die Kirche, zwei andere folgten ihm. Offenbar Freunde oder ebenfalls Kneipengänger, mutmaßte Ludwig.

Schmidt schüttelte fassungslos den Kopf und sah in die Runde. Die restlichen Männer scharten sich um Ludwig und Schmidt und wollten wissen, was ihre Aufgaben für den Tag waren. Man merkte ihnen an, dass sie an hartes Arbeiten gewöhnt waren. Ihre Hände waren voller Schwielen, teilweise vernarbt, und sie packten gleich richtig mit an. Ludwig kannte diese Art zu arbeiten nur vom Hafen, wo beim Beladen jede Minute zählte. Er war dankbar, so viele helfende Hände um sich zu wissen. Andererseits fühlte er sich von Schmidt gegängelt. Der Küster wich und wankte nicht. Er stand generell im Weg herum, und die Arbeiter mussten ihn umrunden, als sei er ein Riff im Meer. Als die Glocke zum Mittag rief, hatten sie bereits einen Teil des Kirchenschiffs abgesperrt, zwei Bänke zerlegt und das einzusetzende Holz zugeschnitten und gebeizt. Ludwig war zufrieden. Schmidt verließ die arbeitsame Runde, um selbst zu essen. Er vergaß jedoch zum Glück nicht, für die Arbeiter ebenfalls Essen zu schicken. Wenig später kam eine junge Frau mit zwei Körben in die Kirche. Sie legte ein Tuch auf eine der intakten Bänke und breitete die Gaben darauf aus. Ludwig lief das Wasser im Munde zusammen. Es gab kalten Braten, Brot, Butter, Schmalz, Blutwurst, Griebenwurst und mehrere Flaschen Wein.

»Hättste doch vorne gedeckt«, sagte einer der Männer und brach in meckerndes Gelächter aus. Sein Finger deutete auf den Altar.

»Das kann ich nicht komisch finden«, sagte die Frau streng und stemmte die Hände in die Hüften. Ludwig zückte sein Brotmesser, schnitt sich zuerst Brot ab, das er mit Butter bestrich, dann folgte eine dicke Scheibe Braten, die er großzügig salzte.

»Habt ihr nun alles?«, wollte die Frau wissen.

»Nich alles«, dröhnte der Gotteslästerer und starrte der Frau auf die Brüste. Ludwig verließ die Kirche und setzte sich draußen auf eine Bank. Schön ruhig war es. Die Vögel sangen, die Sonne schien durch das Blätterdach der Kastanie. Er fühlte sich in seine Schulzeit zurückversetzt. Ein Brot in der Hand, die Sonne im Gesicht und über sich das Grün eines Baumes. Was waren das für glückliche Zeiten gewesen. Da hatte Bernhard noch gelebt. Mit einem Mal schmeckte es nicht mehr so gut. Ludwig schlang hastig die letzten Bissen herunter und beeilte sich, nach drinnen zu kommen, ehe die Gedanken an Bernhard überhandnahmen.

Den restlichen Tag arbeiteten sie schweigend. Als die sechste Stunde schlug, machten sie Feierabend. Sogar Schmidt ließ die Zügel schleifen. Nach dem Mittag war er nur etwa eine Stunde bei ihnen geblieben und dann gegangen.

Ludwig verzichtete auf ein abendliches Programm. Er wollte keinen unnötigen Ärger mehr riskieren. Er schlief traumlos und beinahe zehn Stunden.

Schmidt war zufrieden. Er rechnete Ludwig aus, dass er die Tagelöhner nur noch einen halben Tag zu beschäftigen brauchte. »Den Rest schaffst du allein, oder?«, sprach Schmidt ihn an. Ludwig nickte. Es war tatsächlich nicht viel zu schleppen, und er hatte schon andere Dinge allein bewältigt. Da war dieser massive Eichenschrank des reichen Stettiners gewesen, dessen eine Tür einfach nicht gerade sein wollte. Dieses Teil hatte ihn beinahe um den Verstand und seinen Rücken zum Zerbrechen gebracht.

Am Nachmittag war Ludwig allein. Er werkelte in gleichmäßigem Rhythmus vor sich hin und dachte nach. Wenn man all die Gedanken, die die Leute in einem Gotteshaus so dachten, in Energie umwandeln könnte, das wäre famos. Es war sicherlich interessant, was dabei herauskam. Oder in Licht. Welche Farbe wohl ein Gedanke an Gott hatte, welche Farbe ein hasserfüllter? Ludwig hatte von einem Wunderheiler gelesen, der angeblich Farben sehen konnte, die den menschlichen Körper umgaben. Jeder Mensch sollte seiner Aussage nach seine eigenen Farben haben. Der Heiler konnte auch sehen, wenn jemand krank war. An der kranken Stelle des Körpers seien die Farben blass.

Die Wissenschaft war ein Gebiet, das er nur zu gerne betreten hätte. Aber seine Schulbildung war dafür zu dürftig, und außerdem müsste er sich festlegen. Es gab Physiker, Mathematiker, Biologen. Und für jeden einzelnen Zweig musste man jahrelang studieren. Nein, das war ihm zu anstrengend. Dann beschäftigte er sich lieber in Gedanken mit allen Disziplinen, ohne sich vor einer Universität oder neidischen Kollegen rechtfertigen zu müssen. Er wusste, dass einige seiner Ideen für Furore sorgen würden. Aber ebenso für Neid. Und, das war das Argument, das für ihn am meisten zählte: Er hatte keinerlei Ambitionen, sein Leben lang in irgendwelchen Laboratorien zu verbringen, wenn es an der frischen Luft doch so viel schöner war. Etwas Kaltes an seinem Fuß schreckte ihn auf. Da erst bemerkte er, dass er den vollgetränkten Beizepinsel die ganze Zeit in der Hand gehalten und nichts damit getan hatte, außer die Beize auf seine Schuhe tropfen zu lassen. »Verdammt«, rief er und warf den Pinsel quer durch das Kirchenschiff.

Ja, fluche nur recht ordentlich. Das macht ihm nichts, glaube mir, ließ sich Bernhard in Ludwigs Kopf vernehmen.

KAPITEL 17

Nach getaner Arbeit kehrte Ludwig Pasewalk den Rücken und zog in westlicher Richtung weiter. Bernhard behelligte ihn immer öfter, und Bernhard beriet ihn gut. Nie mangelte es Ludwig an Obdach oder Arbeit. Sein Geldsäckel wurde nie leer, selbst wenn er große Teile seines Lohns versoff. In Neuruppin schloss sich ihm ein Tippelbruder an. Sein Name war Märzer, und er war schon vier Jahre auf der Walz. Er kam aus Berlin. Ludwig hatte die überhebliche Art der Großstädter schon immer gehasst. Sie redeten in einem fort und zu viel dummes Zeug. Man sollte meinen, dass einer nach vier Jahren Einsamkeit und Straße Demut gelernt hatte. Nicht so Märzer.

»Lass uns doch einkehren und gemeinsam einen Stiefel schmoren«, schlug er vor. Ludwig schüttelte den Kopf.

»Och, bist du aber langweilig!« Ludwig blickte nach vorne und ignorierte den neben ihm her stapfenden Kollegen. Der jedoch ließ sich nicht so einfach abwimmeln. »Wir laufen und laufen, und es ist keine Abwechslung in Sicht. Sagt mal, habt ihr da im Norden eigentlich gelernt, was Spaß bedeutet?«

»Dein Spaß und meiner sind wohl zwei Paar Schuhe«, sagte Ludwig ruhig, obgleich er innerlich kochte. Auch Bernhard wurde unruhig und begann sich in Ludwigs Kopf flüsternd zu rühren. Sieh zu, dass du den Blödmann los wirst. Der taugt nichts als Tippelbruder.

»Das weiß ich selbst.«

»Was?«

»Hab ich das jetzt laut gesagt?«

»Du bist merkwürdig, Tessnow. Echt merkwürdig.«

Ludwig könnte sich links und rechts ohrfeigen, dass er beinahe Bernhards Existenz verraten hatte. Er musste sie geheim halten, das hatte er Bernhard versprechen müssen. Bernhard war der Einzige, der ihn verstand. Und, das musste sich Ludwig ebenfalls eingestehen, er kam nicht mehr ohne seinen Bruder aus.

»Was ist jetzt?«, fragte Märzer und deutete auf ein Straßenschild, auf dem in vergilbten Buchstaben stand: Dabergotz, 3 km. »Klingt mir nicht sehr vertrauenserweckend«, sagte Ludwig. Er warf einen Blick zurück. Die Straße lief schnurgerade nach Neuruppin zurück. Sie hatten keine Alternative, außer, sich querfeldein zu schlagen. Da es die vergangenen drei Tage geregnet hatte, war allenthalben der Boden stark aufgeweicht. »Na schön«, gab er schließlich klein bei. Märzer klatschte vergnügt in die Hände. »Siehst du, war doch gar nicht schwer.«

Ludwig musste zugeben, dass Märzers Idee doch nicht so schlecht gewesen war. Ächzend ließ er sich in der Wirtschaft neben dem Tippelbruder auf die Bank fallen und genoss es, sich anlehnen zu können.

»Zwei Humpen Bier, wenn's recht ist, Herr Wirt«, orderte Märzer. »Und eine Empfehlung, was Sie zu essen haben, wäre uns auch genehm.«

Der Wirt stellte die Krüge vor ihnen ab, kratzte sich am Kinn und sagte: »Einen Braten kann ich anbieten oder Schlachtplatte. Der Bauer Monsen hat kürzlich geliefert, ausgezeichnetes Fleisch.«

Ludwig entschied sich für den Braten, während Märzer

der Schlachtplatte zusprach. Zum Fleisch reichte der Wirt Kraut und Kartoffeln. Die beiden ließen es sich schmecken. »Und wie ist deins?«, wollte Märzer wissen. »Gut«, gab Ludwig mit vollem Mund zurück.

Nach dem Essen strich sich Märzer über seinen vollen Bauch und seufzte zufrieden auf. Ludwig indessen ging zum Wirt, der am Tresen stand und saubere Gläser in sein Regal räumte. »Entschuldigen Sie, wissen Sie, ob es zurzeit eine Baustelle hier gibt, wo sich zwei Tischler ein Scherflein verdienen könnten?«

Wieder strich sich der Wirt über das Kinn. »Hm, also, da gibt es im Nachbarort, das ist Walsleben, eine Baustelle. Hier in Dabergotz baut niemand. Ihr geht einfach dem Wegweiser nach, passiert das Ortsschild und lauft die Dorfstraße entlang. Dann könnt ihr das Gebäude nicht verfehlen. Dort könnt ihr mal fragen. Ansonsten gibt es in Neuruppin …«

»Da kommen wir grad her«, ließ sich Märzer von hinten aus dem Schankraum vernehmen.

»Wir werden das in Walsleben mal versuchen«, beendete Ludwig das Gespräch und legte dem Wirt die Zeche vor.

Er ging zum Tisch zurück und griff nach seinem Bündel. »Kommst du?«, wendete er sich an Märzer.

»Willst du allen Ernstes jetzt noch ein ganzes Stück laufen? Wo wir so viel Essen im Bauch haben?«

»Das laufen wir ab.« Ludwig ging zur Tür.

»Du weißt, dass das gegen die Regel ist. Zusammen kommen, zusammen gehen«, mahnte Märzer.

»Dann trödle nicht herum, sondern schwing die Hufe.«

Märzer murmelte Unverständliches, griff dann nach seinem Bündel, zahlte ebenfalls und verabschiedete sich vom Wirt.

Unterwegs hatte Märzer keine gute Laune, was Ludwig nur recht war. Der Tippelbruder schwieg das erste Mal seit der gemeinsamen Reise.

Sie erreichten Walsleben am frühen Abend und fragten bei der Baustelle um Quartier an. Bei dem alten Haus war das Dach eingestürzt und einiges vom Mobiliar durch Regenwasser zerstört worden. Der Besitzer hatte die böse Überraschung erst gesehen, als er von einer Reise zurückgekehrt war. Er freute sich über Ludwigs und Märzers Erscheinen und reichte den beiden ein üppiges Abendbrot. Märzer sagte nicht Nein und griff ordentlich zu, was Ludwig ein missbilligendes Kopfschütteln entlockte.

»Was?«

»Du wirst fett werden, Märzer. Fett und behäbig. Wie willst du die Tippelei schaffen, wenn du nur damit beschäftigt bist, deinen eigenen Bauch zu tragen?«

»Und du wirst irgendwann unsichtbar, wenn du noch dünner wirst. Menschenskind, Ludwig, was geben wir beide doch für ein Gespann ab.«

Ludwig erhob sich und zog die Segeltuchplane beiseite. Dahinter lag der zerstörte Teil des Hauses. Der Geruch von feuchtem Holz und verschimmelten Stoffen drang ihm in die Nase. Eine plötzliche Beklemmung legte sich um sein Herz, die ihn vor Angst verstummen ließ. Ludwig kam auf den rissigen Dielen zu sich. Märzer rüttelte ihn an der Schulter. Die Plane hatte der Tippelbruder wohl gänzlich zurückgeschlagen, denn viel Licht drang nun in den zerstörten Raum.
»Ludwig!«

»Was ist denn? Au!« Märzer hatte ihm eine saftige Backpfeife verpasst.

»Meine Güte, hast du mir einen Schrecken eingejagt. Mach so was nie wieder.«

»Was ist denn geschehen?«

Märzer kniff misstrauisch die Augen zusammen. »Willst du mich auf den Arm nehmen?«

»Das könnte ich eh nicht«, sagte Ludwig und rappelte sich in eine sitzende Position auf.

»Du hast auf dem Boden gelegen und gezittert. Deine Zähne haben einen Mordslärm veranstaltet. Wie eine Feile auf Hartholz hat sich das angehört. Und deine Finger haben geknackt, weil du so kleine Fäuste geballt hast, dass deine Hände wie Kinderhände ausgesehen haben. Aber das schlimmste war, dass du mich überhaupt nicht erkannt hast.«

»Ich hab die Fallsucht«, sagte Ludwig schnell, ehe Märzer sich in noch mehr Details erging.

»Meiner Treu. So sieht das also aus. Ich habe schon davon gehört, kenne aber niemanden, der das hat. Das heißt, jetzt kenne ich ja einen. Wie geht es dir? Tut dir nicht alles weh?«

»Ich bin müde, meine Kieferknochen und der Kopf tun mir weh. Ich muss mich hinlegen. Nichts für ungut. Morgen können wir reden.«

»Ist gut. Brauchst du was?«

»Nein, schon gut. Danke, Märzer, und gut' Nacht.« Ludwig wankte zu seiner Schlafkoje. Es handelte sich um eine ausgemusterte Eckbank, die mit Kissen und Decken ausgepolstert war. Ohne sich erst damit aufzuhalten, seine Schuhe auszuziehen, fiel Ludwig in tiefen Schlaf.

Wie immer fiel es ihm schwer, am nächsten Morgen richtig zu sich zu kommen. Das waren die Nachwirkungen der Krankheit. Der Gastgeber unterstellte ihm schmunzelnd, am Abend zuvor gezecht zu haben. Ludwig stellte es nicht richtig. Es war ihm egal, was andere über ihn dachten.

Märzer und er verschafften sich einen Überblick über die notwendigen Reparaturen, schrieben eine Liste mit Materialien, die sie benötigen würden, und sprachen anschließend alles mit dem Hausbesitzer durch. Er erwies sich als sehr umgänglich und freute sich, dass es bald losgehen konnte. Das Dach wurde zeitgleich von den Dachdeckern mit neuen Trägern und Ziegeln versehen. Ludwig und Märzer arbeiteten daher draußen, um herabfallenden Bauteilen zu entgehen. Es war kühl und wolkenlos. Als sie Mittagspause machten und sich die belegten Brote schmecken ließen, die der Hausbesitzer ihnen und den Dachdeckern gebracht hatte, durchflutete Ludwig plötzlich die Erkenntnis, dass Bernhard sich schon lange nicht mehr gemeldet hatte. Als Ludwig sich konzentrierte, in sich hinein hörte und nachforschte, wo sein Bruder steckte, fand er nichts als Leere vor. Ludwig legte sein angebissenes Brot zur Seite und sprang auf. »Was ist?«, fragte Märzer alarmiert.

»Ich muss mal.«

»Ach so.« Märzer widmete sich wieder mit gesegnetem Appetit seinem Wurstbrot und schenkte ihm keine Beachtung mehr. Ludwig umrundete das Haus, winkte den drei Dachdeckern zu, die wie die Hühner auf der Stange an die seitliche Hauswand gelehnt saßen, und suchte sich ein stilles Fleckchen hinter einem dicht gewachsenen Vogelbeerbaum. »Bernhard, bist du da?«, flüsterte er. Keine Antwort. Ludwig bohrte die Fäuste in die Augenhöhlen und drückte so fest gegen seine Augäpfel, dass ein scharfer Schmerz in seinen Kopf zog und Sterne und Blitze zu tanzen begannen. Als er die Fäuste löste, stand Bernhard vor ihm. »Wo warst du?«, wimmerte Ludwig. Bernhard betrachtete anscheinend interessiert seine Fingerspitzen, dann sah er Ludwig mit eisiger Miene an. »Du hast doch einen neuen Begleiter. Diesen

Fettsack. Und seit der unentwegt am Plappern ist, hörst du mir nicht mehr zu. Ich sehe keine Notwendigkeit darin, wie ein Straßenhündchen neben euch herzulaufen.«

»Aber das ist doch gar nicht wahr.«

»Ach ja?«

Ludwig dachte nach. Konnte es sein, dass Bernhard recht hatte? Verstand er sich tatsächlich so gut mit Märzer, dass er seinen eigenen Bruder dafür verleugnete? »Ich muss doch normal sein und Geld verdienen«, wagte er einen neuen Vorstoß.

»Pah«, machte Bernhard und spuckte aus. »Geld kann man stehlen und normal – was ist das schon, normal zu sein?«

»Mir gefällt es, einmal nicht ausgegrenzt zu sein. Einen Freund zu haben. Nur ein Mal wie ein vollwertiger Mensch behandelt zu werden.«

»Er ist kein Freund. Er wird dich, so wie alle Menschen, irgendwann verraten. Wenn du ehrlich zu dir selbst bist, weißt du, dass ich recht habe.«

»Wie kann man den Verrat aufhalten?«

Bernhard lachte. »Lass mich nur machen.«

In der Nacht lag Ludwig in seiner Eckbank und kaute auf den Fingernägeln. Schreckliche Unruhe steckte ihm in den Knochen. Es brachte auch nichts, mit den Zehen zu wackeln. Ächzend erhob er sich, lauschte ein paar Augenblicke mit angehaltenem Atem. Von Märzers Lager drangen regelmäßige Schnarchgeräusche an sein Ohr. Leise zog sich Ludwig Hose und Schuhe an und ging nach draußen. Kühl war es, und ein leichter Nieselregen fiel.

Ludwig lief den Weg aus dem Dorf heraus und querfeldein, bis er die Lichter von Dabergotz sah. Er steuerte die Wirtschaft an und fand die Schankstube gut gefüllt vor. Offensichtlich feierten die Anwesenden schon ziemlich lange, denn ihre Gesichter waren gerötet, und die meisten von ihnen redeten undeutlich. »He, Junge. Feier mit uns.«

Ludwig wurde in den Kreis der Bauern gezogen, von denen einer ihm soeben ein Glas mit Bier reichte und mit ihm anstieß. »Der Ernst ist nämlich zum dritten Mal Vater geworden.«

»Jawohl!«, pflichtete ihm der nebenstehende Mann bei. »Ein wunderschöner Knabe ist's. Schön rosig, wie ein Kind sein muss.«

»Glückwunsch«, sagte Ludwig und führte das Glas zum Mund.

»Und weil man auf einem Bein nich stehen kann, trinkste jetzt noch einen Schnaps dabei.« Ludwig wehrte sich nicht. Wohlige Wärme rieselte durch seinen Bauch, er wurde ruhiger. Die zitternden Beine gaben Frieden. Beim dritten Schnaps hörte das Knabbern im Magen auf, und er wünschte sich, dass dieser Zustand ewig anhalten würde.

Die Runde hatte Glück. Der Wirt war der angehende Patenonkel des Neugeborenen. Ludwig musste an diesem Abend nicht einen Pfennig Zeche bezahlen. Dankbar wankte er mit den Bauern hinaus und schlug den Weg zu seiner Unterkunft ein. Plötzlich begann ihn alles zu stören. Die Schlaglöcher im Weg, die ihn straucheln ließen. Sein eigener Atem, der laut rasselte – und dann tauchte zu allem Überfluss Bernhard auf, den er im Moment überhaupt nicht brauchte. Ludwig versuchte, seinem Bruder keine Beachtung zu schenken. Aber angesichts des fröhlichen Zechliedes, das er trällerte, war es unmöglich ihn zu ignorieren. »Lass mich in Ruhe.«

»Erst rufst du mich, weil du nicht alleine sein willst, dann ist dir meine Gesellschaft nicht genehm. Da versteh dich einer, Ludwig. Aber pass auf, ich hatte dir doch versprochen, dafür zu sorgen, dass dich der Fettkloß nicht verrät.«

Sie erreichten die Unterkunft. Märzer lag nach wie vor in seinem Lager und schnarchte friedlich vor sich hin. Ludwig bewegte sich auf ihn zu und gleichzeitig auch nicht. Es war ihm, als würde er plötzlich zweifach existieren. Er sah eine Hand, die Märzer an der Schulter berührte, konnte aber nicht sagen, wem diese Hand gehörte. Eine Stimme, die er als Bernhards erkannte, forderte Märzer auf, wach zu werden. Märzer öffnete die Augen. »Tessnow, was ist denn?«

»Ich muss dir etwas zeigen, komm mit!«

Märzer rieb sich die Augen. »Es ist mitten in der Nacht. Zeigs mir doch später.«

»Das geht nicht. Jetzt komm!«

Ludwig ging Märzer und Bernhard hinterher. Märzer blieb öfter stehen, wurde aber von Bernhard angetrieben, weiterzulaufen. Auf einer Wiese machten sie Halt. Bernhard drehte sich mit ausgebreiteten Armen im Kreis. »Da, sieh!«

»Du wolltest mir eine Wiese zeigen? Toll«, nörgelte Märzer. Im Schein des Halbmondes führte Ludwig die rechte Hand zum Gürtel. Sein Messer war fort. Dennoch tat er so, als würde er es aus der Messerscheide ziehen. Er hob die Hand, sah, wie Bernhard sein Messer zückte und es Märzer in den Hals stieß. Das Gurgeln klang aufdringlich in der friedlichen Nacht. Ludwig kicherte. Das passte zu Märzer. Als der dicke Körper am Boden jedoch aufhörte sich zu bewegen, verging Ludwig das Glucksen. Er trat einen Schritt auf Märzer zu. Hatte Bernhard ihn umgebracht? Seltsam, dass sich Ludwig angesichts der grotesken Situation entspannt fühlte. Das Zittern, die Unruhe und die Gereiztheit waren schlagartig verschwunden. »Ist er tot?«, fragte er Bernhard.

»Das geschieht Verrätern«, gab der Bruder triumphierend zurück. Seine Augen glühten rot in der Finsternis. Und da war noch etwas anderes auf der Wiese. Schuppen, groß wie Dachschindeln, glänzten im Licht des Mondes. Etwas atmete zischend. Was immer es war, es kauerte etwa 8 Schritte von ihnen entfernt im Gras. Eine Wolke schob sich vor den Mond. »Jetzt können wir gehen«, sagte Bernhard.

KAPITEL 18

Etwas krabbelte ihm über das Gesicht. Unwillig knurrte Ludwig, hob die Hand und wischte es beiseite. Das half jedoch nicht. Ein paar Mal wischte und schlug er noch nach den vermeintlichen Insekten, dann öffnete er ein Auge. Es waren keine Tiere, die ihm über das Gesicht liefen, es war Regen. Erschöpft schloss er das Auge wieder. Die Realität entglitt ihm.

Als er das nächste Mal die Augen öffnete, war es dunkel. Ich habe einen kompletten Tag verschlafen, dachte er. Aber es ist mir gleich.

Er verspürte einen unbändigen Durst. Es dauerte eine Weile, bis er die Kraft fand, sich auf den Bauch zu rollen, die Hände unter seine Brust zu ziehen und sich hochzustemmen. Auf allen vieren wartete er erst einmal, bis das Drehen aufhörte. Dann stellte er vorsichtig einen Fuß auf den Boden und erhob sich. Seine Knie krachten und sein Rücken schien zerbrechen zu wollen, aber er stand. Wie ein alter Mann setzte er wackelig einen Fuß vor den anderen, wobei er noch immer nicht wusste, wo er sich befand. Waren Märzer, Bernhard und er nicht zu einem nächtlichen Ausflug aufgebrochen? Hatte er das nur geträumt? Es musste wohl so sein, denn Bernhard war tot und konnte demnach keine Menschen erstechen. Warum hatte ihn denn keiner gesucht? Wut heizte seinen Magen an – oder war es Fieber? Ludwig hatte den Eindruck, sich selbst zuzusehen. Wie er langsam vorwärts taumelte, wie er die Arme vor der Brust verschränkt hielt. Wie seine nassen Kleider traurig an ihm herabhingen. Er brauchte dringend Wasser. Als der Regen stärker fiel, legte er den Kopf in den Nacken, öffnete seinen Mund weit und schluckte gierig.

Ein schaukelndes Licht erregte seine Aufmerksamkeit. Als das Leuchten näher kam, erkannte Ludwig zwei Männer. Sie sangen ein zotiges Lied und hielten unvermittelt vor Ludwig an. Da erkannte er, dass es zwei der Dachdecker waren.

»Du bist doch einer der verlorenen Tischler, was?«, sprach ihn der mit der Lampe in der Hand an.

Ludwig glotzte ihn verständnislos an.

Kopfschüttelnd sagte der Dachdecker: »Du bist wohl schietendick, was.«

Ludwig maulte: »Ich bin nicht betrunken«. Grußlos ging er weiter.

»Bravo, Bruderherz«, sagte Bernhard, als Ludwig sich ein Stück entfernt hatte. »Wir brauchen diese Blödmänner überhaupt nicht.«

»Das ist wahr. Wir brauchen keinen«, bestätigte Ludwig. »Im Grunde bedeuten andere Menschen nur Ärger. Ist es nicht so?«, fügte er hinzu.

Bernhard applaudierte. »So ist es.«

»Ich habe eine Idee«, sagte er begeistert. »Lass uns doch als Nächstes in eine Stadt gehen.« Er blieb vor einem Wegweiser stehen. Wusterhausen 8 km.

Die Stadt war nicht sonderlich groß, besaß jedoch eine lange Tradition. Dementsprechend viele Käufer gab es, die sich für Reparaturen oder neue Möbel interessierten. Ludwig kaufte sich eine Zeitung und studierte die Annoncen. Tischler gesucht, gab es häufiger zu lesen. Auch hier wurde er nicht enttäuscht. Er fand gleich drei Inserate, die größere Aufträge versprachen. Gesellen auf der Walz füllten nur zu gerne diese Lücken, die im Laufe der letzten drei Dekaden größer geworden waren.

Er meldete sich bei einem Tischler, der für einen Gastwirt seine Pension herrichten wollte. Schon der Schankraum war in einem desolaten Zustand. Hier müsste mehr her als nur ein Tischler. Die Wand benötigte neuen Verputz, und die wenigen Bodenfliesen, die keine Risse oder Löcher aufwiesen, konnte man an einer Hand abzählen.

Ludwig verhandelte mit dem Tischlermeister und schlug freie Kost und Logis sowie ein ansehnliches Handgeld für seine Arbeit heraus. Er bezog die Dachkammer im Haus des Meisters, die er gut eingerichtet vorfand.

Ludwig fühlte sich wohl in Wusterhausen. Des Abends saß er mit den Einheimischen bei Bier und Essen im Schankraum. Der tägliche Genuss von Alkohol sorgte dafür, dass seine allgegenwärtigen Kopfschmerzen zumindest zu späterer Stunde auf ein erträgliches Maß herabsanken, sodass er gut einschlafen konnte. Bernhard prostete ihm zu. Ludwig gab sich größte Mühe, die Anwesenheit seines Bruders vor anderen Menschen geheim zu halten. Nach einigen Wochen, er war mit seinen Arbeiten in der Pension beinahe fertig, merkte Ludwig, wie sich etwas veränderte. Nach dem zweiten oder dritten Bier wurde er ungeduldig. Er konnte nichts Körperliches an dem Zustand festmachen. Die Unruhe in den Beinen war es dieses Mal nicht, die ihn plagte. Es war eher so, dass es ihm vorkam, als würde er schneller denken als die anderen. Er wusste im Vorfeld, was sie gleich sagen und tun würden. Das machte ihn innerlich rasend. Und dann kam der Zeitpunkt, an dem er seine Kopfschmerzen nicht mehr völlig bezwingen konnte. Das latente Dröhnen im Takt seines Pulses war für ihn schlimmer als der scharfe Schmerz. Kam dann noch das Lärmen seiner Trinkkumpane hinzu, war es für ihn bald unerträglich. Bernhard machte bei all dem auch noch mit. Er grölte mit den anderen zotige Trinklieder, lachte lauthals und knallte seinen Bierkrug auf den Tisch. Ludwig fühlte sich allein gelassen. Einmal versuchte er, einem etwas sensibleren Burschen, der sich als Maler verdingte, seine Lage zu erklären. Er erntete jedoch nicht etwa Mitgefühl, sondern der andere hatte nichts Besseres zu tun, als sich bei nächster Gelegenheit über Ludwigs Gebrechen lustig zu machen. Seitdem behielt Ludwig seine Befindlichkeiten für sich. Auch Bernhard gegenüber zeigte er sich zunehmend verschlossener, was seinem Bruder nicht gefiel.

»Was ist los mit dir?«, herrschte Bernhard ihn an, als sie allein in der Dachkammer waren.

»Das frage ich dich! Sind wir nicht Brüder, die zueinander halten sollten? Stattdessen machst du dich mit den anderen über mich lustig.«

Es klopfte an der Tür. »Herr Tessnow, ist alles in Ordnung bei Ihnen?« Es war die Frau des Meisters.

»Ja, ja«, gab Ludwig zurück. Bernhard und er schwiegen, bis sie die Frau in der Kammer nebenan rumoren hörten, dann ging die Tür, die Treppe knarzte und die Schritte der Frau verklangen.

»Ja, so kenne ich dich. Immer Rücksicht nehmen auf das kranke, schwache Kind. Immer schön leise auftreten. Und wehe man wagt es mal zu lachen, dann – peng – kriegt man eine vom Vater, dass man denkt, die Ohren fallen einem ab. Und weißt du, Ludwig. Manchmal war gar nichts. Ich habe auf meinem Bett gelegen und nachgedacht. Und du hast gefragt, ob ich was mit dir spiele – und ich habe Nein gesagt. Da hast du plötzlich angefangen zu schreien und hast behauptet, ich hätte dich gequält.«

»Mein Gott, Bernhard. Das ist Jahre her.«

»Für mich ist es so, als sei es gerade erst geschehen. Das liegt daran, dass ich tot bin. All deine kleinen Gemeinheiten sind mir wieder eingefallen.«

»Deshalb willst du dich rächen?«

»Oh nein. Meine Rache sieht anders aus. Ganz anders.« Bernhard brach in heiseres Gelächter aus. Ludwig redete an diesem Abend kein Wort mehr mit seinem Bruder. Mitten in der Nacht weckte ihn die Unruhe in seinen Beinen. Ludwig stand auf, zog sich an und verließ leise das Haus. Morgen würde er wieder leiden, das wusste er.

Ludwig musste Wusterhausen schneller verlassen, als ihm lieb war. Es geschah zwei Tage nach dem Streit mit Bernhard. Sie saßen in der Wirtschaft. Zu fortgeschrittener Stunde pustete der Maler Ludwig eine Ladung Bierschaum ins Gesicht und grinste ihn frech an. »Damit deine Kopfschmerzen weggehen. Vielleicht wachsen dir ja dann ein paar hübsche Locken und ein Kleid. Wenn beides ansehnlich geraten ist, darfst du mir Modell stehen.«

Es war Ludwig, als würden viele lose Teile gleichzeitig an ihren Platz rutschen. Er wischte sich den Schaum aus den Augen und sagte leise zum Maler: »Wir sprechen uns später.«

Ludwig wusste, wo der Maler wohnte, und lauerte ihm auf, als dieser von seinem Besuch aus der Wirtschaft kam. Ludwig war nicht stark. Deshalb hatte er sich mit einer stabilen Dachlatte ausgerüstet. Er wartete, bis sich der Maler bückte, um den Schlüssel ins Schloss zu fummeln, holte mit der Dachlatte aus und traf den Maler am Hinterkopf. Dieser fiel sofort um. Außer dem dumpfen Geräusch des Schlages war nichts zu hören gewesen. Ludwig verharrte einen Augenblick mit angehaltenem Atem und warf die Dachlatte in den Nachbargarten.

Bernhard wisperte in sein Ohr: »Er stellt sich schlafend, Ludwig. Geh ganz sicher, dass er eine Weile liegen bleibt, und dann nichts wie weg.« Ludwig holte aus und trat dem Maler ins Gesicht. Euphorie strömte heiß durch seine Adern. Der würde sich über Leute mit Kopfschmerzen so schnell nicht mehr lustig machen. Auch Bernhard schien zufrieden, er pfiff ein fröhliches Trinklied in Ludwigs Ohr.

Ludwig ging zum Haus des Meisters, schnappte sein bereits gepacktes Bündel, sah nach, ob sein Geld noch da war, was der Fall war, und verließ die Dachkammer. Er wandte sich schnurstracks nach Südwesten.

KAPITEL 19

In Lübbecke ließ sich Ludwig nieder. Meister Berger gab ihm Arbeit. Die Stadt in Westfalen war beschaulich. Sie besaß einen alten Stadtkern, den man in wenigen Minuten durchquert hatte, selbst wenn man gemütlich flanierte. Lübbecke war stolz auf das Stadtrecht, allenthalben sah man das Wappen mit der Burg und dem Stern darüber. Ludwig hatte alsbald eine Stammwirtschaft auserkoren, in die er öfter einkehrte. Eines Tages, es war um die Mittagszeit, betraten zwei Frauen den Schankraum.

»Ah, Fräulein Bechterhold und Frau Telz. Wie geht es Ihnen heute?«, begrüßte der Wirt die Damen.

Die ältere der beiden zuckte mit den Schultern. »Wie soll es schon gehen. Mein Gatte wurde gestern endlich beigesetzt, es ist noch schrecklich viel zu erledigen. Man kennt das ja. Zuerst einmal gilt es jedoch unseren Hunger zu stillen. Was können Sie uns denn Schönes empfehlen?«

Der Wirt zählte auf, was die Karte hergab.

»Den Braten kann ich Ihnen ans Herz legen«, sagte Ludwig. Erschrocken hielt er die Luft an. Es war nicht seine Art, sich in Gespräche einzumischen. Bernhard hatte damit ausnahmsweise nichts zu tun. Möglich, dass dessen Unarten allmählich abfärbten.

Die mit »Fräulein« angesprochene Dame lächelte freundlich. »Vielen Dank«, sagte sie zu Ludwig und an den Wirt gewandt: »Ich werde den Braten gerne versuchen.«

Eine Seite, die Ludwig bislang fremd gewesen war, trat

in den Vordergrund und sorgte dafür, dass sich sein Herzschlag beschleunigte. Verlegen grinste er das Fräulein an.

Es wurde aufgetischt. Ludwig versuchte, nicht zu aufdringlich zu den beiden Damen zu sehen. Nein, eigentlich sah er nur die Eine an. Er stellte fest, dass der Braten dem Fräulein hervorragend schmeckte. Noch glücklicher stimmte ihn jedoch das Gespräch der beiden. Die Ältere sagte gerade: »So lange wir mit den Erbschaftsangelegenheiten beschäftigt sind, werden wir mittags hier einkehren. Das Essen schmeckt vorzüglich und ist noch nicht einmal teuer.« Das Fräulein nickte begeistert und schaute zu Ludwig, der wiederum den Blick abwandte, weil er nicht wollte, dass sie sich von ihm beobachtet fühlte. Meine Güte, war das kompliziert. Aber schön irgendwie. In Ludwigs Magen kribbelte es ausnahmsweise einmal angenehm, das schlimme Nagen war fort. Überhaupt schien die Welt bunter und fröhlicher zu sein. Was geschah mit ihm?

Kaum waren die beiden gegangen, ging Ludwig zur Schanktheke, wo der Wirt gerade etwas in ein Buch notierte. »Entschuldigen Sie, können Sie mir sagen, wer die beiden Damen waren?«

Der Wirt beugte sich verschwörerisch über den Tresen. »Die ältere Dame heißt Sieglinde Telz. Ihr Gatte Wulf Telz hatte einen respektablen Posten in der Zigarrenfabrik. Er starb letzte Woche an Nierenversagen. Die junge Dame ist Frau Telz' Nichte, Sophia Bechterhold. Sie wohnt auch in Lübbecke und greift ihrer Tante unter die Arme. So ein Tod in der Familie bringt viel Arbeit mit sich. Ihre Eltern besitzen einen Gemischtwarenladen in der Langen Straße.«

Ludwig bedankte sich und gab ein ansehnliches Trinkgeld.

Den restlichen Tag über bekam Ludwig das Grinsen kaum aus dem Gesicht. Wenn er sich das Bild von Fräulein Sophia in Erinnerung rief, schlug sein Herz einen schnelleren Takt.

Beim abendlichen Gespräch mit Bernhard sagte er: »Ich glaube, sie kann mich heilen.«

»Blödsinn!«, stieß Bernhard verächtlich hervor.

Am nächsten Tag trafen sich die beiden in der Wirtschaft wieder. Sophia Bechterhold saß vor einem Teller, der mit Wurst und Kraut gefüllt war. Ludwig verbeugte sich in ihre Richtung. »Können Sie mir eine Empfehlung aussprechen?«, fragte er und deutete auf ihren Teller.

Sie errötete leicht und tupfte sich mit der Serviette die Mundwinkel ab. »Oh ja, es schmeckt sehr gut.«

»Wo ist Ihre Begleitung?«

»Meine Tante ist schon wieder gegangen. Sie trifft sich mit einem Makler, der ihr Haus kaufen möchte. Meine Tante möchte Lübbecke verlassen und sich am Meer niederlassen.«

»Darf ich mich zu Ihnen setzen?«

»Gern.«

Ludwig dachte oft an jenen ersten Tag zurück, an dem er sich mit Sophia unterhalten hatte. Sie war ein zartes Geschöpf, das ihn stets respektvoll behandelte. Nicht so wie Katharina, die schlimmer schimpfen konnte als so mancher Matrose.

Es waren seit jenem Tag vier Monate vergangen. Sie trafen sich oft und hatten sich auch schon geküsst. Zu mehr körperlichem Kontakt war es jedoch noch nicht gekommen, denn Sophias Verwandtschaft bewachte Sophias Unschuld. Ständig umschwirrten sie das junge Paar wie die Fliegen die Toilette. Ludwig wusste, dass sie ihn nicht ausstehen konnten. Die Schwägerin von Sophia feindete ihn sogar offen an. Sie nannte ihn einen Dummkopf, einen Parasiten oder einen Heiratsschwindler. Sophia tat das weh. Sie mied ihre Schwägerin fortan. Trotzdem blieben die anklagenden Blicke der anderen.

»Schau mal, was ich dir gemacht habe«, sagte er und überreichte Sophia ein Päckchen. Mit glänzenden Augen löste sie die Verschnürung. »Der ist wunderschön«, hauchte sie ergriffen. Stolz sah Ludwig, wie ihre Finger die Schnitzarbeit liebkosten, die er die letzten Tage, nach Feierabend, angefertigt hatte. Es war ein Schwan aus Holz, so groß wie seine Hand und sehr detailliert ausgearbeitet. Er hatte Olivenholz dafür verwendet, an das man nur sehr schwer herankam.

Fortan wohnte der Schwan auf der Fensterbank in Sophias Zimmer. Jedes Mal, wenn Ludwig an dem Haus in der Langen Straße vorbeikam, sah er seinen Umriss durch die Gardine.

Sie flanierten eines Abends in Richtung Niedertor, da konnte Ludwig nicht mehr an sich halten. »Ich weiß, dass es alles ziemlich schwer ist für dich. Mit mir, mit meiner Arbeit, bei der ich mich schmutzig mache. Deine Eltern wünschen sich einen Schwiegersohn, der den Laden weiterführen kann. Das ist mir klar. Aber ich liebe dich. Du bist die erste Frau, die ich je geliebt habe. Heiratest du mich?«

Sophia blieb stehen. Sie sah ihn nicht an, nestelte stattdessen an dem Saum ihres Ärmels herum. »Das ist lieb, was du gerade zu mir gesagt hast. Ich überlege es mir. Das verspreche ich.«

»Warum kannst du nicht gleich Ja sagen?«

»Weil es, wie du weißt, nicht ganz einfach ist. Meine Eltern und meine Brüder wollen nicht, dass wir zusammen sind.«

»Die sind doch schietegal. Wir beide sind es, die zählen. Ich brauche keine Erlaubnis, wen ich lieben darf.«

Sie nickte. »Du hast ja recht …«

Ludwig wartete Tag um Tag, dass sie etwas zu seinem Antrag sagen würde. Das Warten quälte ihn. Er trank wieder häufiger, auch mitten am Tag, und war morgens nach dem Aufstehen stets schlecht gelaunt. Außerdem gewöhnte er sich an, mindestens einmal pro Woche blau zu machen. Dann kehrte er in die Stammwirtschaft ein, trank Glas um Glas Bier leer, und dachte an den ersten Tag zurück, an dem er Sophia begegnet war.

Ein paar Tage später öffnete er überrascht die Tür der Werkstatt, die er wenige Minuten zuvor zugesperrt hatte. Sophia stand vor ihm. Sie sah traurig aus. »Du, ich muss dir was sagen.«

Ludwig hob die Hand zum Zeichen, dass sie warten sollte, ging schnurstracks zum Regal, in dem er den Steingutkrug aufbewahrte, entkorkte diesen und nickte Sophia dann aufmunternd zu.

Sie rang sichtlich nach Worten. »Ludwig, ich … es war … es war schön mit dir. Als du noch nicht getrunken hast. Aber jetzt …« Sie hielt inne und zuckte resigniert mit den Schultern. Ludwig setzte den Krug an und nahm einen großen Schluck.

»Das meine ich«, fuhr Sophia fort. »Du bist ständig am Trinken und merkst es noch nicht einmal. Du bist anders. Grober, unflätiger, ungepflegter.«

Er schwieg und trank.

»Das meine ich. Vor einigen Monaten hättest du mich in den Arm genommen und mich vom Gegenteil überzeugt.«

»Du lässt mich ja am langen Arm verhungern!«, rief er. »Ich warte, dass du was zu meinem Antrag sagst. Ich lege dir mein Herz zu Füßen, was ich noch nie zuvor getan habe, und du steigst darüber hinweg. Siehst es nicht einmal an. Gehst weiter. Hast du eine Ahnung, wie weh das tut?«

»Ich hätte mich für dich entschieden. Aber so, wie du jetzt bist, kann ich nicht Ja sagen. Es tut mir leid.« Sie schrie auf, als der Krug nur wenige Zentimeter neben ihrem Kopf an die Wand flog. Schnaps spritzte ihr ins Gesicht und auf die Hände, die sie schützend hochgerissen hatte.

»Sieh zu, dass du wegkommst. Sonst ist der Krug nicht das Einzige, das heute kaputt gegangen ist.«

KAPITEL 20

1898. Ludwig wohnte seit einigen Tagen bei Meister Schwegmann in Wallenhorst bei Osnabrück. Er übernahm von Anfang an allerlei Aufträge, schloss Kontakt zu den Nachbarn, half besonders der Witwe Langer, die gebrechlich war, mit ihren Einkäufen und pflegte ein zurückhaltendes, aber höfliches Interesse an Ort und Bewohnern. Da er zuverlässig arbeitete, war er binnen weniger Tage beliebt und wurde auch außerhalb von Wallenhorst weiter empfohlen. Ludwig hatte gelernt, seine Befindlichkeiten zu trennen. Er war so etwas wie eine menschliche Zwiebel geworden. Die äußere Schutzhaut war die des bescheidenen, freundlichen Tischlers. Alle darunter liegenden Häute schmerzten ihn häufig. Ludwig wusste, dass es immer mehr wurden – und sie zudem immer mehr Aufmerksamkeit verlangten. Eine der Häute hieß Unruhe. Wenn Ludwig länger saß, begannen seine Knie zu zittern, dann die Oberschenkel. Es war ein unerträgliches Kribbeln, das er nur loswurde, wenn er mindestens drei Kilometer stramm lief. Oder wenn er abends einige Gläser Bier trank. Ein Teil in ihm wusste zum Beispiel auch, dass Bernhard tot war – und dass es nicht normal war, sich ständig mit einem Toten zu unterhalten. Dieser vernünftige Teil war es auch, der ihm befahl, sich endlich eine Frau zu suchen, die es mit ihm aushielt, eine Familie zu gründen und ein Haus zu bauen. Der andere Teil erwies sich jedoch als ebenbürtiger Gegner, denn was an Vernunft fehlte, machte dieser mit Durchsetzungsvermögen wett. Er erschien stets in Form von Bernhard und wies Ludwig an, was er zu tun und zu lassen hatte. »Wer will schon ein krankes Schwein wie uns beide zum Manne haben?«, pflegte Bernhard häufig zu sagen, wenn Ludwig das Thema zur Sprache brachte. »Selbst wenn du eine finden solltest, die Verständnis für unsere Beziehung hat, kannst du nicht wissen, wie ihre Verwandtschaft denkt. Die Erfahrung durftest du ja jüngst machen.«

Ludwig lenkte ein. Es war ihm durchaus bewusst, aber die Sehnsucht blieb trotzdem. Und so verhielt es sich mit den übrigen Häuten auch. Sie standen in permanentem

Streit und Widerspruch zueinander. Und als wäre das alles nicht schlimm genug, wurde sein stofflicher Körper meist von Kopfschmerzen geplagt. Manches Mal wurden sie so schlimm, dass Ludwig sich erbrechen und seine Arbeit für den restlichen Tag niederlegen musste.

Am 8. September ließ sich Ludwig von Meister Schwegmann zehn Mark von seinem Lohn ausbezahlen, weil ihm eingefallen war, dass er ja noch seinen Koffer bei der Witwe Himmelmann in Osnabrück stehen hatte. Er war als Sicherheit zurückgeblieben, und Ludwig benötigte ihn nunmehr dringend.

Die Münzen klimperten in seiner Börse, er marschierte Richtung Osnabrück los, kehrte jedoch in der nächsten Kneipe ein. Dort trank er. Essen lehnte er ab. Für das Geld kaufte er lieber Schnaps und Bier. Lange hielt es ihn nicht dort, seine Beine schmerzten regelrecht vor Unruhe. Er zog weiter. Kam bis zur nächsten Wirtschaft und kehrte erneut ein. Als auch die letzte Kneipe unterwegs ihre Pforten geschlossen hatte, legte sich Ludwig auf einer Bank nieder. Auf der Lehne lümmelte Bernhard und barg das Gesicht in den Händen. »Was?«, lallte Ludwig. Ein Nachtvogel antwortete von einem Baum herab.

»Ruhe«, lamentierte Ludwig.

Bernhard lachte. »Du bist so dämlich!«

»Das sagst ausgerechnet du mir? Der Selbstmörder?«

»Du hast deine zehn Mark fast zur Gänze versoffen. Deinen Koffer kannst du vergessen. Außerdem stinkst du wie eine Horde Ochsen.«

»Ich schlaf jetz erst ma.«

»Ja, ja, Nacht.«

»Hallo Sie, das geht aber nicht.«

Ludwig erwachte, weil ihn jemand an der Schulter rüttelte. Als er die Augen öffnete, blickte er in ein Männergesicht. Ächzend rappelte er sich hoch. Vor ihm stand ein Wächter. »Stehen Sie bitte auf und gehen Sie weiter.«

»In Ordnung«, nuschelte Ludwig und taumelte Richtung Wallenhorst davon. Dann wurde alles diffus. Er meinte, nochmals Geld aus Wallenhorst zur Einlösung seines Koffers geholt zu haben.

Erreichte dann jedoch Lechtingen. Dies war ein hübscher Ort, so farbenfroh. Die Sonne leuchtete von einem hellblauen Himmel. Das Grün der Bäume war so intensiv, dass Ludwig meinte, es greifen zu können. Die Häuser in der Ferne waren sorgfältig verputzt, die Fensterläden und Balkonstreben frisch gestrichen. Sein Blick folgte dem Weg aus der Ortschaft. Er erkannte zwei Gestalten, die eben den Waldrand erreichten. Sie hielten einander an den Händen und hüpften auf und ab. Ludwig kniff die Augen zusammen. Es waren Kinder. Doch was war das? Im Gebüsch am Wegesrand lauerte eine finstere Kreatur. Ludwig kannte sie. Es war das Wesen, das auch Märzers Tod beigewohnt hatte. Der Atem der Kreatur verbrannte kleine Zweige. Rauch stieg auf. Die Kinder bemerkten sie nicht. Ludwig musste sie warnen. Er lief los. Die Kreatur schälte sich aus dem Gesträuch. Der Himmel verdunkelte sich, ein schwefelgelber Schleier legte sich über das reine Leuchten der Sonne. Das Untier duckte sich. Wollte es springen? Auf den Wiesen waren Feldarbeiter mit der Ernte beschäftigt. Auch sie musste er warnen. Die Kinder waren allerdings wichtiger. Eine Glocke schlug in der Ferne. Das anfänglich helle Bimmeln wurde zum tiefen Dröhnen einer Totenglocke.

»He, ihr beiden«, rief er den Kindern zu. Sie blieben stehen, die Köpfe in seine Richtung gewandt. Ludwig schloss zu ihnen auf. Es waren kleine Mädchen. Vielleicht sieben oder acht Jahre alt. Sie sahen ihn erwartungsvoll an. »Ihr dürft hier nicht alleine laufen«, sagte er atemlos. »Es gibt gefährliche Wesen, die euch nach dem Leben trachten.«

Er deutete auf das Gebüsch. Die Blicke der Kinder folgten seiner Geste. Die Bestie entzog sich ihren Blicken, aber er wusste, dass sie im Unterholz lauerte. »Wo wollt ihr überhaupt hin?«

»Zur Schule«, sagten die beiden im Chor.

»Ich bringe euch hin. Auf einem sicheren Weg. Folgt mir.«

Die beiden sahen sich an, schienen zu überlegen. Ludwig trat von einem Bein auf das andere, sah über ihre Köpfe hinweg. Die Bestie war da. Er hörte ihr Atmen. Die Mädchen schienen übereingekommen zu sein, ihm zu vertrauen. Sie gingen brav neben Ludwig her. Der führte sie am Wegesrand entlang. Hinter ihnen setzte sich die Bestie schnaubend in Bewegung. Auch Bernhard schlenderte ihnen nach. Aber nein, es war nicht Bernhard, es war die Ausgeburt der Hölle mit den rotleuchtenden Augen. Ludwig stieß die Mädchen vorwärts. »Schneller«, flüsterte er. »Sie sind fast da.« Die Mädchen drehten sich um. »Aber da ist doch keiner«, sagte das mit der roten Schürze.

»Doch«, knurrte Ludwig. »Sie sind da.«

In diesem Moment wurden die drei umgestoßen. Neben Ludwig gurgelte eines der Mädchen. Ein hässliches Loch im Kopf offenbarte Knochen, Blut und Hirnmasse. Das Kind versuchte zu schreien, aber anscheinend funktionierte das nicht. Das andere Mädchen krabbelte davon und wurde von einer Pranke, die sich ihm in den Rücken stemmte, aufgehalten. Es zappelte wie ein aufgespießter Käfer. Ludwig atmete schnell. Während die Bestie das Mädchen festhielt, zertrennte Bernhard die Wirbelsäule und schnitt selbst dann noch tiefer, als Ludwig glaubte, er müsse schon unlängst den Boden erreicht haben. »So hör doch auf«, flüsterte er. Das geschuppte Untier musste das Mädchen zudem in den Kopf gebissen haben. Auch hier war eine große Verletzung zu sehen, aus der das Blut quoll. Das andere Mädchen war unterdessen von Bernhard abseits des Weges gezerrt worden. Es ging unglaublich schnell. Ludwig hielt plötzlich einen Arm umklammert. Die kleine Kinderhand hing schlaff herunter. Er legte den Arm quer über seine Oberschenkel und beweinte still das Unglück.

Die Mädchen waren verloren, er musste retten, was zu retten war. Mühevoll kämpfte er gegen die Schwäche an, die er der Bestie und dem diabolischen Abbild seines Bruders zu verdanken hatte. Es war deren finstere Magie, die ihm seine Energie entzog. Sie wollten, dass er tatenlos dem Massaker zusah. Doch Ludwig dachte überhaupt nicht daran. Er trug den Arm fort, verscharrte ihn unter etwas Laub. Dann suchte er nach weiteren Körperteilen, um sie zu bestatten. Der Gedanke, die Bestie und der Teufelsbruder könnten sich gütlich an dem Kinderfleisch tun, war für ihn unerträglich. Wenn er schon nicht den Tod der beiden Mädchen hatte verhindern können, so würde er wenigstens dafür sorgen, dass sie mit vollzähligen Gliedmaßen von ihren Angehörigen beerdigt werden konnten.

Als er fertig war, sackte er zu Boden. Der Wald, die Wiesen, die Häuser – all das wirbelte immer schneller um ihn. Bis er schließlich das Bewusstsein verlor.

Ludwig wachte abseits eines Weges auf. Die Unruhe in den Beinen war fort. Ebenso die Kopfschmerzen. Von der Erschöpfung ausgelöscht, zumindest für den Moment. Seine Kleidung war nass an einigen Stellen, der Rock klaffte auseinander. Seine Hände waren voller Blut. Ludwig schlich mit hängenden Schultern nach Wallenhorst, in das Haus des Meisters, zurück und schrubbte seine Hände, bis die Haut heiß und rot war. Dann begann er lieblos an einem Stück Holz zu hobeln. Wenn er sich an die vergangenen Stunden zu erinnern versuchte, war da … Leere. »Bernhard?«, flüsterte er. Nichts. »Bist du da?«

Wieder keine Antwort. Ludwig seufzte und schloss die Augen. Nur ein kleines Nickerchen. Er schreckte hoch, als es abwechselnd hell und dunkel im Raum wurde. Leute zogen an seinem Fenster vorbei. Viele Leute. Alle in heller Aufregung.

»Was ist denn los?«, fragte Ludwig die Witwe Langer. »Die Kleine von den Heidemanns und die von den Langemeiers sind nicht in der Schule gewesen.«

Ludwig runzelte die Stirn. Er stellte sich vor, was geschehen wäre, wenn jedes Mal ein Suchtrupp losgeschickt worden wäre, wenn Bernhard die Schule geschwänzt hatte.

»Hoffentlich finden sie die Kinder.«

»Ach, die sind weg?«, wollte Ludwig wissen.

Dieses Mal war es an der Witwe, die Stirn zu runzeln.

Ludwig ging wieder nach drinnen. Was gingen ihn zwei verschwundene Kinder an. Er war immer noch müde. Der Meister war unterwegs, daher entschied er, sich oben in seiner Stube etwas auszuruhen. Kaum lag er auf seinem Bett, klopfte es vehement an die Tür der Werkstatt. Ludwig ging zum Fenster und streckte seinen Kopf heraus. Unten stand ein Polizist. Er sah sofort zu Ludwig hoch. »Sind Sie der Tischlergeselle Tessnow?«

»Ja.«

»Öffnen Sie bitte die Tür.«

Ludwig tat, wie ihm geheißen.

»Sie sind wegen des Verdachts des zweifachen Mordes verhaftet.«

Ein zweiter Polizist trat hinzu. Sie führten Ludwig zu einer geschlossenen Kutsche, die an der Straßenecke gewartet hatte. Einer der Polizisten legte ihm Handeisen an. Sie sprachen nicht mit Ludwig. Auch Ludwig sagte nichts. Was denn auch? Er war sich keiner Schuld bewusst. Sie fuhren nach Osnabrück und hielten im Hof des Polizeipräsidiums. Ludwig wurde in einen Raum mit nackten Wänden geführt, in dem es nach Verzweiflung roch. Er stützte seinen Kopf in die Hände und wartete. Es dauerte eine Weile, bis ein Mann in einem braunen, gut sitzenden Anzug hereinkam. Er stellte sich als Polizeikommissar Weber vor.

»Sie haben da zahlreiche Flecken an Ihrem Hemd und Ihrer Hose. Wie sind die dahin gekommen?«

Ludwig sah an sich herab. »Das ist Holzbeize.«

Der Kommissar zog eine Augenbraue hoch. »Beize?«

»Ja, ich bin Tischler.«

»Wo waren Sie heute Morgen?«

»In meiner Werkstatt.«

»Nicht zufällig in Lechtingen im Wäldchen?«

»Wieso?«

»Sie wurden dort gesehen, Tessnow.«

»Ich kann mich nicht erinnern, dort gewesen zu sein.«

»Kennen Sie Elise Heidemann und Elise Langemeier?«

»Nein.«

»Was haben Sie im Lechtinger Wäldchen gemacht?«

»Ich war nicht im Wald.«

»Sie wurden gesehen, also leugnen Sie es nicht.« Der Kommissar schlug mit der Faust auf die Tischplatte. Ludwig schwieg.

»Diese Flecken, ich glaube nicht, dass es sich um Beize handelt.«

Ludwig sah schweigend an sich herab.

»Was haben Sie heute Morgen um acht Uhr gemacht?«

Ludwig schwieg.

Auf der Stirn des Kommissars begann eine Ader zu pochen. »Ich sage Ihnen, wie es gewesen ist: Sie haben den Mädchen aufgelauert und die beiden schrecklich massakriert. Pfui, Tessnow!«

Ludwig spürte, wie sein Blut absackte. Ein Schwindelgefühl überkam ihn. Er erinnerte sich an einen schwefelgelben Himmel über einem Waldstück. Er schüttelte den Kopf, um wieder klar denken zu können. »Nein, Herr Kommissar. Sie irren sich. Ich kenne doch die Mädchen nicht, warum sollte ich ihnen etwas antun?«

»Genau das, Tessnow, möchte ich von Ihnen wissen. Warum tut jemand so etwas.« Ludwig sah, dass Webers Hände zitterten.

Es klopfte an der Tür, der Kommissar erhob sich und öffnete. »Herr Weber, die Zeichnungen, um die Sie angefragt hatten.«

»Danke, Schulz.«

Der Kommissar schloss die Tür und beugte sich über Ludwig. Ein Bild nach dem anderen breitete er direkt vor ihm aus, wie ein Kartenspieler, der seinen Trumpf präsentierte. Die Bilder zeigten menschliche Körperteile. Ludwig erkannte die Knochen, die normalerweise einen Schädel hielten, jetzt jedoch ins Leere stachen. Glitschig aussehende Innereien. »Was ist das?«, fragte er interessiert. »Eine

Leber«, gab der Kommissar zurück, wurde blass und hielt sich die Hand vor den Mund. Ludwig legte den Kopf schief und besah sich das Bild so aus einer anderen Perspektive. »Tatsächlich.«

Weber sah traurig auf die Zeichnungen herab. »Wer tut so etwas?«, flüsterte er. »Ich verstehe es nicht.«

Ludwig rechnete damit, dass Bernhard wieder einen höhnischen Kommentar auf Lager hatte. Doch er schwieg. Kälte kroch in Ludwigs Brustkorb, als er sich bewusst wurde, dass er etwas Vertrautes in den Zeichnungen erkannte. Als hätte er die Kinder schon einmal gesehen. Der Raum war eng, feucht, roch muffig, und in der Werkstatt gab es viel zu tun. Das Verhör nahm jedoch erst seinen Anfang. Immer und immer wieder musste Ludwig seine Personalien nennen, einen Abriss über seine bisherige Reiseroute geben, Verwandte und Bekannte benennen – diese Liste war recht kurz –, und dann kam die Sprache unweigerlich auf den vergangenen Tag. Ludwig wurde für den kläglichen Rest der Nacht in eine Zelle gebracht.

»Herr Weber, wann kann ich nach Hause?«, wollte Ludwig wissen. Der Kommissar sah ihn kalt an. »Sobald entweder Ihre Unschuld bewiesen ist oder Sie vor Gericht erscheinen müssen. Dann wird entschieden, in welches Gefängnis Sie überstellt werden.«

Ludwig bekam schreckliche Kopfschmerzen. Er setzte sich auf die harte Pritsche, auf der keine Matratze lag, und starrte an die Decke.

Es war dunkel und kalt. Das Fenster war gekippt, ließ sich jedoch ohne passenden Stock, den man in eine Hebelvorrichtung stecken musste, nicht einziehen. Den Stock besaß der Wärter, der natürlich nicht auf Ludwigs Rufe reagierte. »Jetzt siehst du mal, wie's ist im Gefängnis.«

»Bernhard!«

»Du hast gewiss Verständnis, dass ich untergetaucht bin, solange du dich mit dem Polizisten unterhalten hast.«

Mit einem Mal fror Ludwig nicht mehr. Er rückte ein Stück beiseite, damit sein Bruder neben ihm auf der Pritsche Platz fand.

»Habe ich die Mädchen umgebracht? Du musst es mir sagen, Bernhard.«

»Glaubst du das tatsächlich? Hat dich der Inspektor mit all seinen Bildchen so eingeschüchtert, dass du an deinem Verstand zweifelst? Ludwig, du bist kein Mörder.«

Ludwig kaute auf seinen Fingerknöcheln.

»Du glaubst mir nicht.«

»Doch, sicher«, sagte Ludwig abwesend. Er hörte einen Schrei in seinem Ohr. »Was war das?«, wollte er von Bernhard wissen.

»Ich habe nichts gehört. Und jetzt leg dich schlafen. Morgen wirst du gewiss wieder verhört. Aber länger als zwei Tage dürfen die dich ohne Beweise nicht einbuchten.«

Ludwig rollte sich zusammen und schlief wider Erwarten sofort ein. Am nächsten Morgen wurde er von grässlichem Geschepper geweckt. Er öffnete widerwillig ein Auge und erblickte einen Blechnapf auf dem Boden. Dann öffnete sich eine Klappe in seiner Zellentür, ein Becher erschien. Ludwig stand auf und griff danach. Der Inhalt war heiß und roch entfernt nach Kaffee. »Danke«, sagte er. Die Klappe wurde zugeschmettert. Schritte entfernten sich. Ludwig spähte in den Napf und sah Grießbrei. Nicht die schlechteste Kost, zumal ihm, und da schenkte er seinem gefängniserfahrenem Bruder Glauben, ein harter Tag bevorstand. Grießbrei gibt Kraft, hatte seine Mutter immer gesagt und ein extra Löffelchen Zucker darüber gestreut. Dieses Löffelchen fehlte leider, und nachdem Ludwig gekostet hatte, stellte er fest, dass es möglich war, Grießbrei bar jeden Geschmacks zu kochen. Er zwang sich dennoch etliche Löffel voll in den Bauch. Das Leben auf der Walz hatte ihn gelehrt, nie eine Mahlzeit abzulehnen, gleich wie ungenießbar sie auch sein mochte. Alles war besser als zu hungern.

Tatsächlich war Ludwig gerade mit seiner Mahlzeit fertig geworden, als die Tür aufging und ein Polizist ihn aufforderte herauszutreten. Er musste die Hände hinter dem Rücken verschränken und wurde eine Treppe nach oben zum Verhörzimmer gebracht. Dort erwartete ihn Kommissar Weber.

»Guten Morgen, Tessnow. Setzen Sie sich.«

Ludwig nickte dem Mann lediglich zu.

»Sie wurden am Tatort gesehen. Außerdem haben wir dies gefunden.« Er hielt Ludwig einen kleinen, runden Gegenstand vor die Augen.

»Ein Knopf?«

»Ganz recht.«

Ludwig schwieg verdrossen. »Sehen Sie mal. Der passt doch genau zu Ihrer Jacke.« Der Kommissar hielt den Knopf an die Stelle des Rocks, die Ludwig mit einem krummen Nagel verschlossen hatte.

»Kämpfe«, schaltete sich plötzlich Bernhard ein. »Die wollen dich ins Gefängnis bringen. Du musst dich schützen.«

»Es ist möglich, dass es sich um meinen Knopf handelt. Aber das beweist nicht, dass ich gestern dort war.« Ludwig verschränkte die Arme vor der Brust und wich das erste Mal nicht Webers Blick aus.

»Richtig. Aber Sie vergessen die Zeugenaussage. Und es war ein Gendarm, dem Sie gestern auf dem Wege nach Wallenhorst von Lechtingen kommend begegneten.«

»Denken Sie, ich würde zwei Mädchen umbringen und dann nach Hause gehen, als wenn nichts gewesen wäre? So blöd muss einer doch erst mal sein.«

»Das ist der Punkt, der mir ebenfalls zu denken gibt, ja.« Weber blätterte in einem Notizbuch und verglich diverse Einträge. Dann hob er den Kopf und sah Ludwig fragend an. »Der Richter wird morgen entscheiden, was wir machen. Solange bleiben Sie bei uns.«

Und wieder fragte der Kommissar nach Ludwigs Vergangenheit. Ab und an brüllte Weber ihn unvermittelt an, befahl ihm, endlich zu gestehen. Aber da gab es nichts zu gestehen. Den ganzen Tag ging das so. Nur eine Stunde Pause wurde Ludwig gegönnt, in der der Kommissar und er etwas zu essen erhielten. Selbstverständlich bekam der Amtsinhaber eine weitaus bessere Mahlzeit. Je mehr Weber schrie, desto ruhiger wurde Ludwig.

Als der Abend weit fortgeschritten war, wurde Ludwig abermals in die Zelle gebracht. Dieses Mal rollte er sich auf der Pritsche zusammen und schlief sofort ein. Sein Bedürfnis nach Gesprächen – und sei es mit seinem Bruder – war für den Tag mehr als gedeckt.

Ludwig rechnete damit, am frühen Morgen aus seiner Zelle geholt zu werden. Aber dem war nicht so. Als er aufwachte, stand die Sonne schon hoch am Himmel, und es war angenehm warm. Er schätzte, dass es etwa zehn oder elf Uhr morgens war. Das Mittagessen wurde verteilt, und Ludwig schlang schnell seine Portion herunter, ehe man ihn holte. Doch er hätte sich ruhig Zeit lassen können, denn es kam niemand. Erst am Nachmittag hörte Ludwig, wie seine Tür geöffnet wurde und ein Wächter ihn anwies, die Zelle zu verlassen. Ludwig folgte dem Mann zu einem anderen Raum, wie er erleichtert feststellte. Das Amtszimmer dominierte eine große Theke. Der Polizist öffnete einen Durchlass, schritt hocherhobenen Hauptes hindurch und widmete sich einem Buch, aus dem er mit leiernder Stimme vorlas. »Ein Bleistift, ein Zollstock, 83 Pfennige, eine Quittung des Kurzwarenladens in der Schubertstraße. Bitte unterschreiben Sie für den Erhalt der genannten Gegenstände hier unten.« Der Polizist drehte das Buch herum, sodass Ludwig die Auflistung selbst durchlesen konnte. Unter der Liste befand sich ein Strich mit dem Datum, 11. September 1898. Ludwig nahm die Feder entgegen und unterschrieb. Dann verstaute er die Habseligkeiten in seinen Hosentaschen und machte, dass er raus kam. Dieses Mal begleitete ihn niemand. Es hieß lapidar: Treppe herunter und dann den Gang entlang.

Im Hause von Meister Schwegmann angekommen, beschloss er, die Werkstatt an diesem Tag nicht mehr zu betreten. Ihm war nach einem schönen Nickerchen auf seinem weichen Bett zumute. Er zog sich aus, wusch sich und schlüpfte in sein Nachthemd. »Das ist ja gerade noch mal gut gegangen«, sagte Bernhard unvermittelt.

»Ich habe dich gar nicht reinkommen gehört«, nuschelte Ludwig schlaftrunken.

»Mich hört man auch nicht, wenn ich das nicht will.«

»Ich hab ja auch nichts gemacht. Warum sollten die mich im Gefängnis behalten?«

»Das ging mir auch oft so. Aber weißt du, nachdem meine Nase durch die vielen Schlägereien so schief und unförmig geworden war, haben die angefangen, mich auf bloßen Verdacht ins Kittchen zu stecken.«

Das waren die letzten Worte seines Bruders, die Ludwig hörte, ehe er einschlief.

Er träumte von Mädchen mit Zöpfen, von Schreien und dem Krachen von zertretenen Ästen oder Knochen, möglicherweise von beidem. Ludwig lief durch einen finsteren Wald und fand nicht auf den Weg zurück. Vor ihm lief, der schuppigen Schimäre gleich, sein Bruder auf allen vieren. Schneller als ein Hund. Ludwig sah Blut aus der geborstenen Rinde der Bäume fließen. Er spürte, wie seine Füße mit jedem Tritt tiefer in den Blutmorast sanken. Er wusste, wenn er fiel, war er des Todes. Die Rachegeister der Mädchen würden ihn finden. Dann saß er mit einem Mal in der Küche in Stettin. Seine Mutter hatte schlohweißes Haar, ihr Gesicht war eingefallen. Aber sie lächelte ihn freundlich an und goss seinen Becher mit Malzkaffee voll. »Damit du besser lügen kannst«, sagte sie mild und löffelte ihm Zucker in den Becher. »Süßes beflügelt.«

Schweißgebadet erwachte Ludwig mitten in der Nacht. Er lauschte, ob er die Schläge der Turmuhr hörte. Aber es war, als wären seine Ohren mit Watte verstopft. Nicht der geringste Laut drang zu ihm durch. »Bernhard«, rief er. Sein Bruder war nicht da.

KAPITEL 21

Ludwig blieb noch bis Januar 1899 in Lechtingen, dann zog er weiter. Bereiste verschiedene Städte und hatte sein Auskommen. Er bewegte sich stetig weiter nach Nordosten.

Ende Januar des Jahres 1901 suchte er sich Arbeit in Stavenhagen. Die Kälte war unerträglich und Ludwig des Umherziehens müde. Der Meister in Stavenhagen war gut zu ihm und die Aufträge nicht zu schwer. Er hielt es vergleichsweise lange aus. Bis zum 1. März. An diesem Tag wurde Bußtag gefeiert, man traf sich in der Schenke und beging den Feiertag mit viel Schnaps und Bier. Ludwig wollte nicht ungesellig sein und setzte sich zu den Leuten, die er in dem Monat in Stavenhagen kennengelernt hatte. Der Meister gab mehrere Runden aus. Bernhard tauchte zuweilen in der Schenke auf und wirkte ungeduldig. »Wie lange dauert es denn noch, dein Gezeche?«, raunte er ihm ins Ohr. Wie immer schien niemand der anderen Leute Bernhard wahrzunehmen. »Wenn ich fertig bin«, flüsterte Ludwig.

»Ich muss dir etwas zeigen.«

Ludwig winkte ab und nahm das Glas Bier entgegen, das der Wirt ihm reichte. »Ihr Winken war wohl 'ne Bestellung, oder?«, rief er ihm zu. Ludwig nickte und setzte das Glas an die Lippen.

Schwer angetrunken wankte er spät in der Nacht mit seinem Meister zur Wohnung. Am Sonnabend erwachte er von einem dröhnenden Geräusch, das er nach einer ganzen

Weile als Klopfen an der Tür erkannte. Kaum vermochte er sich aufzurichten.

»Hopp, hopp, junger Gesell'«, rief der Meister. »Es wartet viel Arbeit auf uns.«

»Nein«, wisperte Ludwig und hielt sich den Kopf. »Auf dich vielleicht.«

Er stand unter Mühen auf und schaffte es nach mehreren Anläufen endlich, in seine Hose zu schlüpfen. Er raffte seine Habseligkeiten zusammen und warf sie in sein Bündel. Als er so am Frühstückstisch auftauchte, sah ihn der Meister verblüfft an.

»Was soll das denn?« Er deutete auf Ludwigs Bündel.

»Ich schulde Ihnen großen Dank. Aber nun muss ich gehen.«

»So von heute auf morgen willst du los?«

»Ich reise immer von heute auf morgen.« Ludwig klopfte mit den Fingerknöcheln auf die Tischplatte, nickte der Ehefrau des Meisters freundlich zu und folgte dem Meister in den angrenzenden Raum, wo er etliche Münzen in Ludwigs Hand zählte. »Das tut mir jetzt in der Seele weh«, sagte er und schien immer noch verwirrt. »Du bist so ein fleißiger, guter Bursche. Wenn du eine feste Anstellung suchst, ich nehme dich sofort.«

»Danke. Aber erst einmal nicht. Mich zieht es nach Hause.«

»Bist ja auch schon eine Weile unterwegs. Da darf man schon mal Heimweh haben«, bestätigte der Meister und reichte Ludwig zum Abschied die Hand.

Doch anstatt direkt den Weg Richtung Osten nach Stettin anzusteuern, das 170 Kilometer entfernt war, suchte er die Herberge auf. Es fiel ihm schwer, wie ein nüchterner

Mensch zu handeln. Nicht nur, dass der Alkohol ihm doppelte Bilder bescherte, zu allem Überfluss ließ die Wirkung allmählich nach, die Bilder freilich blieben, doch es gesellte sich ein widerlicher Kopfschmerz hinzu. Die Wirtin war auch entsprechend misstrauisch und biss zwei Mal in die Münzen, die Ludwig ihr reichte. Als sie zufrieden schien, sagte sie barsch: »Frühstück gibt es um sieben. Um halb acht räume ich ab, und dann gibt es nichts mehr.« Ludwig nickte, ließ sein Bündel in der Herberge und steuerte die nächste Wirtschaft an. Auf dem Weg dorthin wurde er grimmig von den Passanten angestarrt. Bernhard hüpfte neben ihm her wie ein kleiner Junge. »Ich muss dir immer noch etwas zeigen.«

Ludwig zog von Schenke zu Schenke. Er wurde gemieden, was sicherlich an seiner Redseligkeit lag. Obgleich er wusste, dass er Blödsinn quasselte, konnte er nicht aufhören. Als würden sich alle Wörter, die er im Laufe von Monaten ansammelte, und die er nicht aussprach, plötzlich ohne Zusammenhang aus ihm herausfallen. Er beschloss, dass es besser war, zu gehen.

Laut knallte er seinen Münzbeutel auf den Tresen. »Zahlen bitte.«

»Soll ich Ihnen jemand als Begleitung mitgeben?«, wollte der Wirt wissen.

»Nein, ich komme schon klar. Ich laufe jetzt nach Hause, nach Stettin«, lallte Ludwig. Der Wirt schien erleichtert. Ludwig gab reichlich Trinkgeld und schwankte wie eine Tanne im Sturm, als er an die frische Luft kam. Einen Moment verweilte er auf der Treppe, dann schlitterte er den leicht abschüssigen Weg Richtung Westen entlang. »Pribbernow«, faselte er immer wieder vor sich hin. Hatte das auf dem Schild gestanden, an dem er vorbeigekommen war? Er wusste es nicht mehr zu sagen. Aber das Wort faszinierte ihn. Pribbernow. Drei Frauen kamen ihm entgegen. Sie sahen ihm zuerst neugierig ins Gesicht, dann aber gingen die Mundwinkel der Damen nach unten, die Lippen wurden schmal, die Blicke waren misstrauisch. Sie rückten unwillkürlich näher zusammen und raunten, als Ludwig an ihnen vorbei gegangen war.

»Siehst du, Bruderherz, du und die Frauen, das passt nicht zueinander.«

»Na und?«, rief er. Er sah, dass die Frauen sich zu ihm umdrehten und dann schneller ausschritten. Fort von ihm. »Blödes Weibsvolk«, murmelte er. »Da bleib ich lieber für mich.«

»Etwas anderes wird dir auch nicht übrig bleiben.«

Ludwig starrte seinen Bruder böse an.

Die Nacht war kalt, und Ludwig konnte keinen Schritt weiterlaufen. Er sammelte etliche Tannenzweige vom feuchten Boden auf und bereitete sich daraus ein Lager. Eingehüllt in weihnachtlichen Duft döste er einige Zeit.

Es wurde hell, und er schreckte vom Schnauben eines Pferdes auf. Eine Kutsche zog vorbei. So weit, wie er gedacht hatte, war er ja gar nicht vom Weg entfernt. Ludwig wartete, bis die Kutsche vorbei war, dann erhob er sich und urinierte gegen einen Baum. Er klopfte sich Tannennadeln von seiner Kleidung, griff nach seinem Bündel und zog weiter. Er war schon geraume Weile gelaufen, als er in einiger Entfernung eine einzelne Gestalt ausmachte. Eine Frau, erkannte er, als sie näher kam. Etwas an ihr faszinierte ihn und Bernhard gleichermaßen. »Los, Ludwig. Versteck dich.«

Er tat, wie Bernhard ihn geheißen hatte. Die Frau kam den Weg entlang, offenbar hatte sie Ludwig nicht bemerkt. Sie trällerte ein fröhliches Lied und hielt den Kopf beim Laufen aufrecht. Ludwig versuchte sie einzuschätzen, was ihm allerdings nicht gelang. Sie war weder groß noch klein, weder dick noch dünn, weder blond noch dunkel. Zwei dicke Zöpfe hingen beinahe bis zur Taille herab. Dies war jedoch das Bemerkenswerteste an ihr. Ansonsten war sie einfach da. Und das störte Bernhard. »Ich mag solche Menschen nicht. Sie muss weg«, entschied er kalt. Ludwig überlief ein Schaudern. Deutlich sah er das rote Glühen von Bernhards Augen. »Du bist feige. Feige und dumm«, schalt Bernhard. »Das bin ich nicht«, flüsterte Ludwig erbost. Ludwig und Bernhard schlugen sich abseits des Weges in ein Gebüsch. Als das Mädchen, sie mochte etwa 17 oder 18 Jahre zählen, auf gleicher Höhe mit ihnen war, sprang Bernhard auf den Weg. Er kam direkt neben dem Mädchen zu stehen. Sein Schatten hüllte sie ein. Aber halt, da war ein weiterer Umriss zu sehen. Ein riesiges Reptil, geduckt, als wolle es gleich springen. »Achtung!«, wollte Ludwig rufen. Seine Kehle war ausgedörrt, er brachte lediglich ein Krächzen zustande. Wie zu erwarten gewesen war, schrie das Mädchen vor Schreck auf. Bernhard hatte wohl damit gerechnet. Er griff nach ihren Schultern und zog an ihrem Umschlagtuch. Brutal brachte er das Mädchen zu Fall, wickelte das Umschlagtuch um ihren Hals und das Gesicht und zog die Enden zu. Ludwig spannte ebenfalls die Armmuskeln an. Er fühlte geradezu ihren Ellenbogen in seine Rippen krachen. Sie war sehr stark. Stärker, als es den Anschein gehabt hatte. Sie wand sich wie ein junges Kätzchen und kratzte wie ein alter Straßenkater. Bernhard ließ nicht locker, aber Ludwig, der gewahr wurde, dass er

Teil des Handgemenges geworden war, zog schmerzerfüllt seinen Unterarm weg. Endlich griff Bernhard ein. Er packte mit an, positionierte Ludwigs Knie so, dass das Mädchen sich nicht mehr zur Seite wegdrehen konnte. »Jetzt sorg dafür, dass sie nicht schreit, und dann nehmen wir sie mit. Vielleicht findest du in ihrem schlagenden Herzen Erfüllung.« Der Schatten des geschuppten Tieres wurde abermals größer. Die Bestie wuchs.

Ludwig lächelte. Das Herz des Mädchens, das unter seinen Händen pochte, schlug schnell, aber kräftig. Plötzlich bockte das Mädchen unter ihm. Sie bekam eine Hand frei, riss sich das Umschlagtuch von Mund und Nase und holte tief Luft. Kurz darauf schrie sie laut um Hilfe. Ludwig sprang auf, tauschte einen erschrockenen Blick mit Bernhard. Sein Bruder signalisierte ihm mit einer Kopfbewegung zu verschwinden. Sie schlugen sich ins Gebüsch. Das Mädchen schrie abermals, und das Letzte, was Ludwig hörte, ehe er nur noch das Geräusch peitschender Zweige um seine Ohren vernahm, war das Antworten von anderen Menschen, die dem Mädchen wohl zu Hilfe eilten.

»Das war nichts«, fasste Bernhard zusammen.

»Was hätte ich mit der denn machen sollen?«, wollte Ludwig wissen. »Das, was du immer machst«, gab Bernhard zurück.

Später lehnten die beiden an einem umgekippten Baum, der ihnen als Stütze diente, und schauten ins Feuer. Sie hatten sich in einem Feld niedergelassen und ein Feuer entzündet. Das Glück war ihnen hold gewesen: Ludwig hatte einen schönen Hasen gefangen. Jetzt steckte das ausgenommene und gehäutete Tier auf einem festen Stock, den Ludwig immer wieder über den Flammen drehte. Seine Stiefel hatte er ausgezogen und seine Füße in den Wollsocken behaglich der Wärme entgegengestreckt.

»Wohin jetzt, Bernhard?«

»Lass uns doch weiter gen Norden ziehen. Was hältst du davon?«

»Gute Idee.«

Da Bernhard verzichtete, aß Ludwig den Hasen allein. Es tat gut, sich satt zu essen. Doch als er sich wieder auf dem Weg befand, zog ein fürchterliches Grollen durch sein Gedärm. Gebückt, die Hände um den Körper geschlungen und vor sich hin schimpfend, lief er den Weg entlang. Plötzlich rief jemand, und Pferde wieherten. Ludwig blickte hoch und sah sich direkt einer Kutsche gegenüber. Der Mann auf dem Bock sah ihn wütend an und holte mit der Peitsche aus. Ludwig winkte ab und ging rechts an der Kutsche vorbei. Der Mann fuhr wieder an, wobei er Verwünschungen ausstieß.

»Lasst mich doch alle in Ruhe, verdammt noch mal.« Ludwig trat an den Wegrand und erbrach sich. Den restlichen Tag behielt er nicht den kleinsten Schluck Wasser bei sich.

»Ha, und ich hatte mich schon gewundert, warum du so einen kapitalen Kerl gefangen hast. Der war krank!«, spottete Bernhard.

»Halt's Maul«, flüsterte Ludwig kraftlos.

Die Übelkeit währte zum Glück nur zwei Tage. In dieser Zeit wurde er jedoch von zwei Männern befragt, die in der Überfallsache auf das junge Mädchen ermittelten. Ludwig verneinte. Er behauptete, das Mädchen weder zu kennen – was der Wahrheit entsprach –, noch sie in irgendeiner Form belästigt zu haben. Was nur halb der Wahrheit entsprach, aber schließlich war Bernhard Schuld. Ludwig hätte nie und nimmer diese Frau ausgesucht. Sie ließen ihn ziehen. Zweifel stand in ihre Gesichter geschrieben, aber was sollten sie tun? Bei der Gegenüberstellung, zu der man ihn prompt genötigt hatte, hatte das Mädchen ihn nicht identifiziert. Ludwig meinte auch, das Ganze nur geträumt zu haben. Es war sicherlich das kranke Kaninchen gewesen, das seine Sinne vernebelt hatte. Jedenfalls befanden sowohl er als auch Bernhard, dass diese Gegend nicht länger zum Arbeiten taugte. Sie brauchten einen Ortswechsel.

Im Frühjahr 1901 erreichte Ludwig Rügen. Nachdem er mehrere Wochen bei einem Bootsbauer an der Festlandküste gewissermaßen Frondienst geleistet hatte, war es ihm zu bunt geworden. Ludwig hatte die Ausreden des Geizhalses satt, wollte sich nicht mehr vertrösten lassen. Er erhielt immerhin ein Drittel des vereinbarten Handgeldes und zog ohne ein Gefühl des Bedauerns weiter gen Nordosten. Um Stettin hatte er tatsächlich in der ganzen Zeit konsequent einen Bogen geschlagen.

Rügen war wunderbar. Ludwig fand in Baabe bei einem Meister eine kleine Werkstatt, in der er sich eine Ecke frei einrichten durfte. Für Ludwig war seit langer Zeit einmal wieder alles in Ordnung. Das Seeklima bekam ihm gut, die Kopfschmerzen hielten sich in diesem Frühjahr im Rahmen. Einzig Bernhard zeigte sich übel gelaunt. Er kritisierte an allem herum. An Ludwigs Sparsamkeit, seiner Bescheidenheit. Ludwig müsse mal richtig auf den Putz hauen. Sich ein Bordell suchen, natürlich nicht auf Rügen, sondern auf dem Festland und eine richtige »Sause« machen. Ludwig fürchtete sich allein vor der Vorstellung, in ein Bordell zu gehen. Angesichts so viel geballter Weiblichkeit würde er nicht einmal ein »Guten Tag« herausbringen. Bernhard nörgelte in einem fort. »Halt endlich dein Maul!«, rief Ludwig. »Wenn es dir bei mir nicht passt, dann verschwinde doch endlich und lass mich in Frieden.«

Doch Bernhard tat nichts dergleichen. Die Kopfschmerzen und das Gefühl von Schwäche kehrten mit voller Kraft zurück. Ludwig suchte sich einen Arzt auf der Insel. Es war der 20. Mai 1901, die Woche nach Christi Himmelfahrt.

»Was kann ich für Sie tun?«, wollte der korpulente Doktor von Ludwig wissen, als Ludwig vor ihm saß.

»Ich habe schon seit Jahren immer wieder schreckliche Kopfschmerzen. Manchmal so schlimm, dass ich erbrechen muss und bewusstlos werde.«

»Gab es einen Unfall, bei dem Sie eine Schädelverletzung davongetragen haben?«

»Ja, ich war im ersten Lehrjahr, da ist mir ein Balken auf den Kopf gefallen. Es war eine schlimme Platzwunde, und ich war fast einen Tag im Koma.«

»Lügner«, ließ sich Bernhard vernehmen. »Es war eine Schlägerei. Du hast ziemlich viel einstecken müssen.«

Ludwig schloss einen Moment die Augen und atmete tief durch.

Der Arzt notierte eifrig.

»Und dann habe ich von meiner Mutter die Fallsucht geerbt. Anfälle hatte ich als Kind ab und an. Irgendwann wurden sie dann häufiger und schwerer.«

»Was meinen Sie mit ›schwerer‹?«

»Na ja, ich bin müder als sonst, und mir tun ganz gehörig die Knochen weh.«

Wieder kratzte die Feder des Arztes auf den Fragebogen.

Neben Alter, Gewicht, Familienmitgliedern und früheren Erkrankungen sollte Ludwig Angaben zu seinen Schlafgewohnheiten machen.

»Nicht sehr gut«, gab er zu.

»Von zehn Nächten, wie viele schlafen Sie durchschnittlich durch, ohne bewusst aufzuwachen?«

»Kann man auch unbewusst erwachen?«, wollte Ludwig wissen.

»Der Mensch dreht sich im Schlaf mehrfach auf die andere Seite oder zieht die Beine an den Körper. Dabei erwacht er unbewusst, denn er benötigt für die Bewegung seine Muskeln, die im Tiefschlaf schlapp sind. Dies bekommt der Schläfer jedoch nicht als Unterbrechung seines Schlafes mit.«

»Eine.«

»Das ist wenig. Was stört Ihren Schlaf?«

»Mein Bruder.«

»Idiot«, echauffierte sich Bernhard, der plötzlich hinter dem Arzt auftauchte. »Du sollst anderen nicht von mir erzählen. Du bist so dumm, Ludwig.«

Ludwig senkte den Blick, weil er das unheilverheißende Funkeln in Bernhards Augen nicht ertrug. »Die Gedanken an meinen Bruder«, verbesserte er sich.

»Was ist mit ihm?« Der Federhalter des Arztes verharrte über dem Blatt.

»Wenn du es ihm erzählst, bringe ich erst ihn um und dann dich. Ich meine es ernst.«

»Nichts mehr. Er ist …« Ludwig räusperte sich. Sein Hals war mit einem Mal eng, und unter seinen tastenden Fingern fühlte er Bernhards Hände. Sein Bruder drückte mit unglaublicher Kraft zu. Ludwig merkte, wie ihm schwindelig wurde. Er stand auf, schob mühsam den Stuhl zurück, taumelte und fiel.

»Herr Tessnow, können Sie mich hören?«

Ludwig öffnete die Augen und sah eine getäfelte Holzdecke, dann kam das Gesicht des Arztes in sein Blickfeld.

Der Arzt griff nach seinem Handgelenk und maß den Puls. »Nicht optimal, aber besser als eben. Bleiben Sie bitte noch einen Moment still liegen. Ich hole Ihnen ein Tonikum.«

Ludwig schloss die Augen. Die Schritte des Arztes entfernten sich. Die Tür wurde geöffnet, die Schritte wurden leiser. »Ich habe entschieden, dich zuerst zu töten«, flüsterte ihm Bernhard ins Ohr. »Hau ab!«, stieß Ludwig atemlos hervor. »Was willst du von mir?«

»Ich bin enttäuscht, Brüderchen. Du bist ein mageres, schwaches Kerlchen. Hast weder echtes Interesse an Frauen, noch am Leben. Du dümpelst vor dich hin, und das Tag für Tag. Es macht mich wütend, dass ich tot bin, wo ich so viel mehr Freude am Leben hatte.«

»Du hattest so viel Freude am Leben, dass du dich umgebracht hast, Bernhard!«, rief Ludwig.

»Pscht!«

Der Arzt kehrte zurück und stellte ein Glas auf einem Tisch ab. Er machte ein fragendes Gesicht, sagte jedoch nichts, was Ludwig ihm hoch anrechnete. Dann half er ihm in eine sitzende Position und reichte ihm das Glas. »Es ist ein stärkendes Mittel. Gut für die Nerven.«

Ludwig trank. Wider Erwarten schmeckte es gut. Angenehme Wärme breitete sich in seinem Magen aus.

»Ich habe folgenden Vorschlag für Sie. Von heute auf morgen bekommen wir die Kopfschmerzen nicht weg. Aber in kleinen Schritten halte ich es für machbar. Dieses Heft gebe ich Ihnen mit. Ich möchte, dass Sie ein Journal führen. Und zwar eine Woche lang. Schreiben Sie bitte auf, was Sie essen, was Sie trinken, wann Sie zu Bett gehen und – wenn Sie sich erinnern – was Sie nachts geträumt haben. Sollten Sie in der Nacht erwachen, schreiben Sie auf, was Sie geweckt hat und was Sie darüber denken.«

Ludwig glaubte sich verhört zu haben. Die Zeit besaß er doch gar nicht. Außerdem war Schreiben so mühsam. »Ist das alles?«

Der Arzt lächelte. »Es hört sich nach mehr Arbeit an, als es ist. Glauben Sie mir, nach nur zwei Tagen wird es Ihnen in Fleisch und Blut übergegangen sein. Ich erwarte Sie in einer Woche wieder hier. Mit einem gut gefüllten Journal.« Er brachte Ludwig zur Tür und reichte ihm die Hand.

Ludwig saß am Tisch und kaute auf den Fingernägeln. Vor ihm stand ein Teller, aus dem es bis vor einigen Minuten gedampft hatte. Jetzt war der Eintopf soweit abgekühlt, dass man die Hitze nicht mehr sehen konnte. Rechts neben dem Teller lag das Heft des Arztes. Ludwig hatte gewissenhaft das Datum, es war der 21. Mai 1901, auf die erste Seite geschrieben. Darunter stand: Abendessen. Und dann nichts mehr. Er konnte sich nicht erinnern, was er alles in den Eintopf getan hatte. Reste eben. Ein Stück Schinken hatte er in Würfel geschnitten. Karotten waren darin, sie hoben sich aufgrund ihrer Farbe von den restlichen Zutaten ab. Nun konnte er aber schlecht schreiben: Eintopf aus rohem Schinken und Karotten. Das würde Fragen aufwerfen. Außerdem stimmte es nicht, denn er war sicher, dass sich noch diverse andere Gemüsesorten im Topf befanden, und er sollte doch das Journal so gewissenhaft wie möglich mit Daten füllen. Hatte er Kartoffeln dazu gegeben? Ludwig konnte sich nicht erinnern. Den Eimer mit den Resten, dessen Inhalt sicherlich Aufschluss darüber geben konnte, ob er nun Kartoffeln geschält hatte oder nicht, hatte er bereits in den Trog am Schweinekoben geleert. Freudig quiekend hatten sich die Säue über die Gabe hergemacht.

Das hatte ihm seine Mutter früh beigebracht. Niemals verderbliche Reste in der Küche lagern. Das lockte unzählige Fliegen und anderes Ungeziefer an. Immer den Reste-Eimer gleich ausleeren. Selbiges galt für die Nachttöpfe, die waren jeden Morgen umgehend in die Sickergrube zu kippen.

Halbherzig aß er einen Löffel voll Eintopf und fühlte sich schlecht, weil er immer noch keine Idee hatte, was er in sein Journal schreiben sollte. Er schob den Teller von sich und griff stattdessen nach einer Flasche Rotwein, die er am Tag zuvor geöffnet hatte. Der Eintrag war einfach. Er schrieb das Etikett ab. Menge? Etwa ein halber Liter. Den ließ er sich schmecken. Zufrieden legte er Stift und Heft zur Seite und wanderte mit der Flasche in der Hand in seiner kleinen Stube umher. »Klein, aber sehr fein«, trällerte er. So nobel hatte er tatsächlich noch nie gehaust. Feine Tapeten zierten die Wände und aufwendiger Stuck die Decke. Sogar ein Lüster hing an der Decke. Ludwig war allerdings zu faul, die Kerzen abendlich zu entzünden. Wenn er ehrlich war, hatten sie seit seinem Einzug noch nie gebrannt. Aber das kristallverzierte Schmuckstück machte sich prächtig. Eine reiche Dame hatte das Haus einst als Erholungsort für sich gekauft. Nachdem die Frau gestorben war, sich jedoch jahrelang keine Erben hatten blicken lassen, war das Gebäude an die Ortsverwaltung gegangen. Die Wohnung der alten Dame wurde vermietet, und das Erdgeschoss war zu einer Allzweckhalle umfunktioniert worden. Maler hatten sie schon als Atelier genutzt, wie die bunten Farbkleckse auf dem Boden bewiesen. Ein Schneider musste wohl auch einmal in der Halle gearbeitet haben. Ludwig fand immer wieder Stecknadeln. Nun war er hier und ging einem eher derben Handwerk nach. Kunst, das wusste er, war seine

Profession nicht. Sein Meister war sehr taktvoll und überließ es Ludwig, eigene Aufträge anzunehmen.

Es klarte auf. Ludwig entschied sich für einen Spaziergang über die Insel. Er liebte die Ruhe, sah man einmal vom Kreischen der Möwen ab.

Eine Woche später runzelte der Arzt die Brauen. »Wenn ich das einmal auswerten darf«, begann er. »Sie haben Nahrungsmengen gegessen, die gerade einmal ein vierjähriges Kind am Leben halten würden, nicht aber für einen Handwerker taugen. Sie haben jeden Tag Alkohol getrunken und keine Nacht durchgeschlafen. Träume hatten Sie keine. Was ich jetzt persönlich Ihrem Alkoholkonsum zuschreiben würde.«

Ludwig saß schweigsam da. Er wagte nicht zu Bernhard zu sehen, der auf der Schreibtischkante des Arztes saß und ihn lauernd musterte.

»Wie geht es Ihnen?«

»Nicht so gut«, murmelte Ludwig.

»Was haben Sie denn an Pfingsten getan? Das Wetter war ja ganz anständig.«

»Ich habe am Strand gesessen und aufs Meer geschaut.«

»Ja, und ich war mit dabei und du hast keine fünf Sätze mit mir gewechselt«, warf Bernhard giftig ein.

Ludwig zuckte zusammen.

»Waren Sie allein oder in Gesellschaft? Waren Sie in der Kirche?«

»Ja, ich war allein. Ich kenne hier schließlich niemanden gut genug. Bisher habe ich es noch nicht einrichten können, mich beim Pfarrer anzumelden. Deshalb war ich auch nicht in der Kirche. Ich hole das natürlich bald nach.«

»Sie müssen nicht, wenn Sie nicht wollen.«

»Doch, doch.«

»Lieber Herr Tessnow. Sie erscheinen mir reichlich nervös. Und das, obgleich wir uns hier in einem der schönsten Kurbäder in Preußen befinden und Sie hier eigentlich zur Ruhe kommen müssten. Sei es drum. Ich verordne Ihnen ein Schlafmittel – und denken Sie bitte daran, genug zu essen. Wenn es Ihnen möglich ist, machen Sie Ihre Werkstatt für einige Tage zu und gehen viel an die frische Luft. Aber keine Gewaltmärsche.«

Er deutete auf die Waage, und Ludwig stellte sich auf das metallene Quadrat. Der Arzt schob den Regler auf der Skala hin und her, bis die Skala im Gleichgewicht war, und las 58 Kilogramm ab. »Mit Kleidung wohlgemerkt. Das heißt, Sie bringen vielleicht gerade einmal 56 Kilogramm auf die Waage. Und das bei einer Größe von«, er blätterte in Ludwigs Akte, »1,72 Meter.«

Bernhard machte den erhobenen Zeigefinger des Arztes so überzeugend nach, dass Ludwig unwillkürlich grinsen musste. Der Arzt klopfte Ludwig auf die Schulter und meinte: »So gefallen Sie mir schon viel besser.« Er drückte ihm eine Anweisung für den Apotheker in die Hand und brachte ihn zur Tür.

»Wir sehen uns in einer Woche wieder. Und dann möchte ich, dass Sie mindestens zwei Pfund mehr auf den Rippen haben.«

KAPITEL 22

Ludwig erhielt sein Schlafmittel am 29. Mai. Am 30.Mai stürmte er in den Laden des Apothekers, knallte das Fläschchen mit den Tropfen auf die Theke und sagte: »Das ist kein Schlafmittel.«

»Auch Ihnen einen schönen guten Tag«, sagte der Apotheker missbilligend und nahm die Flasche aus braunem Glas in die Hand, um den Inhalt zu betrachten.

»Sie sollten mir ein Schlafmittel anmischen und keines, das nervös macht.«

»Ich habe mich strikt an die Rezeptur Ihres Arztes gehalten. Warten Sie kurz«, sagte Ludwigs Gegenüber und verschwand durch einen Vorhang in den Nachbarraum. Als er zurückkehrte, schwenkte er einen Zettel. »Sehen Sie, hier ist das Rezept.«

»Stechapfel, Bilsenkraut, Brom, Stärke«, entzifferte Ludwig mühsam. »Und so weiter.«

»Ich rate Ihnen, sich an Ihren Arzt zu wenden. Erläutern Sie ihm Ihre Beschwerden. Es mag vorkommen, dass Sie gegen einen der genannten Inhaltsstoffe allergisch sind. Mitunter reagiert der Körper mit der gegenteiligen Wirkung.«

»In Ordnung.« Ludwig nahm die Flasche an sich und verließ die Apotheke. Er dachte nicht daran, sich an den Arzt zu wenden. Zu Hause stellte er die Flasche auf das Regelbrett und öffnete einen Krug mit Hochprozentigem. »Ich weiß am besten, was mir hilft«, sagte er laut in die leere Wohnung hinein.

Ludwig war sturzbetrunken. Es war der 11. Juni 1901. Oder schrieb man schon den 12.? Ludwig wusste es nicht. Er hangelte sich Meter für Meter am Zaun einer Schafweide entlang. Dann hielt er inne. Bernhard war das erste Mal seit längerer Zeit wieder freundlich. Er legte Ludwig den Arm um die Schultern und raunte: »Sieh dir die dämlichen Viecher an.« Ludwig war es, als seien die Schafe von einer leuchtenden Aura umgeben. »Wo kommt das Licht her?«, nuschelte er.

Bernhard machte ein abfälliges Geräusch. »Aus dem Innern der Tiere wohl. Woher auch sonst.«

»Das will ich jetzt wissen«, sagte Ludwig und öffnete das Gatter.

Wenn dieses Licht Energie war, dann könnte er versuchen, sie für seine Maschine zu gewinnen. Er würde aber nie herausfinden, ob dem so war, wenn er nicht … Ludwig atmete tief durch. »Im Namen der Wissenschaft«, rief er, zückte sein Messer und stach auf das erste Tier ein, das ihm vor die Füße lief. Das heisere Bläken wurde zu einem hohen, gequälten Ton. Dann verstummte das Tier und fiel auf die Seite. Ludwig beugte sich darüber und sah, wie die Farbe rund um das Schaf verblasste. Er schnitt den Bauch auf, und übelriechende Eingeweide quollen ihm entgegen. »Na, das war wohl nichts«, sagte Bernhard und hielt die Nase in eine andere Richtung. Ludwig überlegte. »Es sitzt im Kopf.«

Er steuerte das nächste Schaf an. Nur dieses Mal ging er vorsichtiger zu Werke. Er warf es auf die Seite, schnitt ihm den Hals durch, drückte es mit all seiner Kraft zu Boden, als es versuchte aufzuspringen und, als die Bewegungen des Tiers schwächer wurden, säbelte weiter, bis er den Kopf in der Hand hielt. Das Geschrei der Tiere war mittlerweile sicherlich kilometerweit zu hören. Ludwig schnaubte angestrengt.

»Bist du bald fertig?«, wollte Bernhard wissen.

»Aber in dem Buch …«

»In dem Buch, in dem Buch«, äffte ihn Bernhard nach. »Seit du diesen Schinken liest, ist mit dir kein vernünftiges Gespräch mehr zu führen.«

»Aber die Organe …«

»Halte das mal.« Bernhard drückte Ludwig etwas Pulsierendes in die Hand. Warme Flüssigkeit strömte an Ludwigs Handgelenk entlang. Und dann spürte er die Hitze und das Leben, das aus dem Muskel direkt in seine Handfläche zu strömen schien. Verzückt schloss er die Augen. Er hielt immer noch andächtig beide Hände um das Schafsherz geschlossen, obwohl es nicht mehr zuckte und schnell erkaltete.

Ein Stoß in die Seite holte ihn auf die nächtliche Schafweide zurück. »Bernhard, wenn du wüsstest, was ich eben gesehen habe. Ich weiß, welche Kräfte unsere Erde drehen, ich habe das Geheimnis des Lebens gelüftet. Oh Gott, Bernhard, es ist großartig!«

»Wir sollten trotzdem gehen, oh erleuchteter Bruder!«, warnte Bernhard.

Ludwig ließ das Herz fallen, das seinen Zweck erfüllt hatte, und spürte die unglaubliche Informationsflut, die seinen Schädel fast zum Bersten gebracht hätte, allmählich abebben. Danach herrschte Ruhe in seinem Inneren.

Der Zustand hielt an. Ludwig aß regelmäßig, schlief acht Stunden am Stück durch und bekam darüber hinaus zahlreiche Aufträge, die sein Einkommen für die nächsten zwei Monate sicherten. Alles wäre so schön, hätte Bernhard ihm nicht einen Strich durch die Rechnung gemacht. Sein Bruder zeigte sich unleidlich, er störte ihn, wenn er mit Kunden sprach, sodass er in Gegenwart anderer immer mehr verstummte – aus Angst, Bernhard zu verraten und von ihm bestraft zu werden.

Zum Arzt ging er nicht mehr. Er war ja schließlich nicht krank.

Ende Juni ging es Ludwig schlecht. Das Wetter war durchwachsen, er hatte Kopfschmerzen und konnte keine rechte Lust an seiner Arbeit finden. Er zog sein fleckiges Hemd an und stellte sich in seine Werkstatt. Dort räumte er ein wenig Dinge von links nach rechts und wieder zurück, ohne etwas wirklich Sinnvolles zu tun. Er verließ die Werkstatt um die Mittagszeit und ging in die Felder hinaus. Nervös spielte er mit dem Griff des Messers, das er immer am Gürtel trug. Die Kopfschmerzen wurden immer schlimmer. Er konnte sich selbst schon kaum mehr an den Schädel greifen, ohne vor Schmerz aufzustöhnen. Er wankte Richtung Heimat, erstand in einer Taverne einen Literkrug mit Selbstgebranntem und ging nach Hause ins Bett. Nun lief auch noch seine Nase voll. Verdrossen griff er zu seinem Taschentuch und sah Blut nach dem Naseputzen. Er kniff das linke Auge zusammen, weil er es nicht mehr offen halten konnte. Im linken Ohr schienen sich plötzlich Messer zu drehen, die ihm ins Hirn fuhren. Einen großen Schluck aus dem Krug und ein nasses Tuch auf dem Gesicht. Das war das Einzige, das jetzt noch half. In der Nacht wurden die Kopfschmerzen so schlimm, dass Ludwig dachte, sterben zu müssen. Er erbrach in den Nachttopf neben seinem Bett und stöhnte hohl. Er sah zu, wie es im Zimmer allmählich heller wurde, war froh, dass er die Vorhänge zugezogen hatte, sodass die Sonne nicht hereinschien. Dann schlief er wieder ein. Gegen Mittag ging es ihm besser. Er wusch sich, kleidete sich an und entleerte den Nachttopf, den er anschließend sorgfältig ausspülte. Sein Magen knurrte, und er beschloss, in der Wirtschaft ein einfaches Mahl zu sich zu nehmen. Es gab Eintopf mit Brot. Wunderbar. Er kaufte sich noch ein Bier und trank es nach dem Essen direkt an der Theke.

»Wie geht es Ihnen?«, fragte der Postbote und stellte sich neben Ludwig an den Tresen.

»Gut, danke der Nachfrage.«

»Ihre Werkstatt war zu, und ich habe zwei Briefe für Sie. Wenn Sie warten können, dann nehme ich sie auf meine Runde morgen mit. Ansonsten kann ich auch schnell später das Amt aufsperren und Ihnen die Briefe geben.«

»Das eilt nicht, sind wahrscheinlich ohnehin nur Rechnungen«, sagte Ludwig lachend und winkte ab.

»Wie das halt so ist. Wem sagen Sie das«, stimmte der Postbote zu.

Aus dem einen Bier wurden schnell mehr, und die Runde wuchs auf fünf Personen an, die abwechselnd Bier und Schnaps ausgaben. Sie boten sich im Laufe des Abends gegenseitig das Du an und verstanden sich prächtig. Ludwig erreichte schließlich gut gelaunt und sturzbetrunken am Abend seine Wohnung. Er fiel angezogen ins Bett und träumte aufwühlende Dinge.

Am nächsten Morgen erwachte er gereizt. Er verrichtete das Waschen und Anziehen unter viel Schimpfen und schlurfte schließlich in die Werkstatt. Da er versäumt hatte, seine Lebensmittelvorräte aufzustocken, fand er lediglich einen Viertelliter Schnaps, den er mit angeekelter Miene austrank. Ausgerechnet an diesem Tag war in der Werkstatt viel los. Es kamen Sommerfrischler, die bei Ludwig Andenken bestellten. Der Meister hatte ihn darauf gebracht, Schiffe zu tischlern, die etwa so lang waren wie sein Unterarm und die man mit Segeln und kleinen Tauen bestücken konnte. Ludwig verkaufte alle drei Modelle, die er noch vorrätig hatte, und schrieb die Reservierungen für weitere in sein Auftragsbuch. Ein Lächeln, geschweige denn ein Dankeschön kam ihm allerdings nicht über die Lippen. Er wusste auch nicht, was los war. Am liebsten hätte er das nächste, echte, Schiff nach Amerika genommen. Weit weg von allem – und vor allem von sich.

»Aber das geht ja nicht«, sagte er und kicherte freudlos. »Ich nehme mich und Bernhard ja immer mit.« Er warf voller Verdruss einen Hammer quer durch die Werkstatt. Irgendetwas, von dem sich Ludwig nicht die Mühe machte herauszufinden, was es war, ging zu Bruch.

Er beschloss, die Werkstatt zu verlassen und lief eine Runde durch das Dorf. Die gute Laune der Menschen ging ihm auf die Nerven. Der Wirt hatte die Schenke schon geöffnet. Ludwig bestellte ein Bier. Missmutig stürzte er das herbe Getränk herunter. Und orderte gleich ein neues. Gerüche drangen durch den Schankraum. Die Köchin war gerade dabei, den Mittagstisch vorzubereiten. Die ersten Gäste fanden sich bereits ein. Der Wirt scherzte mit ihnen. »Na, Freunde, könnt es wohl nicht abwarten, bis die Resi was Gutes gezaubert hat, was? Solange sie kocht, müsst ihr allerdings mit trocken Brot vorliebnehmen.« Die Gäste schmunzelten und bestellen statt des Brotes lieber Bier. Der Postbote traf ebenfalls ein, zufrieden klappte er den Deckel seiner Tasche zurück und zeigte, dass sein Tagewerk schon beendet war.

»So gut will ich es mal haben«, sagte Hein. Er war Fischer, fuhr jedoch aufgrund eines schlecht verheilten Bruchs seines Knöchels vorerst nur stundenweise raus aufs Meer. Seine

Frau steuerte mit diversen Näh- und Strickarbeiten einen Teil zum Einkommen bei. »Na, Ludwig. Und dich trifft man auch eher hier als in deiner Werkstatt«, grölte Hein und hieb ihm kräftig auf die Schulter.

Ludwig schlug nach seiner Hand. »Lass das!«

»Was ist denn mit dir los? Gestern so guter Dinge und heute humorlos wie die taube Erna vom Versenhof.«

»Lasst mich einfach in Ruhe«, fauchte Ludwig und trank mit großen Schlucken sein Bier aus. Der Wirt stellte ihm ein neues hin. Der Geräuschpegel, der Geruch von gebratenem Fleisch aus der Küche und die Enge an der Theke verursachten ihm Übelkeit. Er trank auch das vierte Bier zügig aus, bezahlte und verließ die Wirtschaft. Das irritierte Kopfschütteln, mit dem die Anwesenden seinen Abgang kommentierten, war ihm egal. Sollten sie sich doch alle um ihren eigenen Kram scheren. Es ging Ludwig auf die Nerven, dieses Anfassen und diese blöden Scherze. Ludwig schritt schneller aus. Er trat Steine aus dem Weg und erwiderte nicht einen Gruß der Menschen, die ihm unterwegs begegneten.

Es war ein Sommertag, wie er schöner nicht sein konnte. Die Sonne schien, es ging kaum ein Wind, dennoch fror Ludwig. Es war dieses innere Beben, das seine Magenwände erschütterte und die Finger dünn und kalt machte. Nicht einmal der Alkohol half. Ludwig legte seine Hände auf einen großen Markierungsstein, um sie zu wärmen. Seine Handflächen wurden rot, aber er fühlte die Wärme nicht. Er steckte die Hände in die Hosentaschen und schlenderte jetzt. Die Sommerluft schien ihm mit einem Mal schal und abgestanden zu riechen. Nicht einmal der Gedanke an seine Konstruktion vermochte ihn aufzuheitern. Er setzte sich an den Wegesrand, stützte die Ellenbogen auf die Knie, barg den Kopf zwischen den Händen und starrte vor sich hin. Ein

Fuhrwerk rumpelte den Weg entlang. Ludwig hob träge den Blick. Vorne auf dem Kutschbock saßen ein Mann und eine Frau. Hinten sah Ludwig zwei strohblonde Jungen, die sich heftig stritten. »So waren wir auch mal«, sagte Bernhard. »Erinnerst du dich?«

»Lass mich in Frieden.« In Ludwig wallte ätzender Hass auf. Mehr denn je hatte er das Gefühl, nicht in diese Welt zu gehören. Ein Fremdkörper, das war er. Ein Außenseiter und zur ewigen Wanderschaft Verdammter. Ein Junggeselle, der zwei Exverlobte, aber keine Ehefrau vorzuweisen hatte. Ein Versager und kränklicher Schwächling. Ein Quartalssäufer. Ludwig sprang auf und rannte querfeldein. Weg von seinen Erinnerungen.

Meine Güte, dachte er, es ist schon später Nachmittag. Wo ist die Zeit geblieben? Wie lange saß ich auf dem Stein? Zu allem Überfluss kehrten die Kopfschmerzen zurück. Ludwig stand in einem Waldstück. Wie war er hierhergekommen? Weiter vorne hörte er Stimmen. Er ging darauf zu. Zwei Kinder standen gebückt und pflückten Heidelbeeren. Etliche waren wohl schon in die Münder gewandert, denn Mundwinkel und Lippen der beiden Jungen schimmerten rotblau. »Na, schmeckt es euch?«

Die Jungen nickten. Der eine wischte sich mit dem Ärmel über den Mund.

»Da wird sich deine Mutter aber nicht freuen. Heidelbeersaft geht ganz schlecht aus Kleidung raus.«

Erschrocken inspizierte der Junge seine Jacke. Kummervoll kniff er die großen grauen Augen zusammen und zog eine Schnute.

Ludwig nickte den beiden zu und ging weiter. Dachte er zumindest. Plötzlich riss die Zeit entzwei. Aus dem Himmel stürzte das Untier auf die Lichtung herab. Wild fauchend schlug es seine Krallen in die Rücken der Jungen, die gar nicht so schnell hatten reagieren können. »Hilf mir mal«, rief ihm Bernhard mit hohler Stimme zu. Er hielt einen kopfgroßen Stein in der Hand, von dem Blut troff. Ein Junge hatte sich offenbar unter der Tatze der Bestie herausgerettet. Er krabbelte wie eine Eidechse in Richtung eines dichteren Strauches. Dabei keuchte er heftig. Bernhard musste ihn bereits verletzt haben, denn sein Knie war zertrümmert. Er setzte dem Kind nach und hieb ihm den Stein auf den Schädel. Es krachte, Blut spritzte. Der Junge rührte sich nicht mehr. Dafür sprang das schuppige Ungeheuer hinzu, verteilte schwefligen Brodem, als es gierig schnupperte. Ludwig presste die Hand vor den Mund und wimmerte. Die Bestie rollte mit der Pranke das Kind auf den Rücken und riss ihm mit den Zähnen den Bauch auf, wühlte mit der Schnauze im Gedärm des Jungen, zog einige Darmschlingen heraus. Schmatzte.

»Ich kann das nicht ertragen!«, heulte Ludwig. »Es ist grausam.« Bernhard kam auf ihn zu und verpasste ihm zwei Ohrfeigen. »Feigling«. Dann nahm er Ludwig das Brotmesser ab und wandte sich dem anderen Kind zu. »Jetzt steh nicht herum und halte Maulaffenfeil. Hilf mir. Es macht Spaß, du wirst sehen.«

Ludwig schüttelte den Kopf. Bernhard schlug ihn abermals ins Gesicht. Das Untier knurrte ihn an und fletschte die Zähne. Bernhard drückte ihm das Messer in die Hand. »So, mein Lieber. Jetzt schneiden wir gemeinsam.«

Beinahe mühelos fuhr die Klinge zwischen die Rückenwirbel und zerteilte Haut, Muskel, Knorpel und die dicke Nervenschnur, die durch die Mitte des Rückens verlief. Nur wenige Schritte entfernt, lag die Bestie und leckte sich friedlich die Lefzen. Rot und feucht glitzerten ihre Schuppen. Der Kopf des Jungen lag daneben, seine Augen waren geschlossen. Bernhard und Ludwig brachten ihr Werk zu Ende. Jeder Schnitt, jedes Rucken der Klinge im kindlichen Fleisch war Ludwig zuwider. Leider stimmte es, was Bernhard gesagt hatte. Er war ein jämmerlicher Feigling. Er wusste, dass er ebenfalls die Klinge spüren würde, wenn er sich länger verweigerte. Endlich war es vollbracht. »Darf ich gehen?«, fragte er Bernhard. Dieser ließ seinen Blick über das Heidelbeergestrüpp wandern, dann nickte er. Ludwig entfernte sich rückwärts laufend von der Bestie, die ihn jedoch nur müde anschnaubte. Als er etwa 50 Meter zwischen die Bestie und sich gebracht hatte, begann er zu rennen. Ludwig lief und lief und lief. Die Erinnerung an die vergangenen Stunden verblasste, die zerschnittenen Körper der Jungen lösten sich in diffusen Nebel auf.

KAPITEL 23

Ein Polizist stand mit einem Mal vor ihm und schrie ihn an. Ludwig schüttelte benommen den Kopf. »Was?«

»Du Abschaum, du Widerling. Na warte, du wirst dafür bezahlen.«

Menschen blickten ihn mit hassverzerrten Gesichtern an. Ludwigs Hände waren gefesselt. Seine Schultergelenke schmerzten. Sein Hemd roch metallisch. Ludwig wurde von mehreren Polizisten vor einer wütenden Menge abgeschirmt. Er wurde in die Kleinbahn gesetzt und fortgebracht. Was war geschehen? Wo war er?

Zeit und Raum entglitten ihm abermals. Bäume, Straßen huschten am Fenster des Zuges vorbei. Dann blieben sie stehen. Ludwig wurde auf die Füße gezerrt und aus dem Zug gejagt. Brav trottete er neben zwei Polizisten her. Ihnen folgten einige Männer in Anzügen. Ihre Mienen drückten Entsetzen, Trauer, aber auch Wut, aus. Hatte er im Rausch wieder einmal über die Stränge geschlagen? Sie ließen eine Schotterstraße links liegen und betraten einen Waldpfad. Die Sonne malte Muster auf den Boden, dort, wo sie durch das Geäst der Nadelbäume drang. Wohin gingen sie? Wäre eine Wirtschaft nicht der richtigere Ort für eine Gegenüberstellung mit dem Zechkumpanen?

Die Gruppe machte an einer Lichtung mit Heidelbeersträuchern Halt. »Kommt Ihnen diese Stelle bekannt vor?«, fragte ein sorgfältig frisierter, etwa 30-jähriger Mann. Ludwig sah sich um und nickte. Ja, hier war er schon öfter vorbei gekommen. Es war eine Abkürzung.

»Können Sie sich erinnern, gestern Abend zwei Jungen hier angetroffen zu haben?«

Ludwig krauste die Stirn. Was hatten zwei Jungen mit einer Kneipenschlägerei zu tun? Aber, ja, er erinnerte sich. Eine Kutsche war an ihm vorbei gefahren, auf der die Kinder gesessen hatten, und später hatte er die Jungen wiedergesehen. »Ja, ich glaube, sie haben Beeren gepflückt.«

»Und Sie haben sich mit ihnen unterhalten?«

»Nein, nicht, dass ich wüsste.«

»Das hier ist der Kuhhirt Anders. Er hat Sie gesehen, wie Sie mit den Jungen gesprochen haben.« Der Mann deutete auf einen Kerl, der abseits stand und den Ludwig für einen Vagabunden gehalten hatte. Die schmutzig roten Haare des Kuhhirten waren zerzaust, sein Bart sah aus, als wäre eine Horde Motten darüber hergefallen.

»Also? Wollen Sie immer noch leugnen, mit den Kindern gesprochen zu haben?« Ludwig zuckte zusammen. Der Tonfall des geschniegelten Mannes flößte ihm Angst ein, und seine Augen glitzerten voll unterdrückter Wut.

Ludwig musste noch allerlei Fragen beantworten, die für ihn keinen Sinn ergaben. Immer wieder glitt die Realität davon. Er sah einen monströsen Schatten. Plötzlich war es dunkel. Der Mond schien an einem sternlosen Himmel. Dann war wieder heller Tag. Ludwig schwieg. Ihm war übel vor Kopfschmerzen.

Nach der Besichtigung des Tatorts, wie die Polizisten das Waldstück nannten, wurde Ludwig nach Putbus gebracht. Am Bahnhof standen zahlreiche Menschen sowie etliche Uniformierte. Ludwig wurde in die Mitte genommen, es gab ein unglaubliches Gezeter und Geschrei. Dinge flogen in den Kreis, die meisten prallten an den Polizisten ab, die sich lauthals Gehör verschaffen wollten. Vergebens. Die Menge übertönte die Rufe der Staatsgewalt. Ludwig zog den Kopf zwischen die Schultern und senkte den Blick. »Mörder, elender Kindsschänder.«

»Hängt das Schwein!«

»Nieder mit dem Kindermörder!«

Diese und viele andere Beleidigungen drangen an Ludwigs Ohren. Er hatte doch gesagt, dass er nichts dafür konnte. Bernhard hatte … was hatte er? Ludwig entglitt die Erinnerung. Zurück blieb ein diffuses Gefühl. Die Welle des Hasses zog als leuchtend roter Strom durch die Luft. Ludwig brauchte nur die Hände ausstrecken, gefesselt oder nicht, um das Leuchten berühren zu können. Aber er fürchtete sich. Das Rot würde ihn verbrennen. Ihn, den Kindermörder. Hätte er nur nicht auf Bernhard gehört. Eine Erinnerung war deutlich. Ludwig versteckte schwere, feuchte Kinderkleidung. Es war ein Spiel, das Bernhard vorgeschlagen hatte. An die Regeln konnte er sich nicht mehr erinnern – und Spaß gemacht hatte es auch nicht. Sie erreichten die Bahn. Die Polizisten schubsten vehement Menschen fort, die am Eingang versuchten, an Ludwig heranzukommen. Nicht wenige waren bewaffnet. Ein Spieß stach knapp daneben, ritzte den Ärmel des Polizisten neben ihm auf. Der brüllte und schlug den Spieß zur Seite. »Bist du verrückt geworden? Du wirst gleich auch verhaftet!« Ludwig war im Zug. Ein kompletter Wagen war geräumt worden. Die Zugänge wurden peinlich genau von Polizisten abgeschirmt. Ludwig musste sich in ein Abteil setzen, das voller Uniformierter war. Einer der Männer zog die Jalousie vor dem Fenster zu. Der wütende Mob verschwand. Ludwig stieß die Luft aus.

»Brauchste nich zu schnaufen. Bist selber schuld«, sagte der Mann barsch. Ludwig bemühte sich, leiser zu atmen. Die Fahrt flog nur so vorbei. Es interessierte Ludwig nicht, wohin sie fuhren. Er hätte für alle Ewigkeit in dem sanft schaukelnden Zug sitzen können.

In Stralsund wurde er aus dem Zug gebracht. Hier wartete keine wütende Menge. Der Bahnsteig lag verlassen da. Eine Zeitung raschelte im Wind und wurde von einer Böe an die Wand des Wärterhäuschens gedrückt.

Ludwig wurde zu einem Wagen eskortiert. Sie fuhren nochmals etwa eine Stunde und machten vor einem Gebäude Halt, das Ludwig bekannt war. Es war das Gerichtsgefängnis in Greifswald(25).

KAPITEL 24

Ludwig wurde in die Wachstube gebracht. Dort nahm man seine Personalien auf. Ein Mann in einer Sträflingsuniform, der hiesige Kalfaktor, nahm Ludwig in Empfang und brachte ihn zu einer Kleiderkammer. Dort erhielt Ludwig zwei Wolldecken, einen blauweißen Deckenüberzug, einen Kopfkeilüberzug und ein weißes Laken. Seine Anziehsachen wurden, in der Wachstube zurückgekehrt, durchsucht. Ludwig musste sein Messer, eine Feile und sogar seinen Zollstock abgeben. Er hatte auch zwei Nägel besessen, die er zum Vorfertigen für Bohrlöcher benutzte, doch die waren irgendwo verloren gegangen. Nachdem die Formalitäten abgeschlossen waren, wurde Ludwig zu seiner Zelle gebracht. Es kam durchaus vor, dass Untersuchungshäftlinge, man machte hier offenbar einen großen Unterschied zwischen einer fest zu verbüßenden Haftstrafe und Untersuchungshaft, alleine lagen. Doch meist wurden sie zu viert in eine Zelle gesteckt. Ludwig indessen erhielt eine Einzelzelle. Ihm war das recht. Vermutlich war dieses Privileg den Mördern vorbehalten. Die Zelle war sieben Schritte lang und knapp vier breit. Gegenüber der Tür befand sich ein Fenster. Die Scheibe bestand aus Milchglas, den oberen Teil konnte man aufklappen. Allerdings waren die Seiten mit Metallblenden versehen, um einen Kontakt zur Außenwelt zu verhindern. Ludwig klappte das Bett herunter und stellte sich darauf, konnte jedoch nur die Wipfel von zwei Bäumen erspähen. Linker Hand, an der langen Seite, befand sich das Bett, gegenüber ein Klapptisch sowie ein Wandschrank. Ludwig legte die Decken auf dem Tisch ab und bezog die dreiteilige Matratze seines Bettes. Dabei fielen ihm die unzähligen eingeritzten Verse und Namen an den Wänden ins Auge.

»Na, wie gefällt es dir im Gefängnis?« Bernhard legte sich auf das frisch bezogene Bett und stemmte die Füße an die Wand. An seinen Schuhen klebte der Dreck des Waldes. »Mir würde es vielleicht weniger ausmachen, wenn ich wüsste, warum ich hier bin«, gab Ludwig zurück.

»Unsachgemäße Lagerung menschlicher Organe.«

»Du bist abscheulich, Bernhard!«

»Das sagt der, der einem kleinen Jungen die Darmschlingen aus dem Leibe zieht.«

»Lass mich bloß in Ruhe.«

»Immer dieselbe Leier. Wenn es dir nicht in den Kram passt, was ich zu sagen habe, soll ich ruhig sein. Aber so leicht lasse ich mich nicht abspeisen.«

Die Nacht war ein Albtraum. Ludwig hörte ständig kleine Insektenfüße auf dem Metall des Bettgestells laufen. Außerdem krabbelte ihm etwas durchs Haar, besonders an den schütteren Stellen war das Gefühl äußerst unangenehm. Bernhard summte immerzu. Ein eintöniges Kinderlied. Ludwig versuchte den Kopfkeil so zu biegen, dass er beide Ohren verdeckte, aber es funktionierte nicht. Der Keil erwies sich als zu hart. Ludwig sank vor Erschöpfung in einen oberflächlichen Schlaf, der einen Traum von Blut und Geschrei bereithielt. Bernhard summte noch immer. Oder bildete sich Ludwig das Summen nur ein? Plötzlich verstummte Bernhard. Schritte näherten sich, dann rasselte ein Schlüsselbund, und die Tür wurde geöffnet. »Frühstück«, hörte Ludwig. Er nahm ein Stück Brot entgegen und hielt geistesgegenwärtig die Emailletasse an die Klappe, die er im Schrank gefunden und die ihm prompt abgenommen und bis zum Rand gefüllt wurde. Es war kein richtiger Kaffee, aber die heiße Flüssigkeit wärmte und tat ihm gut. Nach dem Frühstück dauerte es noch einmal eine ganze Weile, dann wurde er abgeholt und ein Stockwerk nach oben gebracht.

Ein Tisch aus Kiefernholz und drei passende Stühle standen in dem Raum. Darauf eine Karaffe mit Wasser und eine Lampe, die etwas rauchte. Der Raum war fensterlos und in einem fahlen Grünton gestrichen. »Ludwig, hier wirst du die nächste Zeit öfter sitzen, also gewöhne dich schon einmal an dieses Zimmer«, sagte Bernhard feixend. Er nahm unaufgefordert auf einem der Stühle Platz und legte die Füße auf den Tisch. Ludwig bemühte sich, nicht zu auffällig hinzusehen.

Der sorgfältig frisierte Mann vom Vortag trat ein. Unter seinem Arm klemmte eine Mappe. Er begrüßte Ludwig mit einem knappen Nicken, setzte sich auf den Stuhl vor die Lampe, rückte selbige etwas beiseite, sodass sie nun Bernhard zur Hälfte verdeckte, und legte die Mappe vor sich auf den Tisch. Mit wichtiger Miene schlug er sie auf, räusperte sich und sagte: »Sie geben an, die Flecken, die Sie aus Ihrem

Oberhemd und der Jacke versucht hätten herauszuwaschen, seien Beize. Stimmt das?«

Ludwig nickte. »Ich bin Tischler«, fügte er hinzu. Diesen Dialog hatte er doch schon einmal geführt, meinte er sich zu erinnern. Und zwar in Lechtingen. Er lehnte sich auf seinem Stuhl zurück und sah auf seine rissigen Finger.

Der Mann schlug mit der Faust auf die Tischplatte. Eine Geste, die Ludwig unangebracht fand. Sie hatte etwas Rohes, Ungehobeltes. Dieser Mann aber besaß einen Schliff wie ein lupenreiner Diamant. Vermutlich Militärakademie mit juristischer Laufbahn. Und jetzt musste er irgendjemandem etwas beweisen. »Bravo, Bruder«, frohlockte Bernhard. »Du taugst allmählich für das Gefängnis. Hätte ich nicht gedacht.«

»Lenke mich bitte nicht ab. Es geht hier um meinen Kopf«, bat Ludwig im Stillen.

»Sie stehen im Verdacht, zwei Jungen ermordet zu haben, ach, was sage ich, sie zerfetzt zu haben. Wissen Sie, wie es der armen Mutter gerade ergeht?«

»Aber ich war es doch nicht allein«, brach es aus Ludwig heraus.

»Aber nicht allein heißt, dass Sie daran beteiligt waren. Das haben Sie am Tatort bereits ausgesagt.« Ludwig verfluchte sein miserables Gedächtnis. Hatte er tatsächlich etwas gesagt, als er mit den Leuten auf der Lichtung gestanden hatte? »Wir haben einen Verdächtigen festgenommen. Der jedoch wurde nicht mit Ihnen und den Jungen gesehen.«

Ludwig blickte zu Bernhard, dessen Augen im Schein der Lampe dämonisch glühten. Er schüttelte leicht den Kopf. »Gut, wie Sie wollen. Dann noch mal von vorne.«

Nach etlichen Stunden war Ludwig so verwirrt, dass er dem Mann seine geheimsten Pläne anvertraute. Das störte ihn, aber er konnte nichts dagegen unternehmen. Er berichtete von der Möglichkeit, das Sternenlicht als Alternative zur Elektrizität zu nutzen. »Es ist ganz einfach, denn Sterne gibt es genügend am Firmament. Der Trick besteht darin, ihr Licht zu bündeln. Es ist wie mit den Ameisen. Eine allein kann nicht viel ausrichten. Aber ein ganzes Volk kann in kürzester Zeit einen dichten Busch entlauben. Sie schneiden die Blätter mit den Zangen ihrer Mundwerkzeuge klein und bringen die Teile weg. Haben Sie das schon einmal beobachtet?«

»Sie faseln Unsinn, Mann. Ich habe Ihnen eine ganz einfache Frage gestellt. Und zwar, wo Sie am Abend des 1. Juli gegen acht Uhr abends waren.«

Unsinn nennt er das. Er interessiert sich nicht für meine Erfindung. Oder tut er nur so, und morgen eilt er als Erstes zum Patentamt und lässt meine Erfindung eintragen? »Ich glaube, ich war zu Hause.«

»Nein, eben nicht. Also, sagen Sie es mir. Wo waren Sie? Und stellen Sie sich bitte nicht dumm, denn das beleidigt meine Intelligenz.«

»Ich war im Wald?«

»Sehr schön. Was haben Sie dort gemacht?«

»Ich bin spazieren gegangen.«

»Allein?«

»Nein, mit …«

»Mit wem?«

Ludwig schwieg.

»Mit wem?«, hakte der Mann nach.

»Kann ich einen Schluck Wasser haben?«

»Nein. Mit wem?«

»Ich kann mich nicht erinnern.« Ludwigs Blick flog zu Bernhard, der den Kopf in die Hände gestützt hatte und hohl in seine Handflächen jaulte. Wie konnte das sein, dass der andere Mann nichts davon mitbekam?

»Du bist so einfältig. Wie kann es sein, dass wir beide desselben Vater Lenden entsprangen?«, zeterte Bernhard.

Ludwig sah den Ermittler mit schräg gelegtem Kopf an. »Ich war doch mit Ihnen dort. Sie haben mir gesagt, ich solle mich umsehen, immer wieder und wieder. Sie waren meine Begleitung.«

Der Mann biss sich auf die Lippe. »Ich rede vom 1. Juli, nicht vom Tag danach, als wir gemeinsam den Tatort inspizierten. Denn da waren die Kinder schon tot!« Den letzten Satz hatte er gebrüllt. Sein Gesicht wurde hochrot, und auf seiner Stirn erschienen kleine Schweißperlen. »Mann, Sie sind wirklich schwierig. Am besten hole ich einen Psychiater hinzu.« Er erhob sich, Ludwig blieb zusammengekauert sitzen. Bernhard versuchte ihn aus der Reserve zu locken, das spürte er. Sein Bruder umkreiste ihn wie ein lauerndes Raubtier. Ludwig fürchtete ihn allerdings mehr als jeden Löwen. Ein Wärter kam und brachte ein Holzbrett mit einem Stück Brot sowie eine Blechschüssel mit einem dünnen Eintopf darin. Er informierte Ludwig, dass der Herr Gerichtsrat nun selbst zu Tisch säße und später wieder erscheine.

Ludwig nickte dem Mann zu und begann gierig zu essen. Der Eintopf schmeckte besser, als er aussah. Es waren Graupen mit Kartoffeln. Ludwig weichte das Brot ein und war bereits nach der Hälfte der Portion pappsatt. »Unglaublich, nicht wahr?«, flüsterte Bernhard, steckte einen Finger in den Eintopf und rührte darin herum. »Als Gefangener wirst du besser versorgt als jeder Arbeiter. Der einfache Mann muss sich sein Essen selbst zubereiten, die Zutaten kaufen, und es kommt meist weniger dabei herum als hier.«

Ludwig zog die Augenbrauen hoch und sagte verächtlich: »Als hättest du jemals selbst gekocht!«

Die Schüssel beschrieb einen großen Bogen und ergoss ihren Inhalt auf Wand und Fußboden des Verhörraums. Es schepperte gewaltig, als sie zuerst an die Wand und dann ein paar Mal auf den Fliesen aufschlug – und dann liegen blieb. Auf dem Gesicht liegen blieb, wie der kleine Junge, dem später die Beine fehlten. Ludwig rieb sich heftig über Stirn und Kinn. Bernhard stand mit verschränkten Armen in der einzigen sauberen Ecke des Raums und grinste ihn hinterhältig an. Die Tür wurde aufgerissen, ein Wärter erschien, den Schlagstock über seinen Kopf erhoben. »Was soll das? Sind Sie toll?«

Ludwig verschlug es die Sprache, denn Bernhard nickte heftig zu den Worten des Uniformierten.

»Wenn Sie so mit Gottes Gaben umspringen, dann gibt es für Sie ab sofort nur noch kalte Kost, die Sie selbst kauen müssen. Und jegliche Reste werden verwertet.«

Ludwig setzte an: »Ich ... ich ... wollte ... habe nicht ...«

»Die Suppe gegen die Wand werfen, meinen Sie? Erzählen Sie mir nichts. Das war gut gezielt.« Eine zweite Wache erschien und machte, unter den kritischen Blicken des anderen Mannes, sauber.

Der Hübsche, wie Ludwig ihn im Stillen nannte, kehrte in Begleitung eines ernst dreinblickenden Mannes zurück. Er trug sein dunkles, kurz geschnittenes Haar links gescheitelt. Auf seiner Nase saß eine Brille mit goldener Fassung. Er reichte Ludwig die Hand und nahm Platz. Bernhard pfiff durch die Zähne. »Oho, Ludwig. Jetzt wird es gefährlich für dich. Das ist ein Seelendoktor. Der wird dich auseinandernehmen, bis du nicht mehr weißt, wie du heißt.«

»Mein Name ist Professor Beumer und ich bin Rechtsmediziner hier in Greifswald. Sehen Sie mich bitte an, wenn ich mit Ihnen spreche?«

Ludwig sah Beumer an, konnte jedoch Seitenblicke auf seinen Bruder nicht unterlassen. Der Arzt notierte etwas in seiner Kladde.

»Der Wärter erzählte mir, Sie hätten Ihr Mittagessen gegen die Wand geworfen. Was war der Grund für diesen Ausbruch?«

»Ich war satt«, sagte Ludwig und verschränkte die Arme.

»Könnte es vielleicht sein, dass Sie zornig waren?«

»Ja, auch.«

»Aus welchem Grund wurden Sie wütend?«

»Weiß ich nicht mehr.«

»Wissen Sie, ich frage deshalb nach, weil Sie als eher ruhiger Zeitgenosse beschrieben wurden. Ein Mensch, der unter Druck eher noch ruhiger wird. Hier scheint mir ein Widerspruch zu existieren.«

Ludwig schwieg verdrossen. Das konnte ja heiter werden. Der Mann setzte ihm jetzt schon zu. Wie sollte das erst werden, wenn die Morde zur Sprache kamen?

KAPITEL 25

In den nächsten Tagen hielt sich der Hübsche zurück. Ludwig hätte nie gedacht, dass er dessen Fragen vermissen würde. Doch im Vergleich zu Beumer war der Gerichtsrat harmlos. Beumer besaß die hinterhältige Art einer Natter. Er lag auf der Lauer, fragte, schrieb, beobachtete und ließ Ludwig wieder und wieder dieselben Dinge erzählen. Und dann, wie aus dem Nichts, schlug er seine Giftzähne in Ludwigs Fleisch.

»Sie erinnern sich daran, wie die Abendsonne die Haare der Kinder goldgelb gefärbt hatte? So gaben Sie das zumindest zu Protokoll«, warf Beumer ihm den nächsten Köder hin.

»Ja, das ist wohl so«, sagte Ludwig vorsichtig.

»Was ging in Ihnen vor, als das Blut zu fließen begann und die reinen goldenen Haare der Kinder verklebte?«

»Ich habe da keine Haare im Sinn gehabt.«

»Kann es sein, dass Sie Freude dabei empfanden, die Kinder zu töten?«

»Nein«, sagte Ludwig schnell. »Ich kann mich gar nicht erinnern, sie getötet zu haben. Und selbst wenn, könnte ich mich dann nicht erinnern.«

»Wir erinnern uns eher an Dinge, die uns nicht schaden«, wies Beumer ihn zurecht. »Daher vermutlich ihr Gedächtnisverlust. Sie schämen sich einerseits für Ihre lustvollen Empfindungen, weil Christenmenschen normalerweise dazu erzogen werden, Kinder zu schützen. Andererseits hüten Sie die Erinnerung wie einen Schatz. Was tun Sie abends in Ihrer Zelle? Denken Sie da manchmal an den 1. Juli zurück? Rufen Sie sich all die Details in Erinnerung? Schwelgen Sie darin?«

Ludwig schüttelte vehement den Kopf. »Nein, bestimmt nicht.«

»Sie waren etwa zwei Wochen lang bei einem Tischlermeister in Baabe angestellt gewesen. Er beschrieb Sie als stillen und höflichen Hausgenossen sowie einen äußerst geschickten Arbeiter. Wie erklären Sie den Umstand, dass Sie plötzlich, einen Tag vor der Tat, aufgeweckt, fröhlich und überaus gesprächig waren? Was war der Grund für den Stimmungswechsel?«

Ludwig erinnerte sich nur zu gut. Aber er konnte dem Arzt gegenüber nicht den Schwur brechen, den er Bernhard geleistet hatte. Niemals darf auch nur ein Wort über ihn, ja nicht einmal sein Name fallen. Ludwig hatte sich, um den Schwur zu besiegeln, ein Messer in die linke Hand gerammt. Er wusste, würde er den Eid brechen, dann käme das Ungeheuer, dann wäre er tot.

Die Tage zogen ins Land, ohne dass sich etwas Neues für Ludwig ergab. Er wurde nicht zum Dienst eingeteilt, da die Untersuchung noch lief. Manches Mal glaubte er in seiner Zelle zu ersticken. Er wollte hinaus, laufen und dieser gruftähnlichen Beklemmung entkommen. Dann biss er in seinen Kopfkeil, bis die Angst vorbei war, und fiel in einen unruhigen Schlummer.

Am Dienstag, den 6. August sollte sich das Blatt wenden. Ludwig hatte gerade sein Frühstück eingenommen, das aus einem Napf mit Haferschleim sowie einem großen Brocken Brot bestand, als seine Tür aufgeschlossen wurde. »Tessnow, heraustreten.«

Ludwig stellte Napf und Brot in den Schrank und ging hinaus. Die Wache hieß ihn, zum Verhörraum zu gehen. Ausgerechnet heute, wo ihm ohnehin nicht wohl war, musste er sich wieder stundenlangen Anschuldigungen stellen. Ludwig schloss die Augen und seufzte. Er setzte sich auf seinen Stammplatz, von dem aus er den Fleck an der Wand betrachten konnte, der von Bernhards Eintopf-Wurf stammte.

Herein trat der Gerichtsrat mit seiner obligatorischen Mappe unter dem Arm. Etwas war anders. Ludwig spürte die Veränderung in der gesamten Haltung des Hübschen. Auch der Blick, der dieser ihm zuwarf, unterschied sich vom professionellen Interesse, das er sonst an den Tag gelegt hatte.

»Ich komme gerade von einer Unterredung mit dem ehrenwerten Untersuchungsrichter«, begann der Hübsche, kaum, dass er saß. Er klappte mit wichtiger Miene seine Mappe auf und entnahm dieser die obersten drei Blätter, die mit einer kraftvollen Schrift bedeckt waren. »Dies hier ist eine Abschrift des Berichts einer Untersuchung, die der Richter nach Ihrer Festnahme bei Doktor Paul Uhlenhuth in Auftrag gegeben hatte.«

Ludwig sah den Hübschen erwartungsvoll an. Seine Nerven vibrierten, hoffentlich unsichtbar nach außen hin. Was war dies für ein Trick? Wer war Uhlenhuth?

Der Hübsche vertiefte sich in den Bericht. »Ja, genau«, murmelte er. »Hierin steht, dass die Flecken auf Ihrer Arbeitskleidung Beize sind.« Er blickte auf und sah Ludwig geradewegs an. Der zuckte die Schultern. Was soll es auch sonst sein?, dachte er.

»Aber auf Ihrem Sonntagsstaat fand Doktor Uhlenhuth nicht nur Blutflecken von Schafen, die höchstwahrscheinlich vom Sagarder Schafsmord stammen, sondern auch Menschenblut. Ebenso auf dem Stein, mit dem die Schädelknochen der Kinder zertrümmert wurden.«

»Ludwig, Ludwig. Du bist ein Mörder«, ließ sich Bernhard plötzlich vernehmen. Wie immer hatte er sich angeschlichen, ohne ihn vorzuwarnen. Ludwig japste nach Luft. Es war ihm, als wäre das Licht in dem Raum mit einem Mal gedämpft, als kämen die Geräusche von weiter weg.

»Erschüttert Sie das?«, fragte der Hübsche.

Ludwig nickte, dann schüttelte er den Kopf. Erschütterte ihn das tatsächlich? Ja – und Nein. Ja, weil er sich an diese Tat nicht erinnern konnte. Ihm fehlten einige Tage in seinem Gedächtnis. Andererseits waren da die scheußlichen Träume und Bernhards Anwesenheit. Bernhards Spott. Kaum nahm er wahr, wie er aus dem Verhörraum geführt und in seine Zelle zurückgebracht wurde. Der Begriff ›Präzipitintheorie‹ ließ ihn für den Rest des Tages nicht in Ruhe. Uhlenhuth war gefährlich. »Wenn es dir gelingt zu fliehen, musst du ihn überzeugen, das Gutachten zurückzuziehen«, wisperte Bernhard in Ludwigs Ohr. »Warum flüsterst du?«, fragte Ludwig.

»Weil eine Wache vor der Tür steht.«

»Das hält dich doch sonst nicht ab herumzuschreien. Und jetzt lass mich. Ich bin müde.« Ludwig drehte sich zur Seite. Aber Bernhard ließ nicht locker. »Bruder, es geht um dein Leben. Das sollte dir ein wenig mehr Disziplin abverlangen, meinst du nicht?«

»Ich bin hier drin eingesperrt. Dieser Gutachter Uhlenhuth ist draußen, in Freiheit. Ihn interessiert nicht, wie es mir geht. Die Frage ist, was macht das Schwurgericht aus dem Bericht?«

»Das solltest du den Arzt fragen. Er ist dir gewogener als der Schönling von Gerichtsrat.«

»Vermutlich hast du recht«, gab Ludwig zu. »Und jetzt lass uns schlafen.«

In seinem nächtlichen Traum hielt er Sophia im Arm. Sie schimpfte mit ihm. Nicht wegen seiner Trinkerei, wie es in Wirklichkeit der Fall gewesen war. Sie schimpfte wegen seines schlechten Gedächtnisses. »Du musst in deinem Inneren aufräumen, hörst du?«

Ludwig saß im Traum an einem Tisch und sah vor sich unzählige Krüge und Flaschen mit Schnaps, Bier, Wein und Likören stehen. Der Anblick war faszinierend, aber Sophia wiederholte ihr Anliegen immer wieder, sodass es ihm nach einiger Zeit auf die Nerven ging. »Was willst du von mir?«, schrie er sie an.

»Ich bin deine Braut. Ich kann dich nicht heiraten in dem Wissen, dass du vielleicht ein Mörder bist. Ich habe Ehrlichkeit verdient.«

»Verdammt noch eins, ich weiß es doch nicht.«

»Ludwig, denk nach. So denk doch bitte nach«, flehte sie und schüttelte ihn am Revers. Ludwig wusste sich angesichts der Bedrängnis nicht anders zu helfen. Er griff nach dem erstbesten Krug und schlug ihn Sophia an die Schläfe. Sie sackte neben seinem Stuhl in sich zusammen. Blut floss aus der Wunde. Viel Blut. So viel, dass sie alsbald von einem dunkelroten See umschlossen war.

Ludwig schreckte hoch. Vor ihm stand Professor Beumer und musterte ihn kritisch. »Gott sei Dank, Mann. Sie haben so unregelmäßig geatmet, dass ich dachte, Sie sterben jeden Augenblick.«

Beinahe jede Nacht wurde Ludwig von diesen Träumen heimgesucht. Auch Uhlenhuth spielte eine wesentliche Rolle. Da Ludwig nicht wusste, wie dieser Mann aussah, variierten seine Gestalten. Einmal tarnte er sich als Bernhard, um ihn dann im Gerichtssaal bloßzustellen. Einmal handelte es sich um den Wächter, der ihm häufig die Mahlzeiten brachte, der ihn in einen Raum lockte und unter eine Guillotine zwang. Ludwig erwachte schreiend und spürte noch den ganzen Tag die Stelle im Genick, wo die tödliche Klinge im Traum eingedrungen war. Jeder Albtraum höhlte ihn weiter aus, zermürbte ihn und ließ seine Gedanken schwerfällig werden.

Der Sommer ging in den Herbst über. Ludwig erhielt öfter Besuch von seinen Gutachtern. Er verstand nicht recht, was sie alle von ihm wollten, aber offenbar tauschten sich die Männer untereinander aus. Jedes Detail schien ihnen wichtig. Besonders seine Mutter hatte es den Ärzten angetan. Sie wollten einfach alles über Emma Tessnow wissen.

Das Weihnachtsfest war karg. Ludwig durfte die Messe besuchen, die vom Gefängnispfarrer abgehalten wurde. Allerdings betete er dieses Mal mit gefesselten Händen. Bernhard hingegen ließ sich in der kleinen Kapelle nicht blicken. Die Gespräche pausierten zwischen Weihnachten und dem Neujahrswechsel.

Erst Ende Januar 1902 kümmerte man sich wieder um ihn. Es war ihm egal. Er suchte sich Beschäftigung. Da dem Gefängnis ein Holzhof angeschlossen war, konnte er zumindest beratend tätig werden. Die in Untersuchungshaft befindlichen Gefangenen durften nicht aktiv mitarbeiten, ihnen wurden andere, kleine, Aufgaben übertragen. Wie zum Beispiel die Wäsche in einer riesigen Bütte kochen, was normalerweise die Kalfaktoren besorgten – doch die wussten vor lauter Arbeit weder ein noch aus – oder Kerzen zu ziehen, die in den Greifswalder Läden feilgeboten wurden. Ludwig wurde öfter zu den verschiedenen Hölzern befragt, die von den »ordentlichen Gefangenen« gehackt und gesägt wurden. Ihm fehlte seine Arbeit. Eine Wache schmuggelte für ihn ein etwa handgroßes Stück Holz in die Zelle, das Ludwig mit der Feile, die er an einem Holzscheit befestigt bereits vorgefunden hatte, bearbeitete. Er fertigte im Laufe von mehreren Wochen einen wunderschönen Kerzenhalter. Auch seine Maschine, die ohne Elektrizität arbeitete, beschäftigte ihn wieder.

Am 21. März wurde Ludwig abgeholt. Ihm schwante Übles. Doch es fehlte die Spannung in den Gesichtern der Wachen, die immer dann zu sehen war, wenn einer wieder zum Tode geholt wurde. »Blödmann, du hattest doch noch keine Verhandlung«, spottete Bernhard. Ludwig hatte mit ihm eine Vereinbarung getroffen. Bernhard ließ ihn tagsüber in Ruhe, dafür gewährte ihm Ludwig Obdach in seiner Zelle, sodass der Bruder nicht draußen schlafen musste. Ludwig hatte schreckliche Kopfschmerzen. Die Welt schwankte unter seinen Füßen. Ausgerechnet heute holte man ihn ab. Der Mann, der den Transport begleitete, hieß Knecht. Der Direktor der Greifswalder Provinzial-Heilanstalt, Doktor Westphal, habe ihn beauftragt, ihn zu untersuchen, teilte er Ludwig mit.

»Keine Sorge, Herr Tessnow, wir bringen Sie in ein komfortableres Zimmer.«

Ludwig ließ das Aufnahmegespräch über sich ergehen, ebenso wie die kurze Führung durch die Anstalt. Er war froh, dass Knecht sich bis zum Abend verabschiedete und Ludwig sich endlich auf das Bett legen konnte. Er dunkelte mit seinem eigenen Arm sein Sichtfeld ab und schloss erschöpft die Augen.

Viel zu früh, wie ihm schien, kam Doktor Knecht zurück und brachte Ludwig ein helles, weiches Hemd sowie eine Leinenhose mit. »Ziehen Sie das an. Das ist bequemer und vor allem sauberer als Ihre eigene Kleidung. Später können Sie baden und essen. Doch zuerst möchte ich Sie untersuchen.«

Ludwigs Brust wurde akribisch abgehört. Dann schlug der Doktor sachte mit einem Metallhammer gegen Ludwigs

Knie und strich mit dem Hammerstiel über seine Fußsohlen. Dann leuchtete er ihm in die Ohren, den Hals und die Augen und wies ihn an, seinem Zeigefinger mit den Blicken zu folgen. Als der Arzt mit dem Daumen über Ludwigs linkem Auge in die Haut drückte, glaubte Ludwig vor Schmerz sterben zu müssen. Er wimmerte und sackte in sich zusammen. Eifrig notierte der Arzt etwas in eine Akte. »Für was machen Sie sich solche Mühe?«

»Ich möchte damit bezwecken, dass die Geschworenen keine voreiligen Schlüsse ziehen, sondern Sie ein gerechtes und angemessenes Verfahren erhalten.«

»Aber Uhlenhuth hat doch …«

»Der Herr Kollege hat lediglich eine biochemische Analyse durchgeführt. Keine Personenbeobachtung. Zwar hat diese Analyse die Indizien gegen Sie erhärtet, doch meine Untersuchung wird gänzlich anders zu Buche schlagen.«

Ludwig schöpfte Hoffnung. Wenn der Arzt und seine vielen Kollegen, die in den vergangenen Monaten Gespräche mit ihm geführt hatten, herausfanden, was ihm fehlte, würde ihm das viel Unsicherheit nehmen und vielleicht sogar ein Todesurteil abwenden.

»Ich bringe Sie jetzt zum Baden, und anschließend können Sie auf Ihrem Zimmer zu Abend essen. Bettruhe ist um neun Uhr, kann jedoch auf Antrag auf zehn Uhr verlängert werden.«

»Nein, nein. Ich bin froh, wenn ich lange schlafen kann«, sagte Ludwig. Vorausgesetzt, ich träume nicht, fügte er in Gedanken hinzu.

Die nächsten Tage verbrachte er fast nur im Bett. Er fühlte sich durch die Migräne erschöpft, das Laufen fiel ihm schwer. Doktor Knecht kam täglich zur Visite, maß ihm den Puls, hieß ihn die Zunge herauszustrecken und notierte seine Beobachtungen. Dann ließ er Ludwig wieder in Frieden. Auch Bernhard glänzte derart durch Abwesenheit, dass Ludwig ihn zu vermissen begann. Am siebten oder achten Tag tauchte der Bruder plötzlich auf. Er kam geradewegs durch die Wand, auch hier waren die Türen verschlossen, wenngleich die Räume freundlicher eingerichtet waren. »Was hast du denn da an?«, wollte Ludwig wissen. Er saß auf seinem Bett und zog sich Socken an. Mitten in der Bewegung hielt er inne. Bernhards Arme waren vor der Brust überkreuzt, die Ärmel schlossen die Hände mit ein und waren hinter dem Rücken zusammengebunden. »Lustig, nicht wahr?«, sagte er grinsend. »Das ziehen sie solchen an, die schreien und um sich schlagen.«

»Lustig kann ich das nicht finden.«

Bernhard verdrehte die Augen, murmelte ein »Spielverderber« und ging schnurstracks durch die Wand davon.

Doktor Knecht bot Ludwig an, ein wenig im Anstaltsalltag mitzuhelfen. Das würde Abwechslung in das dröge Einerlei bringen, und schließlich sei Bewegung ja auch gesund. Ludwig fand sich mehr als bereit dazu. Er verteilte Essen an die Bettlägerigen, trug Körbe mit Schmutzwäsche in den Keller, half beim Reinemachen mit und wechselte schließlich ein paar Bodenleisten aus, die im Laufe der Zeit brüchig geworden waren. Knecht zeigte sich sichtlich erfreut über seine Hilfe. »Ihr Schreibtisch könnte eine Politur vertragen«, sagte Ludwig und deutete auf die Risse im Holz.

»Ich wollte Sie ja nicht fragen, aber wenn Sie die Sprache schon darauf bringen, ich wäre hocherfreut, wenn Sie sich des Möbels annähmen.«

»Sie können den Tisch dann aber zwei Tage lang nicht

benutzen. Die Wachspolitur muss richtig ins Holz ziehen«, warnte Ludwig.

»Das macht nichts. Am besten ist, Sie machen das am Freitag. Dann kann ich für den Sonnabend einen Ausweichplatz nutzen, und Montag wäre der Tisch dann ja fertig.«

»Vielleicht täte Ihnen ein arbeitsfreier Sonnabend einmal gut«, sagte Ludwig, ohne Knecht anzusehen.

»Sorgen Sie sich um mich?«

»Sie sind ganz schön dünn geworden in den zwei Wochen, die ich nun hier bin. Und ziemlich blass. Obwohl doch draußen die Sonne scheint.«

»Und Sie sind ein aufmerksamer Beobachter. Da täuscht doch direkt der erste Anschein«, sagte Knecht und nickte anerkennend. »Aber Sie haben recht. Ich habe zuletzt doch sehr viel gearbeitet. Mehr als ich sollte. Und Ihren Ratschlag wird insbesondere meine Frau Gemahlin begrüßen.«

Knecht nahm sich tatsächlich frei. Ludwig erhielt alle Arbeitsmittel, die er dem Assistenten von Knecht diktiert hatte. Am Sonnabend gleich nach dem Frühstück begann Ludwig. Er räumte Stühle und sonstige Utensilien beiseite und legte rund um den massiven Ebenholztisch alte Zeitungen aus. Dann begann er, die Tischplatte abzuschleifen. Er ermüdete rasch, was ihn ärgerte. Besonders die beiden Finger der linken Hand wollten an diesem Tag nicht funktionieren. Nutzlos waren sie gekrümmt und verweigerten den Dienst an der Schleiffeile. Sein Puls hämmerte, und der Muskel an der linken Halsseite begann wieder zu galoppieren. Es fühlte sich tatsächlich so an, als befänden sich winzige Pferde unter der Haut, die sich über die Muskeloberfläche jagten.

»Na, Bruder. Machst du dich Liebkind bei dem Herrn Doktor?«, höhnte Bernhard und setzte sich auf die frisch abgeschliffene Holzplatte. »Geh da runter«, fuhr Ludwig ihn an. »Ach, Ludwig. Er nutzt dich doch nur aus«, sagte Bernhard und machte ein trauriges Gesicht.

»Das tut er nicht. Er ist nett zu mir und der einzige Mensch, der mich nicht wie ein Tier behandelt, sondern mir respektvoll zuhört.«

»Du klingst wie ein altes Eheweib.«

»Damit kennst du dich ja aus, so oft wie du verheiratet warst, wie?«, sagte Ludwig zynisch.

»Und du?«

»Ich war immerhin verlobt. Zwei Mal.«

Bernhard klatschte ironisch Beifall. »Nichtsdestotrotz, wir brauchen einen Plan. Den Doktoren kannst du nicht vertrauen, die brauen ihr eigenes Süppchen. Wenn sie haben, was sie von dir wollen, lassen sie dich fallen. Die Welt ist voller Verräter, vergiss das nie.«

»Einen Plan haben wir doch längst. Wenn du dich nicht immer bei den Irren herumtreiben würdest, sondern ab und an einmal wieder mit mir zu sprechen geruhtest, wüsstest du, was ich ersonnen habe.«

Ludwig rührte mit trägen Bewegungen Beize im Eimer an. »Uhlenhuth! Verflucht sei dein Name«, sagte er mit zusammengebissenen Zähnen, »nicht einen Eimer Beize kann ich mehr anrühren, ohne an diesen Mistkerl zu denken.«

»Dein Plan, Ludwig. Du schweifst schon wieder ab.«

»Entschuldige.« Ludwig atmete tief ein, sammelte sich und sagte: »Wenn ich Knecht überzeuge, ein ganz normaler Mensch zu sein, der zu einem Kindsmord nicht in der Lage ist, wird er die anderen Doktoren gewiss auf seine Seite holen. Er ist bei ihnen so etwas wie der Anführer. Damit könnten sie Uhlenhuths Beweiskette zerreißen.«

»Grandios«, sagte Bernhard. Seine Miene strafte allerdings die Aussage Lügen.

»Wo liegt das Problem?«

»Nun ja, ich habe mitgelesen, was er da über dich aufgeschrieben hat. Das las sich nicht, als hielte er dich für einen normalen Menschen.«

»Hast du eine bessere Idee?«

»Brauchen Sie Hilfe?«, fragte plötzlich jemand. Ludwig fuhr herum und sah den Mann, der unbemerkt ins Zimmer getreten war, entgeistert an.

»Nein, danke ... Ich komme zurecht.«

Der Mann kam auf Ludwig zu und spähte an ihm vorbei. Sein aufmerksamer Blick erfasste den Tisch, die Tischlerutensilien sowie den restlichen Raum. Ludwig sah ihm an, dass er sich fragte, mit wem er sich unterhalten hatte. Doch der Mann zügelte seine Neugier, stattdessen sagte er: »Ich hatte gehofft, Herrn Doktor Knecht hier vorzufinden. Kölpin ist mein Name.« Obgleich Ludwig schmutzige Hände hatte, reichte ihm der Mann die Rechte und schüttelte sie herzlich. »Tessnow. Ich bin Tischler«, stellte sich Ludwig vor. Es war ihm wichtig, dem Fremden gegenüber seinen Nutzen herauszustellen.

»Der Herr Doktor ist am Montag wieder im Haus. Soll ich ihm etwas von Ihnen bestellen?«

»Das ist sehr freundlich von Ihnen. Aber ich werde am Montag noch einmal vorbeischauen. Es hat mich gefreut, Herr Tessnow.«

Ludwig deutete einen Diener an und überzeugte sich, dass der Mann tatsächlich den Raum verlassen hatte, ehe er sich zu Bernhard umwandte. Schameshitze stieg in Ludwigs Wangen. Wo er doch stets darauf achtete, bei den Gesprächen mit seinem Bruder allein zu sein.

»Bernhard, wer ist Kölpin?«

Der zuckte mit den Schultern und winkte dann ab. »Wo waren wir stehen geblieben?«

»Lass mich jetzt bitte in Frieden«, sagte Ludwig, der hinter seinem linken Auge jenes charakteristische Bohren vernahm, das eine baldige Migräne ankündigte. »Ich bekomme Kopfschmerzen und will hier noch so weit wie möglich kommen.«

»Wie du willst«, sagte Bernhard schnippisch und verschwand.

Tatsächlich folgten dem bohrenden Gefühl alsbald Schmerzattacken. Eine übler als die andere. Ludwig räumte seine Sachen beiseite und begab sich in sein Zimmer, wo er sich auf seinem Bett zusammenrollte, und versuchte Schlaf zu finden. Mehrmals erbrach er sich. Am Sonntagvormittag fühlte er sich einigermaßen in der Lage, am Tisch des Arztes weiterzuarbeiten. Das Resultat befriedigte Ludwig nicht annähernd. Doch als Doktor Knecht am Montag mit den Händen über die glänzende Holzplatte fuhr, wirkte er aufrichtig begeistert. »Herr Tessnow. Nie hätte ich gedacht, dass solch ein Glanz in dem Holz verborgen liegt. Ich danke Ihnen, dass Sie ihn hervorgelockt haben. Sie sind fürwahr ein fähiger Mann.«

Ludwig wusste gar nicht, was er darauf erwidern sollte. Er lächelte verlegen. »Ich gehe dann mal«, sagte er.

»Oh, Herr Tessnow, Sie würden mir einen Gefallen tun, wenn Sie noch hierblieben. Ich erwarte einen lieben Freund und Kollegen aus Bonn zurück. Er machte bereits am Sonnabend Ihre Bekanntschaft, erzählte er mir. Wir würden gerne mit Ihnen plaudern.«

»Plaudern nennt er das. Auseinandernehmen möchten sie dich, die feinen Herren. Sie möchten dich gewissermaßen sezieren. Das kennst du doch. Die tun dasselbe mit dir wie du mit der kleinen Else. Als du ihr den Unterschenkel und den Arm aus dem Gelenk getrennt hast. Erinnerst du dich?«, flüsterte Bernhard und legte Ludwig schwer die Hand auf die Schulter.

»Ist alles in Ordnung?«, fragte Knecht. »Sie schwanken ja so.«

Ludwig streifte, wie er hoffte unauffällig, die Hand seines Bruders von der Schulter und stellte sich wieder gerade hin. »Ja, alles bestens.«

»Nehmen Sie doch Platz. Die Sachen können Sie ja später fortschaffen.« Knecht deutete erst auf einen der Sessel, die um einen ovalen Tisch standen, dann auf die zusammengeknüllten Zeitungen, die den abgeschliffenen Holzstaub beinhalteten, sowie die Werkzeugrolle aus Leder, die der Assistent nach Ludwigs Anweisungen mit tauglichen Werkzeugen bestückt hatte. Ludwig lief hinüber und setzte sich so dicht an die Kante des Sessels, dass er beinahe herunterfiel.

Da wurde auch schon Kölpin von Knechts Assistenten angekündigt.

»Herr Tessnow, wie geht es Ihnen?«, wollte Kölpin wissen.

»Danke, gut.« Ludwig erhob sich und reichte dem Arzt aus Bonn die Hand.

»Sie fragen sich bestimmt, warum ich Wert darauf lege, mit Ihnen zu sprechen?«, wandte sich Kölpin zu Ludwig. Knecht stand indessen auf und befüllte Cognac-Gläser. Eines bekam Ludwig. Gedankenverloren ließ dieser die goldbraune Flüssigkeit im Schwenker kreisen, so wie er es bei seinem Vater gesehen hatte. Natürlich nur bei den ersten beiden Gläsern, danach war aus dem Kreisen ein Verschütten geworden. Ludwig nippte und sagte: »Natürlich frage ich mich, wie es mit mir weitergehen soll. Bin ich nun schuldig oder nicht?«

»Dies gilt es zu untersuchen.«

»Ja, und ob Herr Tessnow zu diesem Zeitpunkt bewusst gehandelt hat«, warf Knecht ein.

»Hab ich nicht«, sagte Ludwig.

»So einfach ist das nicht, mein Lieber«, sagte Kölpin und grinste. »Sonst wäre unser Berufsstand schon unlängst in der Versenkung verschwunden. Aber das Gegenteil ist der Fall. Es werden immer mehr Psychiater ausgebildet.«

»Ein Produkt unserer Zeit«, warf Knecht klagend ein. »Im Zuge der Industrialisierung besinnen sich die Menschen nur mehr schwer auf sich selbst.«

»Ach mein Lieber, keine Jammereien, bitte. Wir haben es doch gut.«

Ludwig mochte Kölpin. Er war bodenständig, während Knecht oft vergeistigt erschien und aus einer Mücke einen Elefanten machte. Ludwig horchte in sich hinein. Als auch Bernhard keinen Widerspruch formulierte, entschied er, seinen Widersacher aus Robert Kochs Schmiede zu thematisieren. »Darf ich Sie etwas fragen?«

Kölpin und Knecht sahen ihn ruhig an und nickten.

»Dieser Präzipitintest von Uhlenhuth, der bewiesen hat, dass ich der Mörder bin – wie funktioniert er?«

KAPITEL 26

»Sie nehmen ein Kaninchen und spritzen ihm Menschenblut. Im wässrigen Teil des Kaninchenblutes, dem sogenannten Serum, bilden sich Abwehrstoffe gegen das Eiweiß des Menschenblutes. Nehmen Sie nun das Kaninchenserum mit den Abwehrstoffen und bringen es erneut mit Menschenblut zusammen, dann flockt das Eiweiß des Menschenblutes aus, weil es von den Abwehrstoffen angegriffen wird, und es bildet sich in der, zuvor klaren, Lösung ein Niederschlag. Man nennt sie daher auch Präzipitine. Der Beweis ist erbracht, dass es sich bei der zweiten Vermischung um Menschenblut handelt.«

»Uhlenhuth hat meine Kleidung untersucht und festgestellt, dass die Flecken Menschenblut sind?«

»Genau«, bestätigte nun Knecht.

»Wenn ich das recht verstehe, kann jedoch nicht festgestellt werden, um wessen Blut es sich handelt?«

»Auch das ist korrekt.«

»Dann ist dieser gesamte Prozess eine Farce.«

»Das erklären Sie mir mal genauer«, bat Kölpin.

»Weil es kein Kinderblut ist. Es ist meins.«

Knecht und Kölpin setzten sich mit einem Ruck auf.

»Sie haben bei Ihrer Einlieferung ins Gerichtsgefängnis keine Verletzung gehabt, die diese Blutmenge rechtfertigen würde.«

Ludwig hob die Hand und zeigte mit der anderen auf die Narbe an der Handwurzel. »Das war ein sehr tiefer Schnitt, der so stark blutete, dass ich glaubte zu sterben.«

»Haben Sie das auch dem Gericht so mitgeteilt?«, hakte Kölpin nach.

»Ja, bei der Vernehmung erwähnte ich es. Doch offenbar glaubte man mir nicht.«

»Bleibt immer noch der Stein, auf dem Blut klebte. Menschenblut«, gab Knecht zu bedenken.

»Lieber Kollege, wir ergehen uns in Spekulationen. Den Fall zu klären obliegt der Polizei, darüber zu urteilen den Geschworenen und dem Richter. Unsere Aufgabe besteht darin zu erklären, wie es in Herrn Tessnows Geist aussieht und warum er sich von anderen Menschen grundlegend unterscheidet. Ganz gleich, ob er der Täter war oder nicht.«

Ludwig ahnte, und Bernhard hatte es auch angedeutet, dass ihm genau diese Intention zum Verhängnis werden würde. Natürlich verstand er die Ärzte. Sie taten das, worin sie ausgebildet waren. Ihm würde ja auch nicht im Traum einfallen, als Lehrer tätig zu werden.

»Nun schauen Sie nicht so trübe. Noch ist das letzte Wort nicht gesprochen«, sagte Kölpin.

Ludwig erhielt eine Aufgabe. Er sollte alle Situationen in seinem Leben aufschreiben, in denen er Teile der Geschehnisse vergessen hatte. Er schmunzelte und berichtete den beiden Ärzten von dem Arzt mit seinem Tonikum, für den er auch schon hatte ein Journal schreiben müssen. Doktor Kölpin notierte sich den Namen des Kollegen.

Später in seinem Zimmer merkte er, dass es ihm unmöglich war, sich an die Situationen zu erinnern. Er spürte, dass da etwas war, aber sobald er versuchte, es in Worte zu fassen, verschwanden die Erinnerungen und ließen lediglich ein dumpfes Gefühl zurück. Geknickt überreichte er nach drei fruchtlosen Tagen Doktor Knecht das leere Journal.

»Es tut mir leid, ich kann es nicht greifen, was in meinem Kopf umherschwirrt.«

»Auch ein leeres Heft gibt Aufschluss, machen Sie sich keine Gedanken.« In Ludwig begannen die Gedanken zu brodeln, was ein leeres Heft Aufschlüsse zu geben vermochte. Manches Mal musste er sich doch sehr über die Ärzte wundern. Den restlichen Tag über half er mit, Moos aus den Ritzen der Gartenmauer zu entfernen und die Mauersteine selbst mit Seifenlauge abzuschrubben. Der rote Glanz der Steine kam so wieder gut zur Geltung. Am Abend waren seine Muskeln angenehm entspannt, er war stolz auf das vollbrachte Tagewerk.

Doktor Westphal bat ihn zwei Tage später zum Gespräch. Er interessierte sich vornehmlich für Ludwigs Erfindung. »Ich kann darüber nicht reden. Das Patent, verstehen Sie? Ich darf als Häftling nicht in die Patentanstalt und meine Erfindung registrieren lassen. Dafür muss ich warten, bis ich aus dem Gefängnis entlassen werde.«

»Aber Sie können doch sicherlich grob umreißen, um was es sich handelt, nicht wahr?«

»Es ist eine gewaltige Maschine, die sich die Kräfte der Natur zunutze macht, um Energie zu erzeugen.«

»Ohne Dampfkraft oder Elektrizität?«

»Ganz genau. Nehmen Sie beispielsweise eine Windhose. Die Kräfte sind enorm, wenn man bedenkt, was sie alles zerstört.«

Ludwig hatte einmal eine Windhose beobachtet, die sich ihren Weg durch ein Feld und dann hinaus ins Meer gebahnt hatte. Etwas Leuchtendes war durch den Sog nach oben transportiert worden. Ludwig hatte in diesem Moment gewusst, dass es ein Stern gewesen war. Auf die Knie war er gefallen und hatte dem Herrgott dafür gedankt, Zeuge eines solchen Wunders geworden zu sein. Später hatte er die Windhosenkräfte fest in die Funktionsabläufe seiner Maschine integriert. Ebenso wie einschlagende Blitze oder das Brodeln eines Mahlstroms.

»Herr Tessnow, Herr Tessnow!«, rief Westphal. Ludwig zuckte zusammen. »Entschuldigen Sie, aber Sie waren mit einem Mal völlig weggetreten.«

»Ich habe nachgedacht.«

»Über Ihre Erfindung?«

»Ja, auch.«

»Denken Sie häufig in parallelen Strängen?«

»Ich verstehe Ihre Frage nicht.«

»Ob Sie an mehrere Dinge gleichzeitig denken. An Ihre Maschine und daran, was Sie am Tag zuvor zum Mittagessen hatten, zum Beispiel.«

»Nein, ich denke immer eins nach dem anderen.«

»Gut, vielen Dank. Wir wären für heute fertig.«

»Ich traue ihm nicht«, sagte Bernhard und biss auf seinem Daumennagel herum. »Er ist als Direktor dieser Anstalt auf die Unterstützung der Universität angewiesen, wo sich dieser widerliche Uhlenhuth herumtreibt.«

»Du traust niemandem«, sagte Ludwig gereizt und blätterte eine Seite weiter. Ausgerechnet jetzt, wo er sich in ›Die Besessenen‹ von Dostojewski vertiefen wollte, wurde er ständig von Bernhard unterbrochen.

»Was liest du da?«

Ludwig drehte den Einband so, dass Bernhard den Titel lesen konnte. »Wer ist Hubert Putze?«

»Der Übersetzer des Buches. Darf ich jetzt endlich in Ruhe weiterlesen?«

»Lustiger Titel«, sagte Bernhard gedehnt. »Stammt das Buch aus der Bibliothek von Knecht?«

Ludwig gab keine Antwort. Bernhard klopfte ausdauernd gegen den Buchrücken. Irgendwann wurde es Ludwig zu dumm. Er schlug das Werk zu. »Was willst du?«

»Mir ist langweilig. Ich würde mich gerne unterhalten.«

Ludwig warf sehnsüchtige Blicke auf das Buch. Dann riss er sich los und überlegte, dass Bernhard auf seinen Streifzügen durch die Klinik möglicherweise etwas Interessantes mitbekommen hatte.

In der Tat sammelten die Herren Doktoren offenbar Munition gegen die Anschuldigungen Beumers sowie der Geschworenen. Täglich erreichten wohl Hassbriefe das Gerichtsgefängnis, in denen dem Personal nahegelegt wurde, Ludwig klammheimlich zu »entsorgen« beziehungsweise ihm einen sehr ungnädigen Tod zuteilwerden zu lassen.

»Ich hätte nicht erwartet, dass sie mich lieben, für das, was ich augenscheinlich getan habe. Aber allmählich müsste die Aufmerksamkeit des Mobs doch schwinden, oder?«

Bernhard wiegte den Kopf. »Menschen spielen sich gerne als Richter auf. Sie werden nicht eher ruhen, bis du endlich tot bist.«

Ludwig zog die Beine an den Körper und lehnte den Kopf an die Knie. Einträchtig schweigend saßen die Brüder nebeneinander auf Ludwigs Bett.

KAPITEL 27

»Was geht in Ihnen vor, wenn Sie sich vorstellen, Sie hätten tatsächlich diese vier Kinder ermordet?«

»Ich fände es grauenhaft und würde mich selbst hassen«, sagte Ludwig frei von der Leber weg. Er war bereits drei Wochen bei Knecht in der Anstalt und fühlte sich wohl. Die beiden knieten nebeneinander am Rande eines Blumenbeetes und harkten die durch Fröste hart gewordene Erde. Die Arbeit im Freien tat Ludwig gut.

»Gibt es eigentlich einen Teil in Ihnen, der Kinder nicht mag?«

»Ich weiß nicht«, zögerte Ludwig. »Kinder sind mir egal, und ich habe auch noch nicht darüber nachgedacht, selbst eine Familie zu gründen.«

Knecht nickte ernst, als hätte er mit dieser Antwort gerechnet.

Sie arbeiteten schweigend weiter. Am nächsten Tag sammelte Ludwig benutzte Teller vom Mittagessen ein, als er zufällig ein Gespräch zwischen Knecht und Kölpin belauschte. Die beiden standen vor Knechts Büro.

»... nicht mehr sehr viel Zeit schinden«, sagte Knecht.

»Wir müssen doch so viel Zeit eingeräumt bekommen, wie wir benötigen. Es wäre doch ansonsten eine Behinderung der ordentlichen Ermittlungsarbeit.«

»Ich fürchte, das Geschworenengremium hat kein Verständnis für unsere Arbeit, zudem wird es von unserem werten Kollegen angestachelt, der unseren Gast für einen Sadisten hält.«

Ludwig machte, dass er fortkam, als die Stimmen der beiden sich näherten. Wer hielt ihn für einen Sadisten? Das konnte doch nur Beumer sein. Ludwig hatte nur eine ungefähre Vorstellung davon, was ein Sadist war. Bernhard war öfter als ein solcher betitelt worden. Ludwig wusste allerdings nicht mehr, in welchem Zusammenhang. Ludwig trug das Tablett mit den gestapelten Tellern in die Spülküche, wusch ab und polierte das Geschirr anschließend auf Hochglanz, während er nachdachte. Es schien sich bei seiner Verhandlung nicht nur um den Fall an sich zu handeln, sondern es artete in einen Kompetenzstreit zwischen den Geschworenen, die in ihm partout die Bestie sehen wollten, und den Psychiatern aus. Ludwig war sich bewusst, dass er nicht normal war. Aber dass er einer sein sollte, der kleine Kinder oder Schafe abschlachtete, das konnte er sich nicht vorstellen. Bernhard, ja, dem traute er das zu. Und Bernhard war mit ihm im Wald gewesen und auf der Schafweide!

»Hier sind Sie«, sagte Knecht.

Ludwig wunderte sich, wie sehr der Arzt sich verstellen konnte. Hatte seine Stimme vorhin noch besorgt und etwas ärgerlich geklungen, schien nun nichts seine Laune trüben zu können. Auch seine gesamte Haltung drückte Wohlwollen aus.

»Ich bin gleich fertig«, sagte Ludwig und stellte die letzten Teller auf das Regalbrett.

»Es freut mich, dass Sie sich so gut eingelebt haben. Sie sind ein ganz anderer Mensch.«

»Wie lange darf ich bleiben?«, fragte Ludwig unumwunden.

»Das kommt darauf an, was der Untersuchungsrichter entscheidet.«

»Aber Sie haben doch das Sagen hier. Also müssen Sie doch entscheiden dürfen.«

»Wohl wahr. Was meine anderen Patienten betrifft, ist das auch so. Sie sind jedoch gewissermaßen ausgeliehen. Eigentlich gehören Sie in Untersuchungshaft.«

Ludwig sah betreten auf seine Fußspitzen.

In dieser Nacht wurde er aufgeweckt. Das hieß, er wusste es nicht genau, ob er wach war oder schlief. Etwas schimmerte an der Decke. Ludwig kniff die Augen zusammen. Sammelte sich da oben Tropfwasser? Dann fiel eine warme Flüssigkeit auf sein Augenlid, das er aus Reflex zugeklappt hatte. Er wischte den Tropfen mit der Hand weg. Klebrig. Ludwig ahnte Schreckliches. Er entzündete eine Lampe und leuchtete auf seine Hand. Tatsächlich, Blut! Er versuchte dem Schimmern zu entkommen, aber es vergrößerte sich, bis es beinahe die ganze Zimmerdecke einnahm. Ludwig versuchte seine Zimmertür zu öffnen. Sie war verschlossen. Immer mehr Blutstropfen fielen auf ihn herab, umhüllten ihn mit metallisch riechender Nässe, die seinen Magen provozierte. Er erbrach heftig, schwitzte und wollte sich doch nirgendwo festhalten, weil alles glitschig war. Die Decke senkte sich auf ihn herab. Ludwig schrie und schlug um sich. Da zeichneten sich Konturen im Putz ab, keinen halben Meter über Ludwigs Gesicht. Ein monströses Wesen schälte sich heraus. Es war das geschuppte Untier, und es war gewachsen. Seine Zunge war gespalten und zuckte aus der reißzahnbewehrten Schnauze. Die Krallen des Wesens waren jetzt größer als Zimmermannsnägel. Obgleich der Anblick noch grauenerregender war, am meisten fürchtete er sich vor den Augen. Das Untier blickte ihn mitleidlos aus geschlitzten Pupillen an. Ludwig wusste, dass alles Flehen nichts nutzen würde. Gelähmt vor Schreck spürte er, wie das Monster seine Krallen in seinem Brustkorb versenkte und nach seinem Herzen wühlte.

Als er zu sich kam, erfuhr er, dass er einen sehr schweren Anfall erlitten hatte. Zwei Tage hatte er im Bett verbracht und sei nicht ansprechbar gewesen. Ludwig nahm die Aussage Knechts nur beiläufig auf, denn all seine Gedanken waren auf den Krug mit Wasser gerichtet, der auf dem Tisch in seinem Zimmer stand. Er konnte das kühle Nass riechen.

»Trinken Sie langsam, sonst bekommen Sie Magenkrämpfe«, wies ihn Doktor Knecht an. Ludwig schaffte es, drei Schlucke bedächtig zu trinken. Dann stürzte er weitere herunter. »Langsam«, rief Knecht und nahm ihm den Krug weg. »Ich weiß, Sie hatten zwei Tage nichts. Aber es wird Ihnen nicht guttun.«

»Immer weiß jeder, was gut für mich ist«, murmelte Ludwig.

»Was hat Sie dermaßen echauffiert?«

Ludwig berichtete von dem Monster, das ihn beinahe getötet hatte, in allen Details. Eifrig schrieb Knecht auf, was Ludwig erzählte. Vielleicht wusste der Arzt einen Rat, wie er das Monster los würde.

Ludwig erholte sich nur schwer von dem Anfall. Es gelang ihm lediglich für wenige Stunden die Augen offen zu halten, dann zogen ihn barbarische Kopfschmerzen ins Bett zurück. Und Nasenbluten plagte ihn in regelmäßigen Intervallen. Knecht und Kölpin kümmerten sich gut um ihn. Umso schrecklicher war es für Ludwig, als ihm eines Tages verkündet wurde, er müsse nach Greifswald ins Untersuchungsgefängnis zurück. Knecht legte ihm die Hand auf die

Schulter, entrichtete ihm einen Gruß von Kölpin, der zwei Tage zuvor nach Bonn abgereist war, und wünschte ihm für die nächste Zeit alles Gute. »Ich werde, derweil wir uns nicht sehen, einen Bericht schreiben, der Ihren Zustand – so hoffe ich – angemessen wiedergeben wird.«

»Danke«, sagte Ludwig schlicht und setzte sich neben seinen Bruder, der sich schon wieder zuerst in den Wagen gemogelt hatte.

Der Empfang war noch nüchterner, als Ludwig ihn sich ausgemalt hatte. Ihm fiel erst jetzt auf, wie stark die Zelle heruntergekommen war. Nach dem Vergleich mit den frisch verputzten Wänden der Anstalt schnitt dieses Gelass schlecht ab. »Hoffentlich holen Sie mich raus«, sagte Ludwig laut und lehnte den Kopf gegen die mit Wanzenleichen besudelte Zellenwand.

»Glaubst du ernsthaft, die reißen sich ein Bein für dich aus? Du bist ein antisoziales Subjekt in deren Augen.« Bernhard kratzte sich den Rücken mit dem Stiel des Handfegers.

»Redest du wieder von dir selbst?«, frotzelte Ludwig müde. »Ich mag die beiden Doktoren, auch wenn du wieder unkst.«

»Wetten, dass du die Todesstrafe kriegst?«

»Hör auf, Bernhard!«

Der hübsche Gerichtsrat sprach etwa zwei Wochen später mit Ludwig, dem die Zeit langsam vergangen war. »Es sind noch zwei Zeugen gefunden worden, denen Sie morgen gegenübergestellt werden.«

Ludwig zuckte mit den Achseln.

»Wie war es übrigens in der Heilanstalt von Herrn Doktor Knecht? Konnten Sie sich erholen?«

»Ja, schon. Leider hat die Wanzenplage in meiner Zelle die ganze Erholung zunichtegemacht. Sehen Sie.« Ludwig rollte den Ärmel seines Hemdes bis zum Ellenbogen hoch und zeigte dem Gerichtsrat die Bisse. Der rümpfte die Nase und rückte ein Stück von Ludwig ab. »Haben Sie denn dem Wachhabenden nicht Bescheid gegeben, dass Sie ärztlicher Versorgung bedürfen?«

»Ungefähr zehn Mal.«

»Oh.«

»Ich hätte nichts gegen einen neuerlichen Aufenthalt bei Herrn Doktor Knecht einzuwenden«, sagte Ludwig hoheitsvoll und rollte den Ärmel herunter.

»So einfach ist das nicht. Solange die Untersuchung des Falls nicht abgeschlossen ist, bedarf es der Zustimmung vieler Instanzen. Ihr jüngst beendeter Aufenthalt war eine Ausnahme.«

Am nächsten Tag, die Gegenüberstellung hatte nichts ergeben, setzte sich Ludwig auf sein Bett und haderte mit dem Schicksal. Er war 31 Jahre alt – und was hatte er in seinem Leben erreicht? Eine beendete Lehre, gut, das war immerhin etwas. Mehrere Jahre auf der Straße und in kurzen Anstellungsverhältnissen. Dass sie jedes Mal so kurz ausgefallen waren, empfand er als nicht gut. Aber die Meister oder die anderen Gesellen hatten nun einmal begonnen, ihm das Leben schwer zu machen. Was sollte er da sonst tun, als zu gehen? Er kam nicht gegen die etablierte Übermacht an. Was noch? Andere hatten in seinem Alter bereits eine Familie und ein gesichertes Einkommen. »Oder sie sind tot.« Hatte er dies gedacht oder hatte Bernhard es geäußert? Bernhard saß auf dem Fensterbrett und sah ihn kopfschüttelnd an. »Was erwartest du? Sieh dir doch deine Eltern an. Denkst du, du kannst dem Fluch deiner Ahnen entkommen?«

»Es sind auch deine Eltern.«

»Wenn du dich da mal nicht täuschst«, sagte Bernhard geheimnisvoll und verschwand.

»Wie meinst du das?«, rief Ludwig.

Doch Bernhard gab keine Antwort.

Bernhard blieb verschwunden. Wieder einmal. Ludwig wälzte sich seit jenem Ausspruch seines Bruders des Nachts schlaflos im Bett hin und her. Ab und an erschlug er eine Wanze, aber nur, um überhaupt etwas zu tun zu haben. Die Biester waren ihm längst egal. Warum hatte Bernhard das gesagt? War er nicht sein leiblicher Bruder? Und warum ließ er ihn jetzt allein?

KAPITEL 28

Am 24. Juni 1902 erschien der Gerichtsrat und wies den Schließer an, Ludwig in das Untergeschoss in das Badezimmer zu bringen. Dort wartete ein Fremder, der sich als der Gefängnisbarbier erwies und etliche Utensilien aufgebaut hatte. Ludwig musste baden. Allein. An diesem Dienstag war kein Badetag. Das machte ihn misstrauisch. Zwei Mal wusch der Barbier ihm die Haare und stutzte sie anschließend. Ludwig war es zuwider gewesen, sich selbst täglich das Gesicht mit einem stumpfen Rasiermesser zu schaben. Es war ein unordentliches Gestrüpp, das in seinem Gesicht gewachsen war. Nun fiel es dem gewetzten Messer des Barbiers zum Opfer. Als Ludwig nicht mehr fürchten musste, dass der Mann ihm den Hals durchschnitt, wenn er begann zu reden, wandte er sich an den Gerichtsrat, der teilnahmslos an der Wand lehnte: »Meine Verhandlung steht an, richtig?«

Der Gerichtsrat näselte gelangweilt: »Ja, übermorgen.«

In den folgenden beiden Nächten schlief Ludwig so gut wie gar nicht. Am 26. Juni 1902 holte der Schließer Ludwig gleich nach dem Frühstück aus seiner Zelle. Er wurde in den Gerichtssaal gebracht, der schon mit Menschen gefüllt war. Die meisten warfen ihm hasserfüllte Blicke zu. Eine Frau drückte sich ein Taschentuch vor die Augen und wimmerte. Der Mann neben ihr sagte laut: »Hoffentlich kriegt dieses Schwein, was es verdient.« Ludwig musste sich nach vorne an einen Tisch setzen, sodass der Richter direkt auf ihn herabblicken konnte. Am Tisch neben Ludwig nahm der Gerichtsrat Platz, die Geschworenen saßen linker Hand. Rechts und hinter Ludwig erstreckten sich die Zuschauerbänke. Ein Mann eilte schnell durch den Gang, nahm neben Ludwig Platz und reichte ihm die Hand. »Frantz«, sagte er atemlos. Ludwig nickte ihm irritiert zu.

Als der Richter, es war ein älterer Mann, dessen Augen hart wie Diamanten wirkten, den Raum betrat, wurden alle Anwesenden aufgefordert, sich von ihren Plätzen zu erheben. Ludwig ahnte, dass er mit diesem Mann keinen leichten Stand haben würde. Es kam ihm ohnehin vor, als würden alle einer Veranstaltung beiwohnen und wüssten, was sie zu tun hätten. Außer ihm. Für ihn war dies alles fremd und unheimlich. Dabei hatte er doch schon einmal gesessen. Kein Jahr, wie behauptet worden war, aber ein paar Monate waren es wohl gewesen. Doch es schien ihm, als hätte jemand mit dem Schwamm säuberlich seine Erinnerungen ausgewischt. Ganz so, als sei sein Hirn eine Schiefertafel.

Zuerst einmal wurden Ludwigs Personalien verlesen. Der Richter sah ihn an und fragte: »Ist das alles soweit korrekt?«

»Nein, Sie haben meinen Bruder Bernhard in der Aufzählung vergessen.«

»Halbbruder, väterlicherseits. Bitte ergänzen Sie das«, wies der Richter den Gerichtsschreiber an. »Ist die Verlesung Ihrer Personalien nun in Ordnung?«

Ludwig nickte.

»Bitte antworten Sie mit Ja oder Nein.«

»Ja.«

Ludwig starrte vor sich auf die Tischplatte. Das war es gewesen. Bernhard war gar nicht sein richtiger Bruder, sondern nur zur Hälfte. Sie teilten sich einen Vater, aber Bernhards Mutter war eine andere Frau. Sie lag, den Aussagen der Justiz zufolge, mit Schwindsucht in einem Spital. Jetzt wunderte sich Ludwig auch nicht mehr, dass Bernhard und er so verschieden waren.

Die nächsten Tage zogen sich dahin. Ludwig hing größtenteils seinen eigenen Gedanken nach. Er widmete sich verstärkt seiner Maschine. Oder wie er sie nannte, seinem Konstrukt. Vor seinem inneren Auge entwarf er eine Kurbel, die ein immens großes Zahnrad in Gang hielt. Was dieses Zahnrad explizit bewegen sollte, wusste er noch nicht.

Aber den Kurbelgriff hatte er schon en détail ausgearbeitet. Das Griffstück würde aus Mahagoniholz bestehen und bauchig geschnitzt sein, damit es sich gut in die Handfläche schmiegte. Das Kurbeln sollte schließlich ein Vergnügen sein und keine Qual. Manches Mal wurde er aus seinen Träumereien gerissen, dann musste er etwas erzählen oder bestätigen. Meist verstand er die Frage nicht und sah zu, wie die Zornesfalte im Gesicht des Gerichtsrats immer tiefer wurde. Ludwig nahm sich vor, ihn vom Stirnrunzeln und Lippenzusammenkneifen künftig abzuhalten, denn eine glatte Haut war etwas sehr Vergängliches. Er stellte sich vor, wie der Hübsche seiner Frau die Gesichtscreme stahl.

»Was gibt es da zu lachen?«, sagte der Richter und sah Ludwig streng an.

»Entschuldigung?«

»Hier steht ein Zeuge, der dem Suchtrupp angehörte und der mir und den Geschworenen gerade erzählt, wie er den Tatort vorgefunden hatte, und Sie lachen darüber! Mäßigen Sie sich gefälligst, Mann.«

Ludwig biss sich auf die Lippen und senkte den Kopf. Ein paar Herzschläge lang war es totenstill, dann bat der Richter den Zeugen fortzufahren. In monotoner Stimmlage machte der Zeuge weiter. Erst, als Knecht und weitere drei Mediziner der Nervenheilkunde den Raum betraten, wurde Ludwig aufmerksam. Sie waren die Einzigen, die ihn nicht verächtlich ansahen, sondern sich für ihn einsetzten. Erfreut hörte er, dass er ein umgängliches Wesen besäße. Durchaus eine soziale Ader, auch wenn sich an dieser Stelle der Fünfte im Bunde, Doktor Beumer, jedes Mal echauffierte und lamentierte, dass Sadisten ihr Mitgefühl nur heuchelten. Wütend ob des Gegenwinds, den er erfuhr, trat Beumer ganz dicht an Ludwigs Tisch heran, blickte auf ihn herab und sagte: »Tessnow, was hat es Ihnen gebracht, den Leuten ihr Mittagessen auszuteilen, als Sie in der Anstalt meines Kollegen waren?«

»Ich war froh, eine Aufgabe zu haben. Es ist ganz schön langweilig, immer nur in einem Zimmer zu sitzen.«

»Ha«, triumphierte Beumer und sah zum Richter, »Sehen Sie. Es steckt bei diesen Subjekten immer ein Vorteil dahinter. Jede Aufgabe wird zuvor auf das Sorgfältigste überprüft, ob sie einen Nutzen hat. Ist dies nicht der Fall, wird der Sadist sie auch nicht ausüben respektive sie jemand anderem übertragen.«

Doktor Westphal, wenn sich Ludwig seines Namens richtig entsann, meldete sich zu Wort. Der Richter mahnte: »Nur noch eine Einrede, dann möchte ich bitte fortfahren.«

»Jawohl, Euer Ehren«, sagte Westphal. »Hören Sie, Herr Kollege«, wandte er sich nun an Beumer. »Es mag sein, dass der Sadist an sich so handelt. Nur steht in Zweifel, ob es sich bei dem Angeklagten überhaupt um einen solchen handelt. Es ist kein Sperma an dessen Kleidung oder den Kindsleichen gefunden worden. Nennen Sie mir doch bitte den Vorteil der Tat, den Herr Tessnow sich hätte erschleichen können?«

»Gegenfrage, Herr Kollege«, gab Beumer mit einem Seitenblick auf die Reaktion des Richters, die in einem mahnenden Augenbrauenhochziehen bestand, zurück. »Warum kauft sich ein Tischler ein Buch über Anatomie?«

»Ich verstehe den Zusammenhang zum Sadismus nicht.« Westphal kratzte sich am Kopf.

»Das liegt doch auf der Hand, werter Herr Kollege. Hier haben wir den Vorteil der Tat. Verstümmeln, und zwar auf fachkundige Weise.«

»Was ich nicht als Sadismus, sondern eher als Forscherdrang interpretiere. Aber schön. Jedem seine Ansichten, nicht wahr?«

Der Richter räusperte sich. Ludwig vertiefte sich wieder in die Betrachtung seiner Finger und der Handinnenflächen. Dann legte er die Hände nebeneinander auf die Tischplatte. Die Kratzer auf dem Tisch kannte er auswendig und hatte sich schon geschätzte 20 Mal vorgestellt, wie er den Tisch abschleifen, abbeizen und hübsch bemalen würde. Ach, was gäbe er für ein wenig sinnvolle Arbeit.

Am letzten Tag bekam Ludwig weniger mit denn je. Diverse Leute standen vorne, einige nahmen sich äußerst wichtig, andere sprachen sehr leise und eindringlich. Irgendwann sagte der Gerichtsdiener: »Bitte erheben Sie sich von den Plätzen zur Urteilsverkündung.« Die Menge raunte, aber nur kurz, dann wurde es still.

Der Richter räusperte sich, dann sah er streng auf Ludwig herab. »Wegen der beiden Kindermorde vom 9. September des Jahres 1898, verübt an Elise Heidemann und Elise Langemeier aus Lechtingen, sowie der beiden Kindermorde vom 1. Juli 1901, verübt an den Söhnen des Fuhrmanns Grawert aus Göhren, wird Ludwig Tessnow im Namen der Preußischen Republik zweifach zum Tode verurteilt. Für den versuchten Mord am 2. März 1901 wird eine Freiheitsstrafe von zwei Jahren verhängt, die umgehend anzutreten ist.

Ludwig senkte den Blick und sagte leise: »Ich bin gewiss ein mitleidiger Mensch. Dass ich zum Tode verurteilt werde, bedeutet, dass ich es gewesen bin. Ich bedauere diese Tat unendlich.«

Ludwig sah Hilfe suchend zu Knecht und Westphal. Doch die beiden sahen woanders hin. Nur Beumer sah ihm direkt ins Gesicht. Ludwig spürte, wie seine Knie weich wurden, dann prickelte seine Kopfhaut. Er dachte noch »Anfall« und verlor das Bewusstsein.

KAPITEL 29

Ein Tag war wie der andere. Wobei es für Ludwig durchaus Nuancen von gut und weniger gut gab. Anfälle plagten ihn zuweilen, er hätte einen Schnaps sehr gut gebrauchen können. Ludwig brachte allmählich die Zeiten durcheinander. Seine Strichliste, begonnen neben dem braun gefliesten Ofen, hatte er wochenlang nicht weitergeführt. Irgendwann begann er zu zweifeln, ob er die Liste überhaupt angefangen oder ob ein anderer Unglücklicher sie einst gestrichelt hatte.

Den Staatsanwalt erkannte er Gott sei Dank wieder. Dieser kam eines Morgens in seine Zelle und lehnte sich mit verschränkten Armen an die Wand, während er Ludwig mit einem merkwürdigen Blick betrachtete. Ludwig wich der Musterung aus, indem er das Bett hoch- und den Tisch herunterklappte. Schüchtern bot er dem Staatsanwalt den einzigen Stuhl an. Dieser schüttelte den Kopf. »Vielleicht sollten Sie sich setzen, Tessnow.«

Gehorsam nahm Ludwig Platz.

»Wissen Sie, welches Datum wir schreiben?«

Ludwig schüttelte den Kopf. Er wusste nicht einmal, welcher Monat war. Hoffentlich fragte sein Gegenüber nicht danach. War das eine Probe? Durfte er wieder zu Knecht in die Anstalt? Wenn er ehrlich war, sehnte er sich nach der Ruhe dort.

»Wir haben den 16. Oktober 1903, Herr Tessnow. Es tut mir außerordentlich leid, Ihnen für morgen, den 17. Oktober, die Vollstreckung Ihres Urteils verkünden zu müssen. Sie werden morgen früh auf dem Hof enthauptet.«

Das Gesicht des Staatsanwalts bestand nur noch aus Licht und Schatten. Ludwig hörte ein fauchendes Geräusch und hob den Kopf. Die Zimmerdecke war unter einem wirbelnden Inferno aus roten Wolken verschwunden. Ein Maul mit riesigen gelben Zähnen stieß plötzlich auf sie alle herab. In Ludwigs Ohren toste es. Der Staatsanwalt öffnete den Mund, Blasen erschienen auf seiner Haut, die Lippen hingen alsbald in Fetzen herunter. Das Untier spie noch immer seinen feurigen Atem in das Antlitz des Mannes, dessen feingeschnitzte Visage dahinschmolz. »Enthauptet«, wiederholten die Fetzenlippen immer wieder. Ludwig wimmerte und biss sich auf die Fingerknöchel. Der Schmerz lenkte ihn für einen Moment ab. Er fand sich auf dem Boden liegend wieder. Der Staatsanwalt war verschwunden, ob gefressen oder geflohen, Ludwig wusste es nicht zu sagen. Aber seine Stimme war immer noch da. »Enthauptet, enthauptet. Morgen früh.«

Die Zeit schlug wieder einmal einen Bogen um ihn. Das Untier betrachtete ihn aus geschlitzten Pupillen. Ludwig wusste, dass es ihn vernichten würde, wenn er den Blick abwandte. Also starrte er zurück. So lange, bis sich sein Gesichtsfeld eintrübte. Neblige Schlieren krochen durch den Raum, es wurde immer dunkler. Die Pupillen des Drachen glänzten im Zwielicht. Nicht wegsehen, mahnte er sich selbst. Gewisper brandete rings um ihn auf. Es waren Menschen bei ihm, er spürte sie, konnte sie jedoch nicht warnen. Jede Ablenkung würde das Untier zu seinem Vorteil nutzen. Ludwig war sogar sicher, dass die Bestie die Menschen herangelockt hatte, um mehrfaches Blutgericht halten zu können. Ein Abgesandter des Teufels war sie.

»Bernhard«, flüsterte Ludwig. »Hilf mir!«

Als er wach wurde, lag er in einem fremden Bett. Die Wände waren weiß getüncht. Es roch nach Lavendel, und es gab Vorhänge an den Fenstern. Ludwigs Zunge fühlte sich an, als hätte er sie sich in einer Tür eingeklemmt. Wund und schwer lag sie in seiner Mundhöhle. Als er versuchte, sich auf den rechten Ellenbogen zu stützen, knickte der komplette Arm unter ihm weg, und Ludwig sank mit dem Gesicht ins Kopfkissen. Auch das rechte Bein wollte ihm nicht gehorchen. Er probierte es auf der linken Seite. Das funktionierte. Er rollte sich herum und konnte die Tür sehen, die sich wenig später öffnete. Herein trat ein großer Mann mit dunklem Haar. Er nickte Ludwig zu und kam ans Bett.

»Wie geht es Ihnen?«

»Nicht sehr gut«, sagte Ludwig aus tiefstem Herzen. Seine Stimme hörte sich verwaschen an.

Der Mann leuchtete ihm in die Augen, hörte ihn ab und bat ihn, den Mund zu öffnen. Ludwig versuchte, die Zunge herauszustrecken, was ihm nur mäßig gelang. »Darf ich«, sagte der Arzt und griff mit einer Zange nach der Zunge. Er betrachtete interessiert die schmerzende Seite und notierte dann die Untersuchungsergebnisse auf einem Blatt. »Enthauptet«, sagte der unsichtbare Staatsanwalt.

Ludwig presste sich die Hände auf die Ohren. Der Arzt musste viel Kraft aufwenden, um Ludwigs Finger zu lösen. »Was hören Sie?«, rief er.

»Den Staatsanwalt höre ich. Aber sehen kann ich ihn nicht.«

»Was sagt er?«

»Enthauptet. Er wiederholt es ständig. Auch jetzt, wo wir reden. Und da war wieder dieses … Untier. Es hat den Staatsanwalt verbrannt. Aber ganz sicher bin ich nicht.«

»Nennen Sie das Wesen bei dem Namen Bernhard?«

Ludwig winkte ab. »Bernhard ist mein Bruder.«

»In Ihrer Akte steht, dass Ihr Bruder verstarb, als Sie ein Kind waren. Haben Sie weitere Geschwister?«

Ludwig kam es vor, als würde er in die Matratze einsinken. Das Eis, auf dem er sich bewegte, war so hauchdünn. Ludwig wusste, dass Bernhard nicht lange auf sich warten lassen würde, wenn er dem Arzt von ihrer besonderen Beziehung zueinander berichtete. Und dann, das wusste Ludwig nur zu gut, würde er sich das schuppige Ungeheuer herbeisehnen. Denn dessen Feuerbrodem war nichts im Vergleich zu Bernhards Rache.

Er schloss die Augen und reagierte nicht mehr. Irgendwann hörte er die Tür. Erst als die Schritte des Arztes verklungen waren, gestattete er sich einzuschlafen.

Am nächsten Morgen kehrte der Arzt zurück. Er brachte einen Sud mit, den Ludwig trinken sollte. Das Zeug schmeckte widerlich, beruhigte allerdings den jagenden Puls. Allmählich erholten sich die Nerven seiner rechten Körperhälfte.

»Erzählen Sie mir von Ihren Anfällen«, sagte der Arzt und rückte einen Stuhl an Ludwigs Bett.

»Ich habe sie, seit ich ein Kind bin. Habe ich von meiner Mutter geerbt.«

»Kündigen sich diese Anfälle vorher an?«

Ludwig überlegte. War es gefährlich, dem Arzt Einzelheiten zu nennen?

Nein, das hat nichts mit Bernhard zu tun, überlegte er.

»Das tun sie. Einen oder manchmal zwei Tage vorher habe ich schlimme Kopfschmerzen, dann vergesse ich Dinge, und es ist so, als würde ich mir von außen zusehen.«

»Gibt es hierbei Einschränkungen in Ihren Tätigkeiten?«

»Ich kann alles machen, was man halt so mit Kopfschmerzen hinbekommt.«

Der Arzt lächelte freundlich und sagte: »Was ich wissen möchte, ist: Haben Sie bei allen Dingen, die Sie tun, das Gefühl, sich selbst zuzusehen oder geschieht dies nur bei bestimmten Dingen?«

Die Tatsache, dass der Arzt eifrig in sein Notizbuch schrieb und sich Ludwig nicht von ihm beobachtet fühlte wie ein Insekt unter der Lupe, machte es ihm wesentlich einfacher nachzudenken.

»Bei allem.«

»Und dieses Wesen, das Sie beschrieben haben, dieser Drache, ist der immer dabei?«

»Oh nein, der lässt sich nur zu besonderen Anlässen blicken.« Ludwig lachte freudlos auf. »Wobei ich nicht weiß, was für ihn ein besonderer Anlass ist. Ich schätze, mein Todesurteil gehörte wohl dazu.«

Ludwig sah, wie der Arzt zusammenzuckte. Es schien ihm nicht zu behagen, über Ludwigs Tod zu sprechen.

»Es ist sehr belastend für das Gemüt, sich vorzustellen, geköpft zu werden.«

»Wir versuchen dies abzuwenden.«

»Das habe ich schon von Ihrem Kollegen Doktor Knecht gehört.«

»Ja, und er kämpft noch immer. Bei Gerichtsangelegenheiten benötigt man vor allem einen langen Atem. Diese Erfahrung machen Sie nun leider auch.«

»Halten Sie mich für schuldig?«, sagte Ludwig leise.

»Schwer zu sagen. Ich bin nicht dabei gewesen, als meine Kollegen Sie untersuchten. Ich habe mich tatsächlich erst vorgestern in Ihre Akte eingelesen. Ja und Nein. Ja, weil ich glaube, Sie haben die Kinder tatsächlich getötet. Und nein, weil ich glaube, dass Sie nicht Herr Ihrer Sinne waren, als dies geschah. Um herauszufinden, was in Ihnen vorgeht, dafür sind Sie hier.«

Ludwig schüttelte den Kopf. »Mir lässt keine Ruhe, wie verschieden Ärzte sind. Sie geben sich Mühe, hinter die Fassade meiner gestörten Seele zu sehen. Aber dann gibt es die Uhlenhuths in dieser Welt. Denen sind Schicksale gleichgültig. Die ersinnen Methoden, die Verdächtige überführen, und damit haben die ihr Werk vollendet.«

»Uhlenhuth ist Biologe und Hygieniker. Er hat nie gelernt, hinter die Fassaden von Menschen zu sehen.«

»Wegen ihm werde ich geköpft.«

»Machen Sie es sich nicht gerade zu einfach?«

Ludwig schnaubte. »Einfach? Versetzen Sie sich doch in meine Lage. Wie würde es Ihnen gefallen, das Damoklesschwert seit zwei Jahren über Ihrem Haupt baumeln zu sehen?«

Der Arzt nickte Ludwig beschwichtigend zu. Er stand auf, stellte den Stuhl an den Tisch zurück und verließ mit einem knappen Abschiedsgruß das Zimmer. Sein Weggang glich einer Flucht, fand Ludwig.

KAPITEL 30

Die Vollstreckung des Urteils wurde immer wieder aufgeschoben. Ludwig durfte im Greifswalder Gefängnis mithelfen, Wäsche zu waschen und hier und da sogar eine einfache Tischlerarbeit zu verrichten. Das lenkte ihn ab. Der Direktor war begeistert von Ludwigs Arbeit und stellte ihm weitere Aufträge in Aussicht. Die Dankbarkeit des Direktors ging sogar so weit, dass Ludwig endlich Wanzenvernichtungsmittel erhielt. Leider brachte das rein gar nichts, es schien die Tiere eher anzustacheln.

Bei einem Malzkaffee saßen Bernhard und Ludwig eines Morgens an dem winzigen Tisch und schlürften ihr heißes Gebräu. »Was ich nicht verstehe, ist, dass die Menschen hier im Gefängnis, und besonders in den Psychiatrien, so nett zu mir sind. Und trotzdem soll ich sterben.«

»Das eine hat mit dem anderen nichts zu tun«, wandte Bernhard ein.

»Hat es wohl.«

»Dann sieh es doch einmal so. Hättest du sie nicht überzeugt, ein netter Kerl zu sein, hätte sich keiner von denen für dich ins Zeug gelegt. Das rettet dich vielleicht nicht vor dem Tod, aber das ist der Grund, weshalb du noch am Leben bist.«

Ludwig blies nachdenklich in seine Tasse und sah die winzigen Wellen des hellbraunen Kaffees an den Rand schwappen. Das Meer, wie hatte er Sehnsucht nach frischer Luft, nach dem Geschrei der Möwen und dem Rascheln des Dünengrases.

Nachts träumte er entweder von Freiheit und Idylle oder aber seine Träume waren so blutrünstig, dass er schweißgebadet erwachte und stundenlang zu nichts in der Lage war. Wie oft hatte er im Traum eine Zeitreise unternommen, um Uhlenhuths Geburt zu verhindern. Oder er ließ ihn vor Kutschen laufen, in Abgründe stürzen, elendig dahinsiechen. Alle möglichen Varianten retteten Ludwig. Wenn er aufwachte, wurde er sich bewusst, dass er keinerlei Macht hatte, das, was geschehen war, zu verändern. Der Bericht des Biologen lag schwarz auf weiß, und mittlerweile in zahlreichen Abschriften, auf den Schreibtischen der Leute, die über sein Leben entschieden.

»Ich träume nie von den Kindern«, erzählte er eines Tages seinem Bruder. »Immer nur von Uhlenhuth. Wie ich ihn umbringe.«

Ludwigs Puls jagte. Er wagte kaum die Augen zu öffnen. Die Bestie saß auf seiner Brust und wartete nur darauf, dass er sich bewegte. Starr zu sein, wenn das Leben davon abhing, war so schwer. Schon zuckte ein Muskel in Ludwigs Oberschenkel. Die Bestie stieß zischend ihren heißen Atem aus. Ludwig verkrampfte sich. Er konnte nicht verhindern, dass seine Augenlider sich hoben. Er sah gerade noch, wie das zahnbewehrte Maul des Ungeheuers auf ihn niederstieß, als auch schon der Schmerz einsetzte.

Erneut war er in die psychiatrische Anstalt eingewiesen worden. Die Anfälle häuften sich. Es komme von der Belastung, war die einhellige Meinung des untersuchenden Ärztegremiums. Mit Ausnahme von Doktor Beumer. Er glaubte immer noch, dass Ludwig simulierte, und zeigte sich jedes Mal unzufriedener, wenn der Gerichtstermin erneut verschoben wurde. Auch aus der Universität kamen Anfragen, was denn nun mit dem Verfahren sei. Es mache kein gutes Bild, wenn ein hoch dotiertes Mitglied ein Gutachten abgebe, das in seiner Aussage so klar sei, und dann schnarche der Prozess vor sich hin.

»Er schnarcht vor sich hin?«, fragte Ludwig aufgebracht.

»Ja, das war der Wortlaut«, sagte Knecht.

»Was habe ich mit der Universität zu tun? Ich habe ja gerade einmal die notwendigen Schuljahre hinter mich gebracht, um einen Lehrberuf zu ergreifen.«

»So leid mir das tut. Aber es geht hier gar nicht so sehr um das, was Sie getan haben oder gar wer Sie sind, sondern vielmehr um Einfluss auf die Gerichtsbarkeit. Um Macht, um Ansehen, um Ruhm und Ehre.«

»Aha«, stieß Ludwig beleidigt hervor. Er verschränkte die Arme und verfluchte abermals den Hygieniker, der ihn überhaupt erst in die Bredouille gebracht hatte.

»Genau genommen geht es uns Psychiatern auch darum. Wir möchten, dass der Geisteszustand der Menschen endlich berücksichtigt wird. Mörder ist nicht gleich Mörder.«

»Wenigstens sind Sie ehrlich«, murmelte Ludwig.

In der Nacht vom 7. auf den 8. November des Jahres 1904 erwachte Ludwig, weil Bernhard ihm auf der Brust saß und ihm Ohrfeigen verpasste. Das Gesicht seines Bruders war eingefallen und vor Hass verzerrt.

»Was soll das?«, nuschelte Ludwig schlaftrunken.

»Du bist ein elender Verräter!«

»Geh von mir runter, du Kretin.«

»Im Gegenteil, ich bringe es jetzt zu Ende.« Bernhard schloss seine Hände um Ludwigs Hals und drückte zu. Ludwig spürte, wie der Herzschlag am Hals gegen die rauen Schwielen seines Bruders klopfte. Er schaffte es, die Beine anzuziehen und den Älteren mit einem Ruck von sich zu treten. Bernhard landete auf der metallenen Kante der Pritsche. Es krachte fürchterlich. Bernhard sprang auf und packte Ludwig am Kragen seines Nachthemdes. Er warf ihn gegen die Wand, sodass sich der Klapptisch aus der Verankerung löste und schräg auf dem Bett zu liegen kam. Ludwig rappelte sich auf, er spürte einen dumpfen Schmerz auf der Stirn. Erneut wurde er von Bernhard attackiert. Außer angestrengtem Keuchen gab Ludwig keinen Laut von sich. Bernhard trat ihm mit voller Wucht gegen den Bauch und schleuderte ihn so gegen den Tisch, dass dieser zerbrach. Die Augen seines Bruders glühten rot. »Du bist nicht Bernhard«, rief Ludwig. »Du bist der Teufel!«

Infernalisches Gelächter erscholl. Die Wände der Zelle flammten rot auf, und es wurde merklich heißer im Raum. Bernhard warf sich abermals auf ihn und hielt ihn am Boden. Ludwig litt Angst wie noch nie zuvor. Überall, wo die teuflische Nachahmung seines Bruders ihn berührte, verkrampften seine Muskeln. Hektisch schluckte Ludwig bitteren Speichel herunter. Der Teufel presste ihm die Daumen oberhalb der Augenbrauen in die Haut. Es brannte wie Feuer, und Ludwig war sicher, verkohltes Fleisch zu riechen und alsbald seine Haut in Fetzen zu wissen. Er wollte etwas sagen, doch stattdessen schob sich seine Zunge zwischen die Zähne. Er schmeckte Blut, schluckte wieder heftig. Der Teufel packte ihn am Hals und schlug seinen Kopf auf den Zellenboden. Wieder und wieder. Es knackte in seinem Schädel. Es wurde still und dunkel.

Ludwig erwachte mit Muskelkater. Er dehnte behutsam seine Arme und Beine, doch offenbar nicht behutsam genug. Ein schrecklicher Krampf zog durch die rechte Wade. Ludwig riss das Bein hoch und zog an seinen Fußzehen. Die Anstrengung raubte ihm fast das Bewusstsein. Sein Magen knurrte vernehmlich. Er musste einige Mal blinzeln, um den Schleier vor seinen Augen zu vertreiben. Getrocknete Tränenflüssigkeit klebte in seinen Augenwinkeln. Ächzend stemmte er sich aus dem Bett und klopfte an die Tür. Es dauerte nicht lange, dann öffnete die Wache die Klappe. »Sind Se endlich wach. Warten Se, der Herr Doktor kommt gleich, wa.«

Ludwig wunderte sich. Das Schließgeräusch ließ nicht lange auf sich warten. Statt des Arztes kamen jedoch ein Tablett mit Essen und ein Krug mit frischem Wasser.

»Haben wir Essenszeit?«, fragte er die Wache verwirrt. Es fehlten die charakteristischen Töne der üblichen Essensausgabe. Die Flüche und Grüße, das Schlurfen derjenigen, die das Essen ausgaben, und das Quietschen der Räder des Servierwagens.

»Nee, Se kriegen extra.«

Ludwigs Herzschlag wechselte mit einem Schlag von gemäßigt auf stakkato. Er würde hingerichtet werden, vermutlich sogar heute. Man hatte ihm Schlafmittel ins Essen gegeben, und nun sollte er seine Henkersmahlzeit verspeisen. Und das war es dann für ihn. Sie hatten ihm nicht einmal etwas Besonderes kredenzt. Es gab Eintopf mit Kartoffeln und Grieß. Kein Fleisch, nicht einmal das kleinste Stück Speck, befand sich in seiner Schüssel. Nur der Kanten Brot war sehr frisch. Das Essen roch gut, aber Ludwig krampfte vor Aufregung der Magen zusammen. Er spürte Rumoren in seinem Gedärm. Erst, als er sich mit der Schüssel an seinem Tisch niederlassen wollte, fiel ihm auf, dass der Tisch fort war. An der Wandhalterung hing lediglich ein verbogenes Scharnier. Auch sein Bett sah anders aus.

Das Gestell war lädiert. Und die Kette, an der die Fußfessel hing, war aus der Wand entfernt worden. Was bedeutete das?

Ludwig stand noch immer in der Zelle und versuchte sich einen Reim auf das fehlende Mobiliar zu machen, als die Tür erneut aufgeschlossen wurde und Doktor Knecht hereinkam.

»Guten Tag, Herr Tessnow. Wie geht es Ihnen?«

»Ganz gut.«

»Suchen Sie Ihren Tisch?«

»So ist es.« Ludwig bemerkte, dass das Sprechen ihm einige Mühe bereitete. Seine Zunge war schätzungsweise auf die doppelte Größe angeschwollen. Eine Nachwirkung des Schlafmittels?

Misstrauisch kniff er die Augen zusammen und musterte den Arzt. Doch in dessen Gesicht zeichnete sich keine Sorge oder gar Ärger über eine Niederlage vor Gericht ab.

»Ich schlage vor, wir gehen in einen der Verhörräume. Dort können Sie wie ein zivilisierter Mensch am Tisch speisen, und ich kann mich derweil mit Ihnen unterhalten.«

Ludwig nickte zögerlich.

Knecht sprach mit der Wache. Oben angekommen, lächelte er und sagte zu Ludwig gewandt: »Es hat mich viel Überredungskunst gekostet, dass Sie im Verhörraum essen dürfen. Sollte wieder eine Schüssel an der Wand zerschellen, war dies wirklich das letzte Mal. Außerdem gibt es als Sanktion obendrein zwei Wochen nur Wasser und Brot.«

»Ich schmeiße nichts mehr«, sagte Ludwig.

»Wissen Sie, welches Datum heute ist?«

Ludwig platzierte vorsichtig die Schüssel auf dem Tisch, setzte sich und fragte zurück: »Soll ich heute hingerichtet werden?«

Knecht riss mit entsetzter Miene die Augen auf. »Nein. Wer sagt denn sowas?«

»Es ist, weil ich außerhalb der Essenzeit was Warmes bekomme, und dann Ihr Erscheinen hier im Gefängnis. Das gefällt mir nicht.«

»Keiner will Sie hinrichten. Sie hatten einen schweren Anfall, und darüber möchte ich in Ruhe mit Ihnen sprechen.«

Jetzt ließ sich Ludwig den Eintopf schmecken. Knecht blätterte in seinem Notizbuch und las vor: »Am 8. November 1904 um 2.34 Uhr war Getöse aus Zelle Nummer 36 zu hören. Um 2.35 Uhr blickte Wachmann Schmeller durch die Klappe der Gefängnistür und sah, wie der Gefangene mit sich selbst rang. Der Gefangene riss mit übermenschlichen Kräften die Eisenfesseln aus der Wandverankerung und schleuderte sie quer durch den Raum. Eine der Ketten zerschmetterte den Waschkrug sowie eine Fliese des Ofens. Der Tisch war bereits aus der Halterung gerissen worden, die Tischplatte in zwei Teile geschlagen. Der Gefangene warf sich in einer grotesken Bewegung auf den Boden, wo er zuckend, mit den Händen um den eigenen Hals geschlossen, liegen blieb. Wachmann Schmeller betrat um 2.37 Uhr die Zelle und stellte fest, dass dem Gefangenen blutiger Speichel aus dem Mund tropfte. Sämtliche Muskeln waren auf das Äußerste angespannt. Der Rücken bog sich zuweilen in ein Hohlkreuz. Der Gefangene gab Schmerzenslaute von sich. Ferner sprach er immer wieder vom Teufel, der ihn angreife.«

Ludwig hatte den Löffel sinken lassen. Mit offenem Mund lauschte er Knechts Bericht. Als dieser geendet hatte, stieß Ludwig voller Inbrunst hervor: »Das soll ich getan haben?«

»Unglaublich, nicht wahr?«

»Schauen Sie mich doch an. Ich bin dürr und kraftlos. Wie soll ich Eisen aus einer gemauerten Wand reißen können?«

»Das ist eine gute Frage.«

KAPITEL 31

November 1906. Die Zeit dehnte sich schier endlos aus. Ludwig kam es vor, als säße er schon 30 Jahre im Gefängnis. Eines Tages stürmte Westphal unvermittelt in Ludwigs Zelle.

»Das Verfahren gegen Sie wird neu aufgerollt.«

Ludwig bemerkte neue graue Strähnen im Haar des Direktors.

»Wann?«

»Der erste Verhandlungstag wird der 10. Dezember sein.«

»Warum lässt man mich nicht in Frieden?«

»Die Menschen sind nach wie vor aufgebracht. Und das nach fünf Jahren, die der Mord auf Rügen mittlerweile her ist. Das zwingt das Gericht geradezu, tätig zu werden.«

»Herr Doktor, ich kann nicht mehr. Lassen Sie mich zum Richtblock schleifen und der Sache endlich ein Ende bereiten. Dieses Hü und Hott ertrage ich nicht länger.«

»Oh nein, wir geben nicht auf. Sie werden doch wohl Ihr Leben nicht wegwerfen wollen, nur weil der Mob Ihr Blut sehen will? Wenn dem nämlich so ist, katapultieren wir uns direkt in die Hexenprozesse zurück, wo es jedem gestattet war, einen Verdächtigen aufzuknüpfen.«

Ludwig seufzte. »Es ist kein Leben, das ich hier führe. Es ist ein trauriges Dahinvegetieren. Sehen Sie mich an. Sieht so ein Mensch in den angeblich besten Jahren aus?«

»Wenn es endlich eine Entscheidung gibt, werden Sie sich erholen. Das garantiere ich Ihnen.«

»Ihr Wort in das Ohr von wem auch immer«, sagte Ludwig leise.

»Vermutlich werden Sie in der nächsten Zeit viel Besuch bekommen. Meine Kollegen würden gerne das eine oder andere Wort mit Ihnen wechseln, und außerdem wird Ihnen die Journaille die Tür einrennen wollen. Davor müssen Sie geschützt werden.«

»Danke sehr«, sagte Ludwig sarkastisch. »Ich kann hier nur leider nicht weg.«

Der erste Verhandlungstag begann für Ludwig um zehn Uhr. Mitten im Saal stand ein eigener Tisch für die sechs Sachverständigen. Als Ludwig seinen Widersacher Uhlenhuth zu erkennen glaubte, den er sich schon oft hatte beschreiben lassen, kochte sein Magensaft hoch. Er schluckte schwer. Neben dem Tisch der Sachverständigen hatte man den Zeugentisch aufgebaut. Er machte auf ihn den Eindruck eines pervertierten Gabentisches: Dicht an dicht reihten sich die Beweisstücke. Am meisten erschreckte Ludwig jedoch das Interesse der Öffentlichkeit. Immer mehr Menschen drängten durch die Türöffnung. Eine Wache kontrollierte die Eintrittskarten. Ja, Eintrittskarten – wie bei einer Theatervorstellung, ging es ihm durch den Kopf. Viele versuchten sich ohne Billett Einlass zu verschaffen. Sie wurden fortgeschickt. Man hatte Ludwig, wie bei der Verhandlung vor vier Jahren, wieder akribisch entlaust, gewaschen und ihn mit frischen Kleidungsstücken versehen. Nun saß er neben seinem Verteidiger Frantz, der bei allem, was gesagt wurde, vor sich hin nickte. Ab und an murmelte er eine Bestätigung. Er wirkte nervös, aber beileibe nicht wie einer, der um sein Leben kämpfen musste. »Wie das eben so ist, mit den Bübchen, die schon von Geburt an im Honigtopf schwimmen, die sich nie sorgen mussten und die nie Scherereien hatten«, sprach Bernhard Ludwigs Gedanken aus und rieb sich in imitierender Pose das Kinn. So wie der Strafverteidiger. Schnell senkte Ludwig den Kopf, damit niemand sein Schmunzeln sah.

Die Geschworenen erschienen und warfen Ludwig teils neugierige, teils vernichtende Blicke zu. Dann kam der Richter herein. Ein anderer dieses Mal. Die Brille mit den runden Gläsern spiegelte so stark, dass Ludwig seine Augen nicht sehen konnte. Die Sehhilfe thronte auf einer schmalen, geraden Nase. Kein Bart umschattete den schmallippigen Mund. Quer über das Kinn verlief eine weiße Narbe. »Duell oder Unfall«, mutmaßte Bernhard. »Mit dem hast du jedenfalls nichts zu lachen.«

Ludwig riss sich zusammen, um nicht zu antworten. Zu ärgerlich, dass er Bernhard ignorieren musste, was ihm im Laufe der Zeit immer schwerer fiel.

Das Verfahren wurde eröffnet, Ludwigs Personalien verlesen. Er wurde eingehend zu seiner Kindheit, den Verhältnissen seiner Eltern und seiner Ausbildung befragt. Im Prinzip waren es dieselben Fragen wie vor vier Jahren. Dann ergriff der Staatsanwalt das Wort und fasste in kurzen Sätzen zusammen, was Ludwig zur Last gelegt wurde und welche

Untersuchungen seit Ludwigs Verhaftung 1902 bezüglich seines Geisteszustandes stattgefunden hatten. Dann erhielt der Strafverteidiger das Wort. Er redete wenig, was Ludwig nicht gedacht hätte, und plädierte sofort auf unschuldig, weil Ludwig die Taten in einem epileptischen Dämmerzustand begangen haben solle. Damit führte er im Grunde genau das aus, was die Psychiater in jahrelangen Berichten zusammengetragen hatten.

»Beginnen wir mit dem aktuellen Fall auf Rügen. Wie lange hatten Sie dort gearbeitet?«

»Seit Mitte Juni 1901 war ich bei Tischlermeister Schmidt in Baabe angestellt.«

»Lauter bitte«, forderte der Richter, nachdem die älteren Geschworenen die Hände hinter die Ohrmuscheln gelegt und angestrengt gelauscht hatten. Ludwig wiederholte seine Aussage.

»Was haben Sie am 30. Juni gemacht?«

»Ich fuhr mit der Bahn nach Göhren und feierte.«

»Dann kehrten Sie nach Baabe zurück?«

»Ja, in der Nacht. Ich schlief am 1. Juli aus. Allerdings konnte ich wegen meiner Kopfschmerzen nicht arbeiten und besuchte daher einige Kneipen, um den Schmerz wegzutrinken.«

»Haben Sie das öfter gemacht?«, fragte der Richter und sah ihn über die spiegelnden Brillengläser hinweg an.

»Ja, es ist die einzige Möglichkeit, nicht tagelang das Bett hüten zu müssen.«

»Gut, Sie tranken also und gingen dann durch den Wald nach Göhren.«

»Ja.«

»Und in besagtem Walde begegneten Sie den Kindern des Fuhrmanns Grawert.«

»Nein, ich habe da keine Kinder gesehen.«

Ein empörter Aufschrei ging durch den Raum, der aus mehreren Kehlen gekommen sein musste.

»Sind Sie sicher, dass Sie keine Kinder im Wald gesehen haben?«

»Ja.« Die Menge wurde unruhig. Die Zuschauer raunten, die Luft wurde dicker im Raum. Ludwig hatte Probleme mit der Atmung, und ein Stich fuhr ihm über das linke Auge in die Haut. Bitte nicht, dachte er. Keine Kopfschmerzen!

»Sag ihnen, du hast sechs oder sieben Kinder gesehen«, soufflierte Bernhard. Ludwig wiederholte es gewissenhaft.

»Und da waren auch die Grawertschen Jungen dabei?« Bernhard tippte Ludwig auf die Schulter und schüttelte vehement den Kopf.

»Würden Sie mich bitte ansehen, wenn ich Sie etwas frage«, bat sich der Richter aus.

»Verzeihung«, sagte Ludwig und sah den Richter an. »Ich kann mich nicht entsinnen, ob besagte Kinder unter denen waren, die ich an diesem Tage gesehen habe.« Eigentlich erinnere ich mich an den Wald fast gar nicht, ging es ihm durch den Kopf. Der Druck auf seinen Schädel nahm zu. Gerne würde er seinen schweren Kopf in die Handfläche stützen und einen Moment die Augen schließen, nur einen winzigen Augenblick. Der Richter war jedoch unerbittlich. Er fragte und fragte.

»Damals gaben Sie zu, die Kinder des Fuhrmanns Grawert gesehen zu haben. Sehen Sie sich doch bitte diese Fotografie an, auf der beide Kinder zu sehen sind.«

Ludwig warf einen beiläufigen Blick auf die Aufnahme.

Das Bild verschwamm vor seinen Augen. Dann gewann es an Schärfe, war sogar noch deutlicher in den Kontrasten als zuvor. Die Fotografie zeigte jetzt die geschuppte Bestie mit geöffnetem Maul. Ein blutiger Kinderarm ragte zwischen den spitzen Zähnen hervor. Ludwig würgte. Er hielt sich die Hand vor den Mund.«

»Nein, ich weiß nichts mehr«, sagte er leise. »An einen Kuhhirten kann ich mich erinnern.«

»Na also«, sagte der Staatsanwalt, der sich gemeldet und vom Richter aufgerufen worden war. »Das passt doch sehr gut zu meiner Überleitung. Ich möchte den Zeugenbericht des Kuhhirten verlesen lassen.«

Ludwig vernahm die ersten Sätze des Berichts und hörte dann weg. Es war derselbe Bericht, der bereits vor vier Jahren verlesen worden war. Es schien ihm, als sei es dunkler im Raum geworden. Die angespannten Gesichter der Geschworenen lagen halb im Schatten. Ihre Augen funkelten wie die von Katzen. Zwei von ihnen sahen Ludwig an, dem vor Entsetzen die Gänsehaut über den Rücken kroch. Da saßen keine Erwachsenen, es waren Kinder, die ihn aus glühenden Augen betrachteten. Sie baumelten mit den Beinen. Klong machte es, wenn die beschuhten Fersen gegen das Holz der Bank schlugen. Klong, klong. Der Ton hallte in Ludwigs Bauch nach wie ein Glockenschlag. Eines der kleinen Monster winkte Ludwig zu, mit dem gleichen Enthusiasmus, wie Kinder zu winken pflegten. Doch dann verformte sich seine niedliche Kinderhand zu einer Kralle. Ludwig schloss die Augen.

»Ob Sie dem noch etwas hinzuzufügen haben? Meiner Treu, was ist das denn für ein müder Angeklagter«, schimpfte der Richter. »Herr Tessnow, sind Sie noch bei uns?«

Ludwig nickte matt. Er hatte keine Ahnung, was der Richter von ihm wollte. Anwalt Frantz hob beschwichtigend die Hände. »Herr Richter, ich beantrage im Sinne meines Mandanten eine kurze Pause von fünf Minuten. Mir scheint, ihm ist nicht wohl.«

»Das scheint mir in der Tat auch so«, stimmte der Richter zu und verkündete eine Pause von zehn Minuten. Die Geschworenen bat er allerdings, mit ihm in den rückwärtigen Raum zu kommen.«

Der Anwalt drückte Ludwig eine Blechtasse mit Wasser in die Hände. »Trinken Sie und reißen sich dann bitte zusammen. Es geht hier um Ihre Glaubwürdigkeit, es ist Ihr Prozess. Da können Sie nicht ständig träumen.«

Trotz seiner harten Worte lächelte er Ludwig aufmunternd an. »Haben Sie Hunger?«

Ludwig schüttelte den Kopf. »Na wenigstens etwas. Das zeigt mir, dass Sie zumindest ein wenig bei der Sache sind.« Der Anwalt klopfte ihm auf die Schulter. Gemeinsam gingen sie in den Gerichtssaal zurück.

Der Anwalt wies darauf hin, dass jahrelange Gefängnishaft mit mangelnder Bewegung und noch weniger Kommunikation auf das Gedächtnis gehen könnten. Man solle bitte Verständnis haben, dass der Angeklagte nicht alles wortgetreu aus den Protokollen von vor vier Jahren rezitieren könne.

»Was ist beispielsweise mit der Aussage, Sie hätten sich in Göhren Wurst gekauft, um diese am Strand zu essen?«

»Ich weiß es nicht mehr«, murmelte Ludwig.

»Lauter«, forderte der Staatsanwalt.

Ludwig wiederholte das Gesagte. Er fügte hinzu: »Ich kam nach Baabe zurück. Da begegneten mir viele Leute, die mich auf die vermissten Kinder ansprachen. Ich sagte ihnen, ich wisse nicht, wo die Kinder sind. Beim Haus angekommen, fand ich dieses verschlossen vor. Den Lehrling wollte ich nicht aufscheuchen, daher habe ich mich in die Laube gesetzt. Dort bin ich eingeschlafen.«

»Was hat der Lehrling damit zu tun?«, hakte der Staatsanwalt nach.

»Mit dem habe ich mir ein Zimmer geteilt.«

»Schön. Was haben Sie dann gemacht?«

»Ich bin am nächsten Morgen aufgewacht und nach Sellin oder Binz gelaufen.«

Der Staatsanwalt und die Geschworenen wechselten einen langen Blick.

»Sie haben nicht zufällig vom 1. auf den 2. Juli des Jahres 1901 anstatt in der Laube im Wald geschlafen?«

»Ich weiß es nicht mehr genau. Es ist ja nun auch schon fünf Jahre her.«

»Fahren Sie fort.«

»Ich war dann von Feuerwehrleuten in der Nähe von Binz ergriffen, gefesselt und ins Spritzenhaus gebracht worden. Sie waren sehr zornig.«

»Ihre Kleidung war nass und voller roter Flecken. Wie erklären Sie diesen Umstand?«

»Ich weiß nicht. Nass war sie gewiss nicht. Ich war doch bei keinem Wasser. Oder doch? Und die Flecken, nun, da handelte es sich gewiss um Beize. Die macht bräunliche Flecke, die nicht mehr rausgehen.«

»Herr Professor Uhlenhuth, wären Sie so freundlich, die Untersuchungsmethode, die an der Kleidung des Angeklagten vorgenommen wurde, für die Anwesenden zu erläutern?«

Uhlenhuth erhob sich mit einer zackigen Bewegung von seinem Stuhl, stellte sich mit all seinen Titeln dem Publikum vor und begann zu dozieren. Ludwig hätte das Gesagte mitreden können. Denn das, was dieser Mistkäfer da vorne zum

Besten gab, war nichts anderes als der genaue Wortlaut des Untersuchungsberichts. Ludwig hatte sich eine Abschrift ergattert und diese mindestens 50 Mal gelesen. Jedes Mal hatte er gehofft, ein Detail zu finden, das das Ergebnis zunichtemachte. Doch leider war die Beweislage eindeutig. Offenbar sah dies die Menge genauso. Viele Gesichter waren Ludwig zugewandt, die Blicke voller Abscheu. Wie er ihn hasste, den Verleumder, die Petze, diesen ekelhaften Kerl! Auch Bernhard mochte ihn nicht, das wusste Ludwig.

Der Vorsitzende bedankte sich für Uhlenhuths Bericht und musterte Ludwig über seine Brille hinweg. »Nach Ihrer Festnahme wurden Sie in Binz entkleidet. Es fanden sich Verletzungen an Ihrem Unterleib. Wie sind diese zustande gekommen?«

»Das war in Sargard. Ich hatte mich mit einer Säge geschnitten.«

»Seltsam. In der Verhandlung vor vier Jahren sagten Sie aus, Sie hätten sich in Brombeergesträuch gerissen. Wo ist das Messer abgeblieben?«

»Welches Messer? Ich hatte in Baabe überhaupt kein Messer. Wohl habe ich eines besessen, doch ich verlieh es in Sargard und erhielt es nie zurück.«

Der Vorsitzende runzelte die Stirn. »Warum gibt es dann etliche Zeugen, die bestätigen, dass Sie durch Tauschhandel in Norburg, das in Schleswig liegt, ein Messer erwarben?«

Der Richter verkündete die Mittagspause. Der Saal leerte sich schnell. Ludwig wurde in einen kleinen Raum ohne Fenster gebracht. Man stellte einen Napf mit Brei vor ihm ab und eine Tasse mit Wasser dazu. Er aß nur wenige Löffel, dann schob er das Geschirr von sich. »Ich kann mich nur an ihre Augen erinnern«, sagte Ludwig.

Bernhard wusste sofort, was er meinte. »Die Spiegel der Seele. Sehr philosophisch, Bruder.«

Ludwig starrte missmutig vor sich hin. Die Verhandlung drohte zu einer Aufwärmung derjenigen von vor vier Jahren zu werden. Er hatte lange gebraucht, um sich zu erholen. Wenn er ehrlich war, hatte er sich überhaupt nicht von den Ergebnissen der ersten Verhandlung erholt. Seitdem waren die Anfälle häufiger geworden, das Untier suchte ihn regelmäßig heim, und seine Kopfschmerzen raubten ihm das letzte bisschen Verstand.

Er wurde wieder abgeholt. Die Folter ging weiter.

Anwalt Frantz verlangte die Vorladung von Herrn Professor Westphal, der seinerzeit Ludwig in seiner Klinik in Greifswald untersucht hatte und der nun in Bonn einer psychiatrischen Einrichtung vorsaß. Sein Bericht, den er nach der Untersuchung verfasst hatte, wurde verlesen. Allerdings in stark gekürzter Fassung. Dann rief der Staatsanwalt den ersten Zeugen auf. Es handelte sich um einen Landgerichtsrat namens Albrecht. Er hatte Ludwig als Erster nach dessen Festnahme vernommen und machte genau denselben aufgeräumten Eindruck wie damals. Ludwig fragte sich, wie ein Mensch so akkurat sein konnte. Er wiederholte seine Ansicht, dass er zuerst geglaubt habe, Ludwig sei geisteskrank. Dann habe er jedoch sein Urteil über ihn revidiert, nachdem er sich öfter mit ihm unterhalten habe. Trotzdem er Ludwig klaren Verstand andichtete, hielt er ihn für den Täter, was er mit emotionsloser Stimme den Zuhörern vortrug.

Da einer der Hauptzeugen, der Amtsrat Schlief, mittlerweile verstorben war, wurde dessen Aussage verlesen. Es ging um die Kleidungsstücke der Kinder, die eingeschnitten und von den Körpern gerissen worden waren. Nicht, wie fälschlicherweise angenommen, von Ludwig ausgezogen worden waren.

Der Gendarm Schultz sagte aus, er sei es gewesen, der mit Grawert nach dessen Söhnen gesucht und nach erfolglosem Unterfangen nach Baabe gegangen sei, um auf Tessnow zu warten. Doch vergeblich. Bis um zwei Uhr harrte er mit zwei weiteren Männern aus, dann gingen sie. Tessnows Bett sei unberührt gewesen.

Er berichtete alsdann von Ludwigs Festnahme, von seiner ersten Vernehmung und von der Fahrt nach Göhren und von dort weiter nach Stralsund. Empört betonte er außerdem, dass Ludwig auf der Fahrt in der Ecke des Bahnwaggons zusammengekauert eingeschlafen sei.

Der Vater der beiden toten Kinder wurde vernommen. Er sprach mit fester Stimme, bis die Rede auf Ludwigs Auftauchen im Wald kam.

»Er stand vor uns. Einen Schritt weiter und wir hätten ihn greifen können. Warum nur habe ich es nicht getan. Ihn greifen und ...« Das Letzte hatte er zu sich selbst gesagt. Er blickte traurig auf seine Hände.

»Was geschah dann?«, wollte der Richter wissen.

»Der Mörder verschwand im Gebüsch. Anstatt sich wie ein Mann seiner Strafe zu stellen, versteckte er sich. Pfui über dich!« Ludwig fing sich einen Blick ein, in dem sich Hass und Trauer die Waage hielten. Er fühlte sich mit einem Mal schäbig. Hatte er wirklich dort im Wald gestanden, hinter einem Gebüsch und hatte der verzweifelten Suche der Eltern nach ihren Kindern tatenlos beigewohnt? Schlimmer noch, er solle tatsächlich dafür verantwortlich sein, dass die Eltern ihre Kinder verloren hatten?

Dem Fuhrmann Grawert traten Tränen in die Augen, die er zornig mit dem Handrücken fortwischte. Er stand noch einige Sekunden da, in denen er Ludwig einfach nur ansah. Dann setzte er sich in die Zeugenbank.

»Wir haben gleich sieben Uhr. Hiermit breche ich die Sitzung für heute ab und vertage sie auf morgen früh zehn Uhr«, sagte der Richter, hob seine Brille ein Stück an und rieb sich erschöpft über die Augen.

Auch Ludwig war wie erschlagen. Obgleich er nicht der kompletten Verhandlung beigewohnt, sondern immer wieder hinausgebracht worden war, hatte der Tag Spuren hinterlassen. Er schlief wie ein Toter und bekam kaum die Augen auf, als er um acht Uhr geweckt wurde. Sein Frühstück aß er auf. Nicht etwa, weil er Hunger hatte, sondern weil Bernhard ihn dazu drängte.

KAPITEL 32

Dieser zweite Verhandlungstag schlich sich an wie ein hungriges Tier. Zeugenladungen wurden beantragt. Der Messertausch sollte geklärt werden und die Tatsache, dass bei Ludwigs Sachen ein halber Hund in einem Sack gefunden worden war. Dies hatte sich damals in Lübbecke abgespielt und wurde ganz offensichtlich dafür genutzt, Ludwig als

Sadisten zu deklarieren. Allmählich dämmerte ihm, warum Bernhard ihn hatte essen lassen. Der nächste Verhandlungsabschnitt zog sich für Ludwig endlos in die Länge. Es wurden Zeugen über Zeugen aufgerufen, die Auskunft über Ludwig in Baabe gaben.

Ein ungewohntes Ziehen machte sich in seinem Gesicht bemerkbar, als die Gastwirtstochter aufgerufen wurde. Nach einer Weile stellte Ludwig fest, dass er lächelte. Er konnte sich gut an die Dame erinnern. Sie war hübsch mit ihren Grübchen auf den Wangen und den leuchtenden Augen. Auch jetzt unterstrich sie ihre Erläuterungen mit anmutigen Gesten. Und wieder hatte sie Nettes über ihn zu erzählen. Damals hatte er sich mit ihr über den Burenkrieg unterhalten und das grobe Verhalten der Engländer gegenüber Kindern und Frauen angeprangert. Sie war nunmehr verheiratet und lebte in Berlin. Glücklich verheiratet, wie sie stolz lächelnd betonte. Schade, dachte Ludwig bei sich. Sie wäre die Frau für mich gewesen.

Plötzlich glaubte er, dass ihn gleich der Schlag träfe. Seine Mutter wurde in den Saal geführt. Sie wirkte noch verletzlicher als damals. Ihr Haar war vollständig ergraut, die Wangen waren eingefallen, der Blick seltsam entrückt. Schwerfällig ließ sie sich auf eine Bank sinken. Sie sah Ludwig eine Weile an, ließ jedoch keine Gemütsregung erkennen.

»Wie würdest du handeln, wenn du wüsstest, dass dein Sohn ein vierfacher Kindsmörder ist?«, meldete sich Bernhard zu Wort, dem natürlich Ludwigs Umherschauen nicht entgangen war.

»Ist ja recht«, murmelte er.

»Wie bitte«, fragte Anwalt Frantz und beugte sich zu Ludwig herüber.

»Nichts.«

Als seine Mutter schließlich aufgerufen und gefragt wurde, ob sie bereit sei, eine Aussage unter Eid zu leisten, stand sie ruhig auf und bekundete, sie wolle aussagen. Ludwig lief es eiskalt den Rücken herunter. Seine Kindheit. Die hatte er stets für sich behalten. Vor all jenen, die ihm im Hirn herumbohrten mit ihren Fragen. Unglücklicherweise konnte er nur auf den Rücken seiner Mutter schauen. Er setzte sich aufrecht hin und lauschte, als seine Mutter mit leiser Stimme ihre Personalien zu Protokoll gab. 63 Jahre war sie schon alt. Ludwig konnte es nicht glauben. Sie zögerte keine Sekunde, über die Familienverhältnisse in der Familie Tessnow Auskunft zu geben, obgleich etliche im Saal angewidert das Gesicht verzogen, als sie berichtete, dass Ludwig unehelich geboren war. Dass ihr Mann, den sie ein Jahr nach Ludwigs Geburt verlassen hatte, nicht der Kindesvater war, aber Ludwig adoptiert hatte.

Ihre Stimme rückte in die Ferne. Die Welt um ihn herum schrumpfte. Mauern wuchsen links und rechts neben ihm in die Höhe, ein stechender Geruch drang in seine Nase. Ludwig sah nach unten. Da lag er, der Mann, der mit jedem rasselnden Atemzug einen Schwall Blut ausstieß. Dessen Brust von Messerstichen durchlöchert war, dessen Haare nass glänzten. Sein Stiefvater stand über ihn gebeugt und wischte die Messerklinge am Hemd des Todgeweihten sauber. Ludwig zuckte zusammen, als er am Arm berührt wurde. Plötzlich war er wieder im Gerichtssaal. Der Geruch aus der Gasse verfolgte ihn in die Gegenwart. Und nicht nur das. Blut floss über den Tisch, tränkte die Unterlagen von Anwalt Frantz und tröpfelte zäh über die Kante. Ludwig zog schnell seine Füße weg. Der Anwalt schien von den besudelten Blättern nichts mitzubekommen, sondern blätterte sie sogar noch durch. Das Blut haftete jetzt auch an seinen Fingern. Frantz fuhr sich durch das Haar und hinterließ eine glitzernde Spur. Die Gasse überlagerte kurz die Zeugenbank, das Richterpult und die Geschworenen. Gegenwart und Vergangenheit kollidierten.

»Der Brümmer stand bei mir im Zimmer. Oder vielmehr sein Schatten«, sagte seine Mutter, gerade, als Ludwig wieder zu sich kam. Schnell blickte er sich um. Sah jemand, wie schwer er atmete, wie er sich den Schweiß von der Stirn wischte? Es schien nicht so. Die Menge war ganz und gar bei seiner Mutter. Brümmer? Der Name kam ihm bekannt vor. Ach ja, Brümmer war der andere Wandergeselle, der bei dem Tischler in Baabe mit ihm zusammengearbeitet hatte. Ludwig hatte ihn als zornigen und faulen Kerl in Erinnerung. Sein Atem beruhigte sich.

»Hat dieser Schatten auch etwas gesagt?«, fragte der Richter und musterte Ludwigs Mutter wie ein ekliges Insekt. »Natürlich nicht. Schatten können ja nicht sprechen. Aber das schlechte Gewissen hat ihn zu mir getrieben. Das war nämlich kurz nachdem ich erfuhr, dass mein Ludwig zum Tode verurteilt war. Der Brümmer ist's gewesen, das schwöre ich bei allen Geistern.«

»Das werden wir klären, Frau Tessnow«, beschwichtigte der Richter. »Den Brümmer haben wir als Zeugen für heute hier.«

»Gut«, sagte sie erleichtert. »Dann wird er meine Aussage ja bestätigen können.«

»Kann Ihr Liebhaber, der Herr Tebesius, dies ebenfalls bezeugen?«

»Nein, als der Brümmer mich heimsuchte, war mein Liebhaber im Rausch. Er trinkt sehr gerne über den Durst.«

»Vielen Dank, Frau Tessnow. Das wäre für das Erste alles.« Der Richter wies mit einem Kopfnicken die Saalwachen an, sie hinauszubegleiten. Als die Tür hinter Ludwigs Mutter zugefallen war, wandte sich der Richter an Ludwig: »Ist es bei Ihrer Frau Mutter öfter der Fall, dass sie sich Dinge einbildet?«

Ludwig versuchte seinen klopfenden Herzschlag zu beruhigen und seiner Stimme einen gleichgültigen Klang zu verleihen. »Ja, bei ihr hat es oft gespukt. Sie leidet aufgrund ihrer Krankheit an Halluzinationen.«

»Du weißt, dass du die Krankheit geerbt hast«, rief Bernhard dazwischen. Ludwig schloss die Augen und massierte sich die Nasenwurzel.

»Ist Ihnen nicht wohl?«, fragte der Richter.

»Verzeihen Sie, es ist für mich doch sehr aufwühlend, meine Mutter nach all den Jahren wiedergesehen zu haben.«

Die Psychiater am Sachverständigentisch nickten und murmelten beifällige Bemerkungen. Ludwig kam das nur zupass. Der Richter rief zur Mittagspause auf.

Nach dem Essen wurde Ludwigs Vater, Tebesius, befragt, der wieder einmal leugnete, ein Säufer zu sein. Zumindest stritt er die Vaterschaft dieses Mal nicht ab. Das hatte Ludwig schon öfter anders erlebt. Tebesius hatte nichts Nützliches beizutragen und wurde vom Staatsanwalt bald aus dem Zeugenstand entlassen. »Herr Richter, ich schäme mich für meinen Sohn und habe Verständnis, wenn Sie ihn aufknüpfen.«

Ludwig machte sich nichts daraus. Er war die Reden seines Vaters gewöhnt, es hatte sich tatsächlich nicht das Geringste geändert.

Die nächsten Zeugen brachten frischen Wind in die Verhandlung. Es ging um einen Anfall, von dem Ludwig erzählt hatte. Damals hatte er in Teterow gearbeitet und einige Namen von Leuten genannt, die seinen Anfall bezeugen sollten. Was sie nicht taten. Warum? Bernhard fing, wie so oft, seine Gedanken auf.

»Weil ihnen vielleicht jemand Geld gegeben hat?«

»Uhlenhuth?«

»Möglich. Oder jemand, an den wir noch nicht gedacht haben«, sagte Bernhard gedehnt.

Ludwig betrachtete Uhlenhuth, der gelangweilten Blickes den Aussagen der Leute aus Teterow lauschte. Beim besten Willen, er sah nicht so aus, als habe er diesen Menschen Geld für ein falsches Zeugnis geboten.

Ludwig beriet sich im Stillen mit Bernhard. Die Brüder kamen überein, ruhig zu bleiben. Ludwig hatte sich im Prozess vor vier Jahren schrecklich ereifert. Das würde er dieses Mal anders handhaben. Die Fuhrmannsfrau Grawert mit der schrillen Stimme schwadronierte über die Todesahnung, die ihr Sohn am Mittag vor seinem Tod gehabt haben solle. Überhaupt wirkte sie entrückt und orakelte allerlei abstruse Dinge. Der Richter konnte mit ihrer Aussage wohl auch nicht allzu viel anfangen. Er verabschiedete sie schon bald wieder.

»Wichtigtuerin«, flüsterte Bernhard. Ludwig nickte leicht.

Der Vater, der tut mir aber wirklich leid, dachte Ludwig.

Interessant wurde es erst, als der Tischlermeister Schmidt aus Baabe aufgerufen wurde, bei dem Ludwig gemeinsam mit Brümmer in Dienst getreten war. Das war im Juni des Jahres 1901 gewesen. Man merkte deutlich, dass Schmidt von Brümmer nicht viel hielt, wohl aber von Ludwig. Ebenso Frau Schmidt, die keinerlei Grund gehabt hatte, über ihn zu klagen.

Der Brümmer sei so einer gewesen, dem man das zutraue, aber nicht der Tessnow.

Ludwig genoss das Lob, welches selten genug über seinem Haupt ausgegossen wurde.

Es wurden Zeugen über Zeugen vernommen. Ludwig starrte vor sich hin und hoffte, dass die Sitzung bald geschlossen würde. Das konnte doch nicht ewig so weitergehen.

Plötzlich stand dieser rothaarige, pausbäckige Kerl im Zeugenstand, an den sich Ludwig gut erinnern konnte. Schon damals fand er ihn schrecklich aufdringlich und besserwisserisch. »Und dann sagte der Tessnow, er sei es aber nicht allein gewesen, als er nach den Kindern gefragt wurde.«

Ludwig kochte die Galle hoch. Er sprang auf und brüllte: »Lügner!«

Der Rothaarige zuckte zusammen und starrte ihn ängstlich an.

Der Richter schlug mit der Handfläche auf die Tischplatte und bat sich Ruhe aus. Nach diesem Zwischenfall schloss er die Sitzung für diesen Tag.

Am nächsten Tag erschien unter anderem Brümmer und sagte aus, er sei mit Ludwig gut ausgekommen. »Siehst du mal, sie alle sind dir hold, aber nutzen wird dir das nichts«, spottete Bernhard.

»Und dich konnte nie einer leiden«, flüsterte er tonlos.

Und abermals wurde Ludwig von der rothaarigen Nemesis heimgesucht. Die Geschworenen wollten von den anderen Zeugen, die Ludwig im Spritzenhaus befragt hatten, wissen, ob sie die Äußerung auch vernommen hatten: Ludwig habe es nicht allein getan.

Niemand hatte diese Aussage vernommen. Aber dann meldete sich einer zu Wort, der aussagte, was Ludwig tatsächlich geäußert hatte: ›Ich selber habe es nicht getan.‹ Und das traf den Nagel wohl auf den Kopf, so wie Bernhard tobte. Manchmal war Ludwig heilfroh, dass niemand sonst seinen Bruder sehen konnte.

Auch der Geizhals aus Sagard wurde befragt. 40 Mark habe er Ludwig gegeben, was schon einmal nicht stimmte. Ja, Ludwig hatte sich einen neuen Anzug gekauft. Aber dafür hatte er gewiss keine 40 Mark auf den Tisch gelegt, so wie der Geizhals behauptete.

Bereits um zwei Uhr schloss der Richter die Sitzung. Alle Zeugen waren vernommen, ohne dass etwas erkennbar Neues zutage getreten war. Anwalt Frantz zeigte sich ebenfalls ermüdet, und es fehlte das Funkeln in den Augen, das Ludwig in dem Prozess vor vier Jahren bei der Stange gehalten und ihm Hoffnung gegeben hatte.

KAPITEL 33

Wenn Ludwig sich jemals etwas zu trinken gewünscht hatte, dann war dies nach dem dritten Sitzungstag der Fall. Vorahnungen über kommendes Unheil bemächtigten sich seiner. Er wusste, es war unausweichlich, dass das Todesurteil erneut ausgesprochen würde. Dieses Mal würde es ihn seinen Hals kosten. Er saß Anwalt Frantz gegenüber, der die Hände auf der Tischplatte gefaltet hatte und ihn trübe ansah.

»Ich weiß nicht, wie es Ihnen geht, aber mein Eindruck ist, dass die Zeugen ihre Aussagen in den Mund gelegt bekommen.«

Frantz wiegte den Kopf hin und her, dann sagte er leise: »Die Zeugen haben fast allesamt vor vier Jahren ihre amtliche Aussage gemacht. Ich kriege den Richter nicht wegen eines Formfehlers dazu, es zu unterlassen, die Zeugen zum Reden zu animieren. Er zitiert lediglich aus deren eigenen Aussagen. Und das darf er.«

»Ja, aber es kann ja nicht so richtig und wichtig gewesen sein, wenn sich kaum mehr einer von ihnen erinnert.«

»Das ist Spekulation, Herr Tessnow.«

Ludwig beugte sich angriffslustig nach vorne. »Wie hoch schätzen Sie meine Chancen ein, lebend aus diesem Prozess herauszukommen?«

»Ehrlich gesagt, nicht sehr hoch. Aber wir tun unser Bestes.«

Ludwig rauschte das Blut in den Ohren. »Nicht sehr hoch, nicht sehr hoch.« Natürlich nicht. Warum sonst hatte man den Fall wieder aufgerollt. Er hatte im Gefängnis ein relativ gutes Auskommen. Die Ausflüge in die Kliniken waren eine willkommene Abwechslung. All die Hoffnung dafür, dass er letzten Endes doch hingerichtet wurde?

Er sah den Anwalt mit festem Blick an und sagte: »Wenn das so ist, sind wir ja wohl fertig.«

Frantz schien erleichtert. Er raffte seine Unterlagen zusammen, nickte Ludwig zu und verließ den Raum.

Am Abend wurde Ludwig von Schweißausbrüchen heimgesucht. Er lag auf seinem Bett und zitterte so sehr, dass sich ausnahmsweise keine Wanze an ihn heran traute. Vielleicht rochen sie, dass er dem Tod geweiht war, und wollten sich nicht infizieren. Sogar Bernhard hielt Abstand, was beileibe noch nie vorgekommen war. Ludwig heulte und lachte abwechselnd. Es war doch alles ein Irrsinn. Die Wache beschimpfte er, sie könne sich den Gefängnisfraß in die Haare schmieren.

»Jetzt beruhige dich«, sagte Bernhard, nachdem er Ludwig eine Weile beobachtet hatte. »Es bringt nichts, wenn du völlig außer dir bist.«

»Hast du denn einen besseren Rat?«

»Lass uns gemeinsam nachdenken.«

Ludwig setzte sich auf, lehnte sich an die Wand und zog die Knie eng an den Körper. Er wischte sich die Tränen aus den Augen und sagte: »Ich dachte wirklich, es bringt mich weiter, wenn ich ruhig bleibe. Aber das kann ich nicht. In mir drin kocht es, wenn ich diese selbstgefälligen Gockel da vorne stehen sehe, wie sie mit ihrem moralischen Finger auf mich deuten. Nur, weil meine Mutter mir ein schlechtes Erbe in die Wiege gelegt hat. Was kann ich dafür, wenn ich hier oben«, er deutete auf seine Stirn, »nicht ganz richtig bin?«

»Lass dein Selbstmitleid stecken. Ja, du bist nicht richtig im Kopf. Na und? Du hast ein ehrliches Handwerk erlernt. Die Meister schwärmen von dir. Du bist fleißig, ruhig, besonnen …«

»Bis der Dämon in meinem Kopf wütet. Dann tue ich Dinge, an die ich mich noch nicht einmal erinnern kann. Kinder zu ermorden! Es geht ja wohl nicht verwerflicher. Wie soll ich die Verhandlung bloß durchstehen?«

»Vielleicht, indem du dich handlungsfähig machst? Überlasse den dämlichen Zeugen nicht das Ruder. Lenke sie in die Richtung, wo du sie haben willst. Mache dasselbe wie der Richter.«

»Na gut, ich werde es versuchen.«

»Und Ludwig, verstelle dich nicht. Wenn du wütend wirst, bist du eben wütend. Du bist ein Mensch. Zeige den Geschworenen das auch.«

Der vierte Sitzungstag brach an und hielt eine Überraschung bereit. Ludwig wurde vorgeworfen, er habe im Jahr 1901 einen vierjährigen Jungen in unsittlicher Weise angefasst. Während er mit anderen Gesellen in der Werkstatt zechte.

»Können Sie sich an ein solches Vorkommnis erinnern?«, sprach ihn der Vorsitzende an. »An das mit dem Kind gewiss nicht, denn das ist nie geschehen. An das Zechen sehr wohl.« Er grinste breit.

Die Verhandlung ging weiter. Es kam der Überfall auf das erwachsene Mädchen in den Pribbernower Tannen aufs Tapet. Ludwig konnte die Anfeindungen der Geschworenen nicht mehr ertragen. Besonders der Lehrer, der jedes Mal mit seinem knochigen Zeigefinger in die Luft stieß, brachte ihn in Rage.

Der Richter erhob die Stimme, da die Geräuschkulisse im Saal in der vergangenen Stunde merklich zugenommen hatte. »Angeklagter, was können Sie uns von dem genannten Vorfall in den Tannen berichten?«

»Ich kann mich nicht an die Zeitspanne erinnern. Außerdem war ich niemals in den Pribbernower Tannen unterwegs. Was sollte ich dort auch zu schaffen haben?«

Der Lehrer hatte inzwischen dunkelrote Flecken auf den Wangen, sein Finger stieß wieder und wieder in die Luft, als er mit einer sich überschlagenden Stimme sagte: »Sie wissen doch alles ganz genau. Leugnen Sie es nicht.«

»Wenn es ohnehin egal ist, können Sie hier allein verhandeln. Ich nehme meinen Hut und gehe nach Hause!«(10) Ludwig erhob sich, durchmaß den Raum, drängte sich an der Wache vorbei, die offenbar viel zu perplex war, um ihn ernstlich aufzuhalten, und verließ den Saal.

Sein Puls ging ganz regelmäßig, seine Haut war kühl, sein Blick klar. Bernhard machte zwei Meter vor ihm Halt, drehte sich zu ihm um, verbeugte sich, applaudierte und nickte anerkennend.

»Vielleicht nehmen sie mich jetzt ernst«, sagte Ludwig.

Nach etwa zehn Minuten erklärte sich Ludwig bereit, wieder mit in den Saal zu kommen. Er leugnete jegliche Erinnerung an den Fall in Stavenhagen.

»Ich muss mich doch sehr wundern«, sagte er laut, als das Mädchen, das sich wahrlich in eine hässliche Person verwandelt hatte, aussagte: »Ja, das ist er.« Berta Bölsch, geborene Lau, so hieß sie. Ludwig mochte den Klang des Namens nicht. Aber irgendwie passte er zu ihr. Sie starrte ihn aus trüben Augen an, wandte sich dann schutzsuchend an den Richter. »Ich lüge nicht. Er war es. Ich erkenne ihn wieder.«

Anwalt Frantz schaltete sich ein: »Aha. Frau Lau, Verzeihung, Frau Bölsch, warum sagten Sie damals aus, dass Sie ihn nicht identifizieren können? Wie ist es möglich, dass ein Erinnerungsvermögen erst nach fünf Jahren erblüht?«

»Das kann ich Ihnen auch nicht sagen«, antwortete sie schnippisch.

Dann wurde eine Zeugin aufgerufen, die Bernhard ein Pfeifen entlockte. Ihre Haut war fein, die Augenbrauen sanft geschwungen und die Lippen wie gezeichnet. Sie lächelte scheu, dann rutschte das Lächeln vom Gesicht und machte einem gequälten Ausdruck Platz.

Der Richter zog seine Brille ein Stück herab, musterte die Dame, sah in seine Unterlagen und sagte: »Sie waren am 2. März des Jahres 1901 ebenfalls in besagter Gegend unterwegs. Erzählen Sie uns bitte, was Sie erlebt haben.«

Die Dame schloss kurz die Augen, um sich zu besinnen. »Ich befand mich in den Tannen. Die Dämmerung hatte bereits eingesetzt. Ich beeilte mich, denn es wurde zunehmend kühler. Bis nach Hause lag ein Weg von etwa 20 Minuten vor mir, den wollte ich so schnell es ging hinter mich bringen.«

»Waren Sie zu dem Zeitpunkt alleine auf dem Weg?«, fragte der Staatsanwalt.

»Nein, hinter mir liefen zwei Männer, die sich unterhielten. Ab und an lachten sie. Ich fühlte mich von ihnen aber nicht bedroht.«

Sie holte Luft und wandte sich zu Ludwig um. Ihre Augen schienen ihm direkt in die Seele zu sehen. Was fanden sie dort? Bernhard wurde unruhig und begann mit den Fingernägeln über die Holzplatte zu kratzen. Alsbald hatte er sich an dem schlecht polierten Holz die Fingerkuppen aufgerissen. Blutige Striemen liefen über die Platte, doch er machte weiter. Ludwigs Herz begann zu jagen. Am liebsten hätte er ihn angeherrscht, damit aufzuhören, doch das konnte er ja nicht.

»Mir kam ein Mann entgegen, der aussah wie jener Angeklagte«, sie deutete mit der Hand auf Ludwig. »Ich hatte Angst. Er schien etwas Böses gegen mich im Schilde zu führen, sah mich an wie ein lauerndes Tier. Ich wurde langsamer und blieb stehen. Er kam näher, und seine Präsenz raubte mir die Luft. Dann waren die beiden Männer hinter mir heran. Der Unheimliche knurrte und verschwand im Wald. Ich war so froh, der drohenden Gefahr entkommen zu sein.« Sie blickte direkt zu Bernhard. Konnte sie ihn etwa sehen? Ludwig lief es kalt den Rücken herunter.

»Die beiden Männer haben übrigens die Aussage der Zeugin bestätigt«, teilte der Richter den Geschworenen mit.

Berta Bölsch wurde nochmals aufgerufen und teilte abschließend mit, sie habe von vornherein geglaubt, dass Tessnow sie umbringen wolle.

Der Sitzungstag endete um Viertel nach sieben. Ludwig streckte seine müden Beine, schüttelte angesichts der blutigen Hinterlassenschaft seines Bruders den Kopf und begab sich nach draußen.

»Was war mit dir los?«, fragte Ludwig, kaum, dass er sich mit Bernhard in der Sicherheit seiner Zelle befand.

»Diese Frau war einfach wunderbar. Warum hast du dich an diese Berta herangemacht?«

»Weil du mir eben jene Berta ans Herz legtest. Was für eine blöde Frage.«

»Aber die andere …«

»An die konnte ich mich noch nicht einmal mehr erinnern. Aber du hast recht. Sie ist wesentlich ansehnlicher als Berta Lau.«

»Bölsch.«

»Was?«

»Die Lau heißt jetzt Bölsch, weil sie verheiratet ist.«

»Ach Bernhard, das interessiert mich einen Dreck. Lass uns lieber beraten, wie wir morgen vorgehen. Das mit der Lebhaftigkeit heute hat ja schon sehr gut funktioniert. Ist dir aufgefallen, wie der Staatsanwalt plötzlich sehr vorsichtig in seinen Formulierungen geworden ist und der schlaffe Frantz mit einem Mal wieder mehr Mumm in den Knochen hatte?«

Bernhard verband sich die Fingerspitzen mit einem schmutzigen Taschentuch, das er zuvor in zwei Teile gerissen hatte. Er verknotete den linken, provisorischen Verband. Während er den Knoten mit den Zähnen festzurrte, nuschelte er: »Morgen machst du es genauso wie heute.«

Ludwig nickte. »So machen wir es.«

Sie aßen zu Abend, danach rollte Ludwig sich auf seiner Pritsche zusammen und schlief wie ein satter Säugling.

KAPITEL 34

»Sie scheinen mir lebhafter zu sein als die Tage zuvor«, bemerkte der Richter zufrieden. Ludwig nickte. »Das ist gut, denn Sie werden Ihr Gedächtnis des Öfteren benötigen. Heute werden wir den letzten Punkt der Anklage gegen Sie verhandeln: den Mord in Osnabrück anno 1898.«

Der Staatsanwalt meldete sich und wurde aufgerufen. »Zur Sache möchte ich ein Schreiben verlesen, welches mir aus Apenrade zugesandt worden ist. Es geht hierbei um den vielfach in der Presse erwähnten Mord in Norburg. Wenn Tessnow der Schuldige gewesen sein soll, dann wurde ein Unschuldiger hingerichtet. Die Leute echauffierten sich über diesen Tatbestand über alle Maßen.«

Der Richter hob die Hand. »Einen Moment bitte, dieses Schreiben ist für den Lechtinger Mord zuerst einmal irrelevant. Was die Leute denken und was nicht, beruht nicht auf Fakten, sondern auf moralischer Bewertung. Wir werden uns allerdings mit den Fakten beschäftigen.«

Erneut meldete sich der Staatsanwalt. Bernhard, der unbemerkt direkt neben ihm stand, kicherte. »Es liegt mir außerdem noch ein Schreiben vor, das ein Herr aus Danzig – seine Adresse liegt mir vor – verfasst hat. Er teilt darin mit, dass er damals Badegast in Rügen war und sich doch sehr wundere, dass Tessnow als unschuldig dargestellt wurde. Er habe Beweise zur Schuld des Angeklagten.«

»Gut, wir machen jetzt eines nach dem anderen«, sagte der Richter streng. »Zuerst einmal rufe ich den Zeugen Müller auf, der Auskunft über den angeblichen Messertausch in Norburg geben soll. Damit hätten wir Ihren ersten Brief abgehandelt«, wandte sich der Richter an den Staatsanwalt.

Müller wusste selbstverständlich von keinem Messertausch. Das hatte Ludwig geahnt, und daher hatte er sich mit locker verschränkten Armen auf seinem Stuhl zurückgelehnt und genüsslich dabei zugesehen, wie dem Staatsanwalt das selbstgefällige Lächeln verging.

Bernhard stand hinter dem Richter und blickte ihm über die Schulter. Er zog die Augenbrauen hoch und sah Ludwig an, der fragend die Schultern hob. Bernhard tänzelte um das Richterpult herum, gesellte sich neben Ludwig und raunte ihm ins Ohr: »Als Nächstes geht es um Tiere.«

»Aha«, entfuhr es Ludwig aus Versehen laut.

Zahlreiche Blicke wendeten sich ihm zu. Doch offenbar hatte sein Kommentar zu dem gepasst, was der Staatsanwalt von sich gegeben hatte.

Der Richter hakte diesen Punkt ab. Tatsächlich kam der halbe Hund sowie eine gefolterte Katze der ehemaligen Wirtin Himmelmann zur Sprache. Es wurde ein anderer Wandergeselle vernommen, der sagte, es habe bei dem Tischlermeister Horst gewiss keinen halben gebratenen Hund gegeben. »Woher willst du wissen, welches Fleisch du gegessen hast?«, warf Ludwig ihm vor. »Gut gewürzt, schwöre ich dir, könntest du nicht einen Hund von einem Rind unterscheiden.«

»Warum wurde die andere Hälfte dann bei dir auf dem Heuboden entdeckt?«

»Soweit ich weiß, haben wir beide uns damals als Logierquartier den Heuboden geteilt. Erinnerst du dich? Vielleicht hast du den Hund ja in den Sack gesteckt?«

Das hatte gesessen. Die Geschworenen wurden unruhig, begannen leise Gespräche miteinander zu führen, der Richter kratzte sich die Nasenwurzel und rückte seine Brille zurecht. Der Staatsanwalt und Anwalt Frantz zogen beinahe ein identisches Gesicht, das nichts als puren Ekel ausdrückte.

»Gut, ich rufe den Zeugen Brommer auf. Herr Brommer, Sie waren am 9. September des Jahres 1901 von Osnabrück nach Lechtingen unterwegs, um die Kindsleichen zu inspizieren.«

»Jawoll«, sagte der Gendarm. Seine Stimme war ein tiefer Bass, der zu seinem Leibesumfang passte.

»Führen Sie doch bitte aus, was Sie unterwegs erlebt haben.«

»Nun, ich befand mich schon recht nah am Tatort, als mir ein reduziert aussehender Mensch begegnete(9). Ich hielt ihn an und fragte ihn, wo er herkomme. Er sagte, er heiße Tessnow, wohne in Wallenhorst und wolle nach Osnabrück, um seinen Koffer abzuholen.«

»So weit, so gut«, sagte Anwalt Frantz. »Ich verstehe den Zusammenhang zum Tathergang nicht.«

»Kommen Sie bitte auf den Punkt«, gab der Richter dem Einwand statt.

»Jawoll. Also, es kamen zwei Radfahrer an, als ich da so mit dem Tessnow stand. Die sagten, er sei es gewesen. Sie wollten sich auf meine Bitte hin für weitere Fragen bereithalten. Zwischenzeitlich blieben sie jedoch stehen, ihre Räder so vor sich gestellt, dass dem Tessnow, im Falle einer Flucht, der Weg abgeschnitten war.«

Unruhe brandete erneut bei den Geschworenen auf. »Von den Radfahrern haben wir nichts in unseren Unterlagen«, sagte der Lehrer und stieß mit dem Finger in die Luft. Ludwig schnaubte verächtlich. Der Richter wischte den Einwand mit einer Handbewegung beiseite. »Fahren Sie bitte fort, Herr Brommer.«

»Jawoll. Der Rock vom Tessnow, auf den will ich unbedingt zu sprechen kommen. Der war nämlich nur mit einem Nagel verschlossen. Der Knopf fehlte. Ich löste den Nagel und öffnete den Rock. Auf dem Hemd, das der Tessnow darunter trug, entdeckte ich zwei rote Flecke, die mir sehr verdächtig vorkamen.«

Der Zeuge kratzte sich den großen Schädel und sah zu Ludwig, als würde er sich besser erinnern, wenn er ihn ansah. Ludwig fand die Visage des Gendarmen damals schon reichlich primitiv. Grob geschnitten, einfältige Augen, eine Knollennase und fleischige Lippen. Das Alter hatte seine Physiognomie nicht ansehnlicher werden lassen. Brommer drehte sich nach vorne, sah den Richter an und fuhr fort: »Ich sagte ihm auf dem Kopfe zu, dass ich den Verdacht hätte, es handele sich um Blut. Doch er leugnete es und behauptete, es sei Farbe. Blödsinn, sagte ich, Farbe wird hart, wenn sie trocknet. Die Flecke waren aber weich. Also der Stoff vom Hemd, meine ich. Der war weich. Und das habe ich dem Angeklagten auch genau so gesagt.«

Wieder machte Brommer eine Pause, die der Richter ihm auch ließ. »Ich fragte ihn, wo er denn die Nacht vom 8. auf den 9. September verbracht habe. Er sagte, mal auf Feldern, mal auf Wiesen, dann sei er umhergegangen, befand sich einmal im Walde. Und erst um sieben Uhr sei er nach Wallenhorst gegangen. Ich fand das so verdächtig, dass ich ihn festnahm. Als ich ihm sagte, ich wolle mit ihm zum Tatort, da wurde er weiß wie ein Gespenst. Er fing an zu zittern und zu schwitzen. Und ich überlegte, was ich machen würde, wenn er mir jetzt gleich zusammenbricht.«

Der Staatsanwalt meldete sich zu Wort, das der Richter ihm erteilte. »Recherchen haben ergeben, dass der Knopf, der am Tatort gefunden wurde, haargenau jenem gleicht, den der Schneider an den Rock genäht hatte, den der Tessnow zum Zeitpunkt seines Auffindens trug.«

Die Geschworenen gerieten außer Rand und Band. Der Richter versuchte Ruhe zu stiften, ließ es dann jedoch bleiben und rief zur Mittagspause auf.

»Das mit dem Knopf ist schlecht«, teilte Frantz mit. Bernhard stützte provokativ die Ellenbogen auf, sah missbilligend an Ludwig vorbei zu Frantz und sagte: »Bruder, das Ganze hatten wir bereits vor vier Jahren. Sag ihm, dass auf dem Knopf nicht dein Name stand. Es kann ein beliebiger Knopf gewesen sein, wie der Schneider gewiss etliche derselben Sorte verarbeitet hat. Darauf müsste dieser Frantz eigentlich selbst kommen. Immerhin war er auch vor vier Jahren dabei.«

Ludwig wiederholte Bernhards Worte. Frantz wiegte zweifelnd den Kopf.

»Es ist nicht der Knopf von meinem Rock. Oder hat Uhlenhuth gar eine Methode entwickelt, auch Knöpfe untersuchen zu können?«

»Soweit ich weiß, nicht«, gab Frantz humorlos zurück.

Nach der Pause war Ludwig satt und müde. Er saß auf seinem Stuhl, die Augen halb geschlossen, und lauschte dem Bericht, der soeben verlesen wurde. Der Richter hatte eine wunderbare Erzählstimme. Einen solchen Großvater hatte sich Ludwig insgeheim immer gewünscht, der an seinem Bett saß und ihm Geschichten vorlas, bis er in tiefen, vertrauensseligen Schlummer sinken konnte. Sein wirklicher Großvater jedoch, es war der Vater seiner Mutter, war ein Säufer. Seine Stimme begann ab einem gewissen Grad der Trunkenheit zu kieksen, und er roch zudem unangenehm aus dem Mund. Einerlei, dachte er sich. Er ist sowieso tot.

»... zitterte dermaßen, dass er sich an der Gerichtsschranke festhalten musste«, las der Richter soeben vor. »Als er die Fassung gewonnen hatte, bestritt er, dass der Knopf an seinem Rock gesessen hatte.«

Die beiden Ärzte wurden aufgerufen, die damals die Leichen der Kinder untersucht hatten. Im Magen des einen Kindes habe man Apfelsinenschnitze gefunden, die nicht aus dem elterlichen Haushalt stammten. Die Schnitte am Körper seien von einem Chirurgen oder Fleischer ausgeführt worden, sagten die beiden Mediziner aus. Sie ergingen sich in Details anhand derer sie belegten, dass solche präzisen Sektionen einer fachkundigen Hand bedürften.

»In Ihren Sachen wurde das Buch ›Bilz, das neue Naturheilverfahren‹ gefunden. Einige Seiten fanden sich herausgetrennt in einem Umschlag, der vorne im Buch steckte. Warum haben Sie die Seiten, die übrigens genaue anatomische Zeichnungen des menschlichen Körpers und seiner Organe zeigen, herausgenommen?«, wandte sich der Staatsanwalt an Ludwig.

»Mich ekelten die Bilder«, sagte er.

»Ich rufe nun den Chemiker, Herrn Thirner, in den Zeugenstand«, rief der Richter auf.

Es trat ein hagerer Mensch vor den Tisch, dessen Haut so grau erschien, dass Ludwig annahm, in seinen Adern flöße Wasser statt Blut. »Ich untersuchte damals die Kleidung des Angeklagten. Es fanden sich mehrere Flecke. Einer war jedoch zu verwaschen, um ihn näher zu untersuchen, die anderen beiden waren Blut. Allerdings wusste man damals nicht, ob Tier oder Mensch. Die Uhlenhuthsche Methode gab es noch nicht. Leider.« Der Chemiker nickte seinem Idol Uhlenhuth anerkennend zu, der die Geste huldvoll erwiderte. Nachdem der Chemiker seine Aussage hervorgestottert hatte, trat nachdenkliches Schweigen im Saal ein.

»Wir kommen nun zum nächsten Punkt, diesem Koffer hier.« Der Richter deutete auf den Tisch mit den Beweismitteln. Dort lag ein schäbiger brauner Koffer, in dessen Ritzen sich Staub angesammelt hatte. »Angeklagter, handelt es sich hierbei um Ihren Koffer?«, wandte sich der Vorsitzende an Ludwig. »Das weiß ich erst, wenn ich hineingesehen habe. Koffer sehen sich doch generell sehr ähnlich.«

Bernhard lachte. Sonst leider niemand.

»Bitte, dann treten Sie vor und öffnen Sie den Koffer.«

Ludwig erhob sich mit steifen Knien und trat zum Koffer. Der linke Verschluss klemmte noch immer. Als Ludwig sich auf den Kofferdeckel stützte, um dem Verschluss mehr Spiel zu geben, brach Raunen im Saal aus. »Das war unklug, Bruder.«

Verdammt. Ich hätte erst ganz normal den Koffer öffnen müssen, schalt er sich im Stillen.

Der Deckel ging auf und Ludwig sah seine Hose, die er gewiss nicht so säuberlich zusammengelegt hatte, sowie die gute Jacke, an der leider der Knopf fehlte. »Und?«, hakte der Richter nach.

Ludwig nickte. »Das ist mein Koffer.«

»Erinnern Sie sich auch, wo Sie ihn zuletzt sahen?«

»In Norburg?«, riet er. Ludwig hatte tatsächlich keine Ahnung.

»Ich rufe den Zeugen, Herrn Kriminalkommissar Rasch, auf.«

Ein Mann trat hinkend nach vorne. Abgesehen von seiner Gehbehinderung wirkte sein Körper sehr sportlich. Mit ruhiger Stimme begann er zu berichten: »Es war im März 1901, als mich ein Spediteur aus Osnabrück mit einem Koffer in der Hand aufsuchte. Er berichtete, dass der Angeklagte diesen bei ihm in Verwahrung gegeben, jedoch volle zwei Jahre nicht abgeholt habe. Unter Beisein des Spediteurs öffnete ich den Koffer und fand die darin befindlichen Dinge vor.«

Er trat neben Ludwig, der mit einer Geste des Richters aufgefordert wurde, sich wieder zu setzen. Ludwig missfiel, dass der Fremde an seinen Sachen herumgrabbelte. Wie ein Verkäufer vor Publikum präsentierte der Kommissar nun die Gegenstände im Koffer. Hose, Jacke, einige Briefe von Ludwigs Verflossener – die zum Glück nicht laut verlesen wurden –, das besagte Buch von Bilz, ein Kinderhalstuch, ein abgekauter Bleistift und zwei Paar löcherige Socken. Letztere hob der Kommissar mit Hilfe des Bleistifts in die Höhe. So, wie die Socken aussahen, konnte Ludwig ihm das nicht einmal verdenken. »Dann geschah der Mord auf

Rügen, und ich erinnerte mich an den Lechtinger Fall, der sich nahezu identisch dargestellt hat«, ergänzte der Zeuge.

Die Leute schienen sehr angetan von der Aussage des Kommissars. Kurz und präzise hatte dieser alles zusammengefasst. Man merkte schon, dass er Erfahrung in der Ermittlertätigkeit besaß. Ludwig hatte mit solchen Menschen noch nie etwas anfangen können. Diese preußischen Streber, die völlig in ihrem Pflichtgefühl aufgingen. Wo blieb da das Leben!

Der Nachmittag zog sich dröge in die Länge. Erneut wurde vom Auffinden der Kinder in Lechtingen berichtet. Ludwig hing es wirklich zu den Ohren raus, diese ständigen Wiederholungen. Er hörte erst wieder hin, als die Sprache auf Holtemeyer kam. Als wäre keine Zeit vergangen, spürte er die gleiche unstete Schwingung mit dem Mann. Er hatte Ludwig damals am Kragen gepackt und ihn mit einem derart mordlustigen Blick angesehen, dass Ludwig ihm unwillkürlich Respekt gezollt hatte.

»Hör zu, du Schwein«, hatte Holtemeyer damals gesagt. Die Stimme kaum lauter als ein Flüstern. »Ich gebe dir eine Viertelstunde mit mir im Wald. Danach wirst du entweder bekennen oder tot neben den beiden Mädchen liegen.«(11) Ludwig meinte sich zu erinnern, dass es zu einer Handgreiflichkeit gekommen war, etliche Menschen Holtemeyer jedoch davon abgehalten hatten, ihm auf der Stelle das Genick zu brechen.

Der Richter wiederkäute den Mittag des 9. September, rief nochmals die Aussagen der damaligen Zeugen in Erinnerung und schloss, sichtlich erschöpft, um acht Uhr die Sitzung.

KAPITEL 35

Ludwig schien es, als würde die Luft immer dünner im Raum. Parfüm mischte sich mit Schweißgeruch, das Bohnerwachs ging eine Liaison mit dem muffigen Staubgeruch ein. Ludwig war empfindlich an diesem sechsten Sitzungstag. Er fragte sich, wie lange die Verhandlung denn noch andauern solle. Irgendwann sei doch einmal alles gesagt. Die Zuschauerplätze waren sämtlich belegt. Auch Frauen sah Ludwig. Bernhard, der seinem Blick gefolgt war, verkündete naserümpfend: »Sieh dir die Weiber an. Da zerreißen sie sich ihre Schnuten über einen und prangern an, nur, um sensationslüstern einer Mordverhandlung beizuwohnen.«

Ich kann es nicht leiden, wenn er das sagt, dachte Ludwig.

»Wenn ich über das Weibsvolk philosophiere?«

Nein, ich meine das Wort ›Mordverhandlung‹. Übrigens, vielen Dank, dass du schon wieder meine Gedanken liest. Ich kann das nicht leiden.

»Kommt nicht wieder vor.«

»Ja, ja«, maulte Ludwig laut.

Frantz drehte sich um. »Haben Sie etwas gesagt?«

»Nein, nein.« Ludwig setzte sich und rutschte mit dem Gesäß so lange auf dem Stuhl umher, arrangierte seine Beine so lange, bis er seine bevorzugte Position gefunden hatte, in der er es zur Not stundenlang aushielt.

»Ha, der Schwegmann«, dröhnte Bernhard neben Ludwig. Ludwig seufzte. Bernhard war heute ausgelassen und ging ihm schon jetzt auf die Nerven. Selbstverständlich hatte

Ludwig den alten Tischlermeister aus Wallenhorst ebenfalls erkannt. Und wieder wurde erläutert, dass sich Ludwig hatte einen Teil seines Lohns, es waren zehn Mark gewesen, auszahlen hatte lassen, um seinen Koffer auszulösen. Und so weiter und so fort. Neu war, dass die Gattin des Tischlers Ludwig angeblich für eklig befunden hatte. Sie hatte nie etwas dergleichen zu ihm gesagt, war stets freundlich gewesen. Hatte ihn gar animiert mehr zu essen, da er ein »Hungerhaken« gewesen sei. Und diese Frau soll ihn aus tiefstem Herzen verabscheut haben?

»Angeklagter, bleiben Sie bei Ihrer Aussage, dass der Gendarm bei Ihrer Festnahme den Knopf von Ihrem Rock gerissen haben soll?«

Mist, ich habe wieder einmal nicht aufgepasst. »Ähm, ja.«

»Ich lade nunmehr die Zeugen, die bei der Festnahme zugegen waren, nacheinander in den Zeugenstand.«

Ludwig verlor das Interesse.

Ständig ging es um den leidigen Knopf. Ludwig stützte den Kopf in die Hände und stieß resigniert die Luft aus. Frantz hatte ihn ja bereits vorgewarnt und ihm gesagt, dass das Aufrollen der Verhandlung nicht immer die spannendste Angelegenheit sein würde. Aber dass es sich so langatmig gestaltete, damit hatte Ludwig nicht gerechnet. Als der vermeintliche Zeuge Hörnchenmeyer sich darüber ausließ, dass der Gendarm auf gar keinen Fall den Knopf abgerissen haben könne, wurde es Ludwig zu bunt. Er richtete sich mit einem Ruck auf, starrte den Mann wütend an und sagte laut: »In den Akten von 1902 steht doch schon, dass dieser Mann überhaupt nicht dabei war. Wie also kann er so etwas behaupten? Er ist kein Zeuge. Wann berücksichtigt das denn endlich jemand?«

Neben Ludwig sog Frantz scharf die Luft ein. »Mäßigen Sie sich bitte«, forderte der Richter. Der Hörnchenmeyer sah Ludwig verständnislos an und murmelte etwas vor sich hin.

»Kommen wir zu Ihrer Verhaftung am 10. September des Jahres 1898. Sie wurden vom Gendarm und Herrn Hardag in die Wohnung der Familie Hardag gebracht.«

Ludwig erinnerte sich als Erstes an den Geruch in der Wohnung. Es hatte nach Braten und gedünsteten Karotten gerochen, ein Hauch Karamell mochte als Glasur des Gemüses gedient haben. Er schloss die Augen und dankte Gott, weil er in die Küche eingesperrt wurde. Sie lag von der Eingangstür gesehen geradeaus den Flur entlang. Links und rechts zweigten insgesamt vier Türen ab. Frau Hardag war eine biedere Frau, die sich nicht unnütz schmückte. Sie vermittelte einen durch und durch sauberen Eindruck. In der Küche wurde Ludwig angewiesen, sich an den Tisch zu setzen und sich nicht von der Stelle zu rühren. Doch kaum waren die Hardags mit dem Gendarm in einem der anderen Zimmer verschwunden, stand Ludwig auf und inspizierte Schränke und Töpfe. Er fand tatsächlich in einer Auflaufform mit Deckel zwei Stücke Braten, die mit einer hellbraunen Sauce sowie mit Karotten und Blumenkohl bedeckt waren. Es roch verführerisch gut. Als er den Finger hinein tunkte, merkte er, dass die Speise lauwarm war. Nun gab es für ihn kein Halten mehr. Er beeilte sich, stopfte sich das eine Stück Braten beinahe komplett in den Mund, kaute gierig, genoss das saftige, faserige Fleisch. Dann schaufelte er mit den Fingern Karotten und Blumenkohl. Er schmatzte, leckte sich die Handfläche und die Finger ab. Dann stellte er die Auflaufform zurück, tat den Deckel darauf und setzte sich an den Tisch, als sei nichts gewesen. Kurze Zeit später betrat Frau Hardag die Küche. »Ach Sie sind das«, sagte sie. »Sie haben doch vorgestern bei uns gebettelt.«

»Frau, ich bin kein Mörder. Wie kann man nur so niedliche Kinder umbringen? Ich wollte, dass der Mörder gefasst würde, er müsste ebenso in Stücke geschnitten werden wie die Kinder.«(11)

»Da hätten Sie die Hand aber nicht allein am Messergriff. Ich bin sicher, Sie würden Unterstützung von allen Lechtingern erhalten.«

Ihr Blick war so klar und schnörkellos. Ludwig konnte ihn nur schwer ertragen. Im Laufe der letzten acht Jahre hatte er wahrlich viel vergessen. Aber den Blick von Frau Hardag, der hatte sich für immer in seine Seele gebrannt.

Bernhard war völlig außer sich gewesen, nachdem Frau Hardag dies gesagt hatte. Er deutete wild auf das Fleischermesser, das auf der Anrichte lag, dann auf Frau Hardag. Ludwig verkrampfte die Hände im Schoß, stammelte etwas davon, dass er gar nicht im Wald gewesen sei. Alles sei ein Versehen. Er wollte dieser Frau nichts antun. Er konnte es nicht. Auch wenn Bernhard das anders sah.

Ludwig schüttelte sich. Er stellte fest, dass er schon wieder einige Punkte verpasst hatte. Solange nicht seine Aussage gefragt war, war dies wohl nicht so schlimm.

Die Brünings erschienen im Verbund. Es war die Gastwirtsfamilie aus Wallenhorst. Ludwig war öfter bei ihnen eingekehrt. Ihm hatte die Atmosphäre in der Wirtschaft gefallen. Wenn er sich hätte eine Familie aussuchen dürfen, wäre er gewiss in diese hineingeboren worden. Irgendwer war immer da gewesen, um ein paar Worte zu tauschen. Die junge Tochter hatte meist auf den älteren Bruder geschimpft, der Wirt auf die Verteuerung im Allgemeinen und die Wirtsfrau Ludwig mit Klatsch und Tratsch aus dem Dorf versorgt. Und bei den Gesprächen hatten sie fleißig weitergearbeitet. Das hatte Ludwig imponiert.

Ein Stich ging durch seinen Magen, als die junge Wirtstochter, aus der eine aparte Frau geworden war, angewidert das Gesicht verzog und sagte: »Der Gast war mir unheimlich. Er hat einen unsteten Blick. Kann einem nicht aufrecht ins Angesicht schauen. Aber besonders schlimm fand ich den 9. September. Da war er gegen zwei Uhr am Mittag bei uns. Er saß vor seinem Bier, hat den Kopf geschüttelt, vor sich hin gelächelt wie ein Idiot. Ohne Grund. Es war nichts Lustiges an diesem Tage, zumal die vermissten Kinder im Gespräch waren.«

Die restliche Familie bestätigte die Aussage der Tochter. Ludwig verletzte das. Er hatte die Kneipe in sehr guter Erinnerung, und plötzlich redeten alle schlecht über ihn, wo sie zuvor mit ihm gescherzt, ihm brav den Krug nachgefüllt und sein reichliches Trinkgeld genommen hatten. Er war kein Geizhals.

Der Tischlermeister Schlie wurde als Nächstes aufgerufen. Er war Ludwigs Arbeitgeber in Osnabrück gewesen. Etwa fünf Monate hatte Ludwig in seinen Diensten gestanden. Er sagte, Ludwig sei brummig gewesen, habe zu oft blau gemacht. Und mit Leichen habe er ja überhaupt keine Probleme gehabt. Dies bewies er, als Schlie den Auftrag erhielt, einen Ertrunkenen einzusargen. Tessnow habe tapfer vermessen und sich nicht um unangenehme Gerüche oder gar den Zustand der Leiche geschert.

»Wie ist er mit dem Toten umgegangen? Respektlos?«, wollte der Staatsanwalt wissen.

»Nein, eher so, als würde der Tote nur schlafen. Tessnow hat still seine Arbeit getan und die Leiche nicht weiter beachtet.«

Dann kam ein Punkt zur Sprache, den Ludwig nicht vermutet hatte. Es wurde eine Frau Borchers aufgerufen, die aussagte, dass die Schwägerin von Tessnows Braut mit ihr in einem Hause gewohnt habe und sie eine heillose Angst vor Tessnow verspürt habe. Ihr Mann sei Gerichtsassistent, man könne ihr wohl durchaus ein wenig kriminalistisches Gespür zugestehen. Der Richter kommentierte dies nicht weiter. Ludwig fand diese Frau grässlich. Die biedere Aufsteckfrisur hatte sie sich gewiss in einem Frisiersalon anfertigen lassen, um bei Gericht seriöser zu wirken. Allerdings passte das Lippenrot und das Zuviel an Rouge nicht zur bodenständigen Fassade.

»Hat sie diese Angst begründet?«, fragte der Richter.

»Und ob. Dieser liederliche Mensch sei immer sehr reduziert gegangen, keinerlei Schmuck, wie es sich für einen Bräutigam geziemt. Und stellen Sie sich vor, die Braut selbst hat mich um meine Meinung gefragt, ob sie denn den Tessnow heiraten solle. Ich riet ihr ab. Jemand, der sich so wenig um Konventionen schere, der tauge als Ehegatte wohl kaum.«

Einige Frauen im Raum kicherten beifällig. Ludwig sah vor sich hin und grinste breit. Damals hatte er gelitten wie ein Hund, jetzt war er froh, Sophia nicht geheiratet zu haben. Sie war gesellschaftlich in ein viel zu enges Korsett geschnürt. Wenn sogar Hausbewohnerinnen sich anmaßten, Urteile zu fällen, wie war es dann erst um die Familie bestellt?

Es wurden weitere Zeugen aufgerufen, die sich lang und breit über Ludwigs Seriosität ausließen, dabei stets den moralischen Zeigefinger schwangen. Von einem der Herren im Zeugenstand wusste Ludwig beispielsweise, dass er ein Verhältnis mit einer Wirtstochter unterhielt, die gerade erst dem Kindsein entwachsen war. Aber was sollte er auch noch Dreckwäsche in diesem Raum waschen? Er wusste es, konnte daher die Moral dieses Mannes nicht ernst nehmen und fuhr fort, sich eins zu grinsen.

Nachdem seine gesamten Verhältnisse durchgehechelt worden waren, wurde darüber spekuliert, was mit den Messern geschehen war, mit denen er die Kinder abgeschlachtet haben solle. Es wurde auf die Hauptverhandlung vor vier Jahren verwiesen. Einer der Geschworenen, ein ähnlicher Typ Mensch wie der Lehrer in dieser Verhandlung, hatte angemerkt, dass Tessnow die Mordwerkzeuge ja auch im Dämmerzustand beiseitegeschafft haben könne, in dem er angeblich auch die Kinder und Tiere getötet habe. Ein klarer Affront gegen die Sachkenntnis der Psychiater, die sich damals mit dem Fall beschäftigt hatten. Auch jetzt brach Unruhe am Sachverständigentisch aus. Von den Geschworenenbänken kamen indes spöttische Blicke.

Selbst dem Richter, den Ludwig als erstaunlich geduldig wahrnahm, wurden die Spekulationen wohl zu dumm. Er vertagte die Sitzung auf den Montag für zehn Uhr und teilte den Anwesenden mit, dass dann zuerst die Sachverständigengutachten gehört würden.

Der siebte Sitzungstag brach an. Ludwig hatte das Gefühl, in der Zeit festzustecken. Es ging nichts vor und nichts zurück. Seine Welt war auf die Angeklagtenbank, das Richterpult, den Sachverständigentisch sowie den Ausschnitt der Geschworenenbänke, den er sah, wenn er den Blick hob, geschrumpft. Jeden Tag seiner Existenz müsste er wohl hier sitzen und sich seine Taten anhören, ohne die Möglichkeit zu haben, die verurteilenden Gedanken aus den Köpfen der

Geschworenen zu entfernen. War dies das Jüngste Gericht? War er tot, konnte er deshalb Bernhard sehen? Hatte Bernhard gewusst, was folgen würde, und sich deshalb selbst gerichtet? Er nahm sich vor, mit seinem Bruder all das bei Gelegenheit zu besprechen. Frantz erhob sich auf einmal neben ihm. Ludwig machte ebenfalls Anstalten aufzustehen. Es ging im Gerichtssaal mitunter zu wie in einer Kirche. Aufstehen, setzen, aufstehen, setzen und so weiter. Dieses Mal jedoch war Frantz allein aufgerufen. Er führte in knappen Worten aus, dass das Benzin, das man bei Ludwig gefunden habe, nicht dazu bestimmt gewesen sei, Blut aus Kleidung zu entfernen. Professor Beumer habe selbst vor Kurzem einen Versuch unternommen, mit Benzin Blutflecke aus Kleidung zu entfernen, was misslungen sei. Demnach könne man das Benzin dem Angeklagten nicht zur Last legen. Der Richter bat den Schreiber, einen entsprechenden Eintrag für das Protokoll zu verfassen, und rief die Sachverständigen auf, um die Frage zu klären, welches Instrument vonnöten sei, um Leichen zu zerschneiden. Die Sachverständigen waren sich schnell einig. Ein scharfes, starkes Messer mochte genügen. Die ins Feld geführte Knochensäge war eine mögliche Dreingabe, jedoch in ihrer Benutzung zu umständlich und zudem auffällig.

Der Richter ließ die Aussagen notieren und ging zu den Formalitäten über. Ludwig hätte am liebsten einen kleinen Spaziergang unternommen. Seinetwegen auch einen großen. Die Verhandlung war langweilig. Der Richter warf mit Zahlen und Namen von Antragstellern herum, sodass wohl keiner im Raum mehr den Überblick besaß, abgesehen vom Richter selbst, der seinem Schreiber akribisch die zu notierenden Daten diktierte.

Beumer wurde als nächster Sachverständiger aufgerufen. Er leistete zuerst Abbitte bei seinen vier Kollegen, die er in der Verhandlung von 1902 sehr brüskiert hatte. Und doch, verteidigte er sich, als säße er auf der Anklagebank, habe er in dem Jahr, in welchem er Tessnow beobachtet habe, keinerlei Anzeichen für Epilepsie feststellen können. Ludwig gefiel, wie Beumer beinahe winselte und Aufmerksamkeit heischend zum Sachverständigentisch hinübersah. Die Kollegen handelten klug, sie nickten ihm lediglich zu, sodass die Geschworenen keinen Konflikt bemerkten. Wohl aber Bernhard, der sich das Kinn rieb und Beumer mit zusammengekniffenen Augen musterte. »Der ist unten durch bei den anderen Seelenärzten.«

Ist doch egal, hätte Ludwig beinahe laut gesagt. Gerade noch konnte er den Mund schließen. Bernhard verstand ihn auch so. Wie immer. Beumer referierte über Ludwigs Ohrenleiden. Und kaum breitete er in anschaulichen Worten aus, wie sich ein solches Leiden äußerte, verspürte Ludwig abermals die Stiche, die ihn bis in den kleinsten Winkel seines Gehirns marterten. Er war sicher, dass er in der Zeit einen Teil seines Verstandes eingebüßt hatte. Zumindest seines körperlichen. Denn das Laufen ging nur noch in der Art, wie es die Seeleute taten. Schwankend, eine Wand zum Abstützen in der Nähe, immer einen Schritt nach dem anderen. Links, rechts, links, rechts, stolpern, rechts, links. Die Operation am Ohr war in der chirurgischen Klinik vonstattengegangen und war erfolgreich gewesen. Beumer ließ sich anschließend über Ludwigs Entgleisung in der Nacht vor der Urteilsvollstreckung aus. Über seine Bewusstlosigkeit.

»Von wegen bewusstlos. Wenn die wüssten, dass sich der Herr der Finsternis herangepirscht hat. Er war dir so nah wie nie zuvor. Man soll eben aufpassen, wen man mit Blut anfüttert.« Bernhards Augen glänzten gefährlich. Ludwig vermutete, dass Bernhards Veränderung mit seiner Selbsttötung zu tun hatte. Es konnte ja an der Seele nicht spurlos vorbeigehen. Und genau das war der Grund, weshalb Ludwig sich so sehr ans Leben klammerte. Nichts unversucht ließ, um nur noch ein paar Wochen oder Monate herauszuschinden.

Es wurde dunkler im Raum, ein Schatten zog über die Gesichter der Geschworenen. Ja, merkten die denn nichts? Ludwig atmete schnell und sah nach oben. Dort kauerte die Bestie und starrte gierig auf die vielen Menschen im Raum. Ludwig sah plötzlich, was sie sah, spürte ihren Hunger, ihre Gier.

»… sprengte er tatsächlich die starke Kette, welche um sein Fußgelenk gelegt war. Jeder, der schon einmal versucht hat, ein geschmiedetes Kettenglied ohne Werkzeuge aufzubrechen, der weiß, welcher Kräfte es hierfür bedarf«, führte Beumer aus. »Was in jener Nacht geschah beziehungsweise was der Auslöser für den Anfall war, wird wohl immer ein Geheimnis bleiben.«

»Was sagten denn die Wachen?«, wollte einer der Geschworenen wissen.

»Die erzählten mir, dass Tessnow sich in jener Nacht gegen den Teufel zur Wehr setzte. Er kämpfte mit allem, was ihm zur Verfügung stand.«

»Dass der Angeklagte seine Anfälle simuliert hat, halten Sie für ausgeschlossen?«, fragte einer der Geschworenen und fuhr jedoch, ohne eine Antwort abzuwarten, fort: »Wer hätte nicht Lust, einen Raum, in dem er kein einziges Möbelstück selbst bezahlt hat, in Schutt und Asche zu legen?« Beifall heischend sah er sich um. Ein paar Menschen im Raum nickten anerkennend, aber Beumers Miene wog offensichtlich schwerer. Er straffte sich, sah den Geschworenen mitleidig an und sagte: »Sehen Sie, ein Laie mag denken, Tessnow sei ein Simulant. Doch ein Fachmann erkennt sehr schnell, ob ein Anfall gespielt ist oder echt. Und ich schwöre Stein und Bein, dass Tessnow kein Simulant ist. Nein, wirklich, das halte ich für ausgeschlossen.«

Westphals Gutachten wurde verlesen, das ebenfalls darin gipfelte, dass Tessnow im epileptischen Dämmerzustand gehandelt habe. Diesem Gutachten schloss sich Doktor Kölpin an. Ludwig hatte auch nichts anderes erwartet. Zu guter Letzt sagte Doktor Schultze, der Direktor der Greifswalder Psychiatrischen Klinik aus, dass er sich der Meinung seiner geschätzten Kollegen anschließe und Tessnow weder ein Simulant, noch zurechnungsfähig gewesen sei, als er die Taten beging. Er habe im epileptischen Dämmerzustand gehandelt. Bernhard schlug Ludwig auf die Schulter, sodass Ludwig zusammenzuckte. Frantz sah ihn neugierig an, richtete seine Aufmerksamkeit jedoch wieder nach vorne, wo das Gutachten des Geheimrates Siemens verlesen wurde. Er wurde im Oktober 1904 damit betraut, aus dem Medizinalkollegium Pommerns nach Greifswald zu reisen, um den Angeklagten einer Musterung zu unterziehen. Siemens hatte das Gutachten geschickt formuliert. Die seelischen Gebrechen hatte er beiseitegelassen und sich auf die körperliche Symptomatik konzentriert. Immerhin befassten sich mit Ludwigs Psyche Ärzte, die als wesentlich kompetenter bekannt waren. Das Ohr sei gut verheilt, der Hörsinn wiederhergestellt gewesen. Aber Tessnow sei körperlich arg heruntergekommen, seine Stimme kaum mehr als ein Flüstern. Aber sein Geist sei aufnahmefähig und wach gewesen. Tessnow hatte sich sehr gut unterrichtet gezeigt und konnte Gesprächsinhalte ohne nennenswerte inhaltliche Verluste wiedergeben.

Der Staatsanwalt meldete sich zu Wort und sah den Direktor der Psychiatrischen Klinik an. »Sie haben gesagt, dass Tessnow sich von feuerspeienden Drachen und dem Teufel verfolgt geglaubt hat. Denken Sie, das Verlassen des Raumes durch den Angeklagten vor einigen Tagen ist ebenfalls im epileptischen Dämmerzustand erfolgt?«

Schultze blies die Wangen auf, ließ dann langsam die Luft entweichen, während er nachdachte. Für ihn antwortete dann überraschend Doktor Knecht aus Ueckermünde. »Ja, ich bin sicher, dies waren Erscheinungen des besagten epileptischen Dämmerzustands.«

»Dem möchte ich entschieden widersprechen«, sagte Beumer und erhob sich.

Der Staatsanwalt lächelte und sagte mit Honig in der Stimme: »Danke, keine weiteren Fragen.«

KAPITEL 36

Nach der Mittagspause ging es weiter. Für Ludwig kam eine Weile Ruhe in die Sitzung. Knecht wurde aufgerufen. »Ich möchte zu Beginn bemerken, dass ich heute nur ungern auf diesem Platze stehe. Nicht allein, dass ich mich in einer Sache zu äußern habe, die der öffentlichen Meinung im schreienden Gegensatz steht, sondern auch wegen der Angriffe, denen ich mich in der ersten Verhandlung ausgesetzt sah. Ich kann Ihnen versichern, werte Damen und Herren, dass mir solch massive Angriffe in meiner 30-jährigen Gerichtspraxis noch nie vorgekommen sind.(13) Ich hoffe, dass sie mir heute erspart bleiben mögen. Vielen Dank.«

Knecht setzte sich und blätterte in seinen Unterlagen. Dann zog er ein eng beschriebenes Blatt Papier aus dem Stoß und räusperte sich. »Um alle auf den gleichen Stand zu bringen, möchte ich mich mit dem Elternhause und der Kindheit des Angeklagten beschäftigen.«

»Jetzt wird es spannend«, verkündete Bernhard lautstark und beugte sich neugierig nach vorne, während er die Handfläche hinter sein linkes Ohr hielt und hingebungsvoll lauschte.

»Die Mutter des Angeklagten, welche selbst vor einigen Tagen hier vor Ihnen stand, leidet seit jeher unter Kopfschmerzen und Schwindelanfällen. Nicht selten kam es vor, dass der Angeklagte seine Mutter auf dem Boden liegend und in tiefer Bewusstlosigkeit vorfand.«

»Und die nicht ganz richtig hier oben war«, ergänzte Bernhard und tippte sich mit dem Zeigefinger gegen die Stirn, »weil sie sich vor allem gefürchtet und aus jedem Schatten ein Monster gemacht hat.«

Knecht ließ seinen Blick in die Runde schweifen. Er schien nicht zufrieden mit den Reaktionen des Publikums. Er senkte den Blick und suchte mit dem Finger die nächste Zeile. »Der Vater war Gewohnheitstrinker, ebenso der Bruder des Angeklagten, der wegen schwerer Körperverletzung im Zuchthaus saß und sich selbst durch Erhängen getötet hat.«

»Der Apfel fällt nicht weit vom Stamm«, hörte Ludwig ein gemeines Flüstern aus dem Publikum. Leider war ihm entgangen, wer diese Worte geäußert hatte. Er hätte dem Spötter gewaltig die Leviten gelesen. Denn eines musste man seiner Mutter lassen: Sie hatte sich immer so gut sie es vermocht hatte, um Ludwig gekümmert. Egal, wie es um sie selbst bestellt gewesen war.

Knecht fuhr fort: »Der Angeklagte selbst war ein schwächliches Kind, das die Nottaufe erhielt. Die Schwäche zog sich wie ein roter Faden durch sein Leben. Schwindelanfälle, häufige Krankheiten, Kopfschmerzen sowie Nasenbluten gehörten zu seinem Alltag. Abgesehen von den häufigen Infektionen, für die es keinen empirischen Zusammenhang zur Epilepsie gibt, sind die anderen Symptome doch klare Hinweise auf ebenjene Erkrankung, die sich Tessnow hereditär erwarb.« Er blickte dieses Mal länger in die Runde. »Für all jene, die nicht wissen, was hereditär bedeutet: Tessnow hat die Epilepsie von seiner Mutter geerbt.«

Knecht stand auf und deutete auf Ludwig. »Stellen Sie sich vor, Sie verspüren eine ständige Unruhe in sich. Sie können gar nicht anders als zu zappeln, weil Sie nicht länger stillhalten können. Aber wenn Sie es tun, bohrt sich ein Schmerz in Ihren Schädel, der Ihnen fast die Besinnung raubt. Was, so frage ich Sie, würden Sie tun?«

Ludwig rutschte unbehaglich tiefer in seinen Sitz. Was sollte das von Knecht?

»Sie ziehen weiter, weil Sie es nicht länger aushalten. Sie wollen nur noch Ihre Ruhe. Also brechen Sie alle Brücken ab und gehen irgendwohin, wo Sie meinen, endlich diese Ruhe zu finden. Aber dann machen Sie die Erfahrung, dass nach wenigen Wochen alles wieder genau so ist wie zuvor. Dies als kleine Verständnishilfe, um die Unstetigkeit meines Patienten zu erläutern, die hier schon des Öfteren angeprangert wurde.«

Einer der Geschworenen stellte die Frage nach den epileptischen Dämmerzuständen. Knecht holte weit aus und führte einige Beispiele an, wie sich jene Zustände für Außenstehende bemerkbar machten. Geschickt schlug er die Brücke zu Ludwig, der sowohl in Göhren, als auch in Lechtingen die Symptome eines epileptischen Dämmerzustandes zur Schau getragen habe. Und nicht zu vergessen Sargard, wo er ebenfalls in das typische Muster der Erkrankung gefallen sei. Als Auslöser nannte Knecht den übermäßigen Alkoholkonsum Ludwigs. »Was ich aber vollkommen ausschließe, ist eine sexuell motivierte Tat. Mein Patient ist kein Sadist. Für dieses Motiv fehlen jegliche Anhaltspunkte. Und während das letzte Mal noch die Wahrscheinlichkeit im Raum stand, dass Tessnow, wenn er die Taten verübte, im epileptischen Dämmerzustand handelte, so ist heute mit Sicherheit klar, dass dem so ist. Der Angeklagte hat, so er denn die Straftaten verübte, dies unter Ausschluss der freien Willensbestimmung getan.«

Knecht war mittlerweile ganz rot im Gesicht geworden. Er atmete schnell und war offensichtlich froh, sich einen Moment setzen zu dürfen.

Er grenzte die Daten ein, in denen sich bei Ludwig der Zustand aufgebaut und später aufgelöst hatte. Nicht wichtig, dachte Ludwig. Alles fängt irgendwo an und endet wieder. Außer der Energiefluss meiner Maschine. Aber sie wurde mir auch stellenweise von überirdischen Wesen diktiert. Das ist mit ein Grund, weshalb der Leibhaftige mich verfolgt.

»Können Sie das Fehlen der Mordwaffen aus psychiatrischer Sicht erklären?«, wollte der Richter von Knecht wissen.

»Nein, das kann ich leider nicht.«

»Was Sie aber können«, übernahm der Staatsanwalt das Wort, »ist eine Aussage zu treffen, ob der Angeklagte pervers veranlagt ist.«

»Das kann ich sehr wohl. Er ist es nämlich nicht. Ich wiederhole es nochmals: Die Tat, sollte er sie begangen haben, fand keinesfalls aus einem sexuellen oder sadistischen Motiv heraus statt.«

Es gingen so viele Hände ruckartig in die Luft, dass Ludwig den Eindruck hatte, die Geschworenen planten gleichzeitig davonzufliegen.

Der Geschworene Kray wurde aufgerufen. Er erhob sich, strich sich umständlich die Hosenbeine glatt, wohl in erster Linie, um das Zittern seiner Oberschenkel zu verbergen. Die Geschworenenbänke waren eng, da kam es gerne zu Muskelkrämpfen, hatte Frantz ihm zumindest einmal erzählt – Ludwigs Mitleid mit Kray hielt sich allerdings in Grenzen. »Herr Geheimrat Knecht, finden Sie es nicht auffällig, dass der Angeklagte sich so viel mit Bilz' Naturheilkunde befasst hat, also durchaus Ahnung von der Anatomie des menschlichen Körpers besitzt? Und dann nur auf wehrlose Kinder losging?«

Knecht wog die nächsten Worte sorgfältig ab. »Nun, ich gebe zu, dass der Angeklagte möglicherweise durch das Lesen des Buches beeinflusst wurde. Dass er nur auf wehrlose Kinder losging, ließ sich bislang nicht aufklären.«

»Und was ist mit Stavenhagen? Hier handelte es sich um ein erwachsenes Mädchen. Der Angeklagte ließ von ihr ab, als Frau Bölsch zu schreien begann.« Die Anzahl der Hände, die emporgestreckt wurden, vergrößerte sich nochmals. Nacheinander rief der Richter die Geschworenen auf. Kray setzte sich und wirkte sichtlich zufrieden. Er hatte Glut entfacht, die sich zu einem Feuer auswuchs. Die Gesichter der Geschworenen waren nunmehr gut durchblutet, die Augen kampfeslustig auf Knecht gerichtet. Dieser Mann tat Ludwig leid. Er hatte es zu Beginn seiner Aussage bereits prophezeit. Und nun litt er unter denselben Anfeindungen wie vor vier Jahren.

»Was ist mit dem Verstecken der Mordwaffen?«, fragte einer. Ein anderer merkte an: »Die Körperteile von der Elise wurden unter Laub versteckt. Wie geht das mit einem Dämmerzustand zusammen?«. »Jemand, der so viel gesoffen hat, wäre gar nicht so gezielt vorgegangen.«

Bernhard hielt sich die Ohren zu, Ludwig hätte es ihm am liebsten gleichgetan. Die Stimmen der Geschworenen hallten im Raum wider. Das Echo der vielen prekären Fragen lähmte Ludwig. Er sank immer mehr in sich zusammen.

»Kann nicht sein, zweifele ich an, möchte ich doch sehr in Frage stellen«, äußerten sich die Geschworenen.

»Und doch«, erhob Knecht die Stimme, »schließe ich das Vorhandensein eines epileptischen Dämmerzustandes nicht aus. All die geschilderten Symptome sind Teil davon. Die Bewusstseinseintrübung kann sich abschwächen, was nicht bedeutet, dass sie zur Gänze verschwindet.«

Einer der Geschworenen, der sich bislang nicht gemeldet hatte, holte dies nach. Jedes seiner Worte war präzise wie ein Messerschnitt. »Herr Geheimrat Doktor Knecht, gab es vor der Festsetzung der Hinrichtung des Angeklagten dokumentierte Hinweise auf epileptische Anfälle?«

Der Richter schob die Brille bis zur Nasenwurzel hoch. »Nein, diese Anfälle haben sich erst hinterher eingestellt. Deshalb wurde das Verfahren wieder aufgenommen«, unterrichtete er den Geschworenen.

»Herr Vorsitzender, ich bin allerdings sehr wohl der Ansicht, dass es Vorzeichen für diese Anfälle gab. Reizbarkeit, Schwindel, Ohnmachten. All dies sind erwiesene Symptome einer Epilepsie.«

Der Richter ging nicht auf den Einwurf ein. Er rief den Medizinalrat, Herrn Doktor Gettegast, in den Zeugenstand. Dieser sagte aus, dass er von Anfang an der Meinung gewesen sei, dass Tessnow nicht normal sei, aber er schließe eine Epilepsie dennoch aus.

Ein weiterer Geschworener hatte eine Frage. »Ich möchte gerne von den Sachverständigen wissen, ob sich jemand in besagtem Dämmerzustand blindlings auf jedweden Menschen stürzt, der ihm begegnet?«

Knecht bejahte die Frage, ohne lange nachzudenken. Ein listiger Ausdruck schlich sich in das Gesicht des Geschworenen. »Wie kommt es dann, dass der Angeklagte sich nicht auf Haskemeier gestürzt hat, als er ihm am 9. September entgegenkam?«

»Er mag ihn nicht bemerkt haben«, schlug Knecht vor.

Der Richter hob die Hand und wies auf Gettegast. »Was denken Sie hierzu?«

»Ich halte Tessnow für einen Sadisten.«

»Herr Doktor Offenberg? Dürfte ich um Ihre werte Einschätzung bitten?«

»Da möchte ich mich der Meinung meines Kollegen Gettegast anschließen. Auch ich halte den Angeklagten für einen Sadisten.«

»Professor Beumer?«

Umständlich stand Beumer auf. Er hielt den Blick starr am Richter vorbei auf die Wand geheftet. Er sprach leise, als bereite ihm das, was er sagte, Schwierigkeiten. »Anfangs war ich der Ansicht, dass er ein Sadist ist. Ein Simulant, ein Perverser. Doch ich gelangte zu der Überzeugung, dass er tatsächlich Epileptiker ist. Obgleich ich anmerken möchte, dass ich ein sexuell orientiertes Motiv nicht gänzlich ausschließen kann. Im Großen und Ganzen folge ich dem Sachverständigen Doktor Knecht in seiner Einschätzung. Epileptiker handeln oftmals unkontrolliert, um ihr Nervensystem zu entlasten. Und die Krankheit ist meist angeboren.«

Der Beisitzer Reichhelm runzelte die Stirn. »Da drängt sich mir doch eine Frage auf. Gibt es Dämmerzustände, die eine freie Willensbestimmung nicht ausschließen?«

Beumer zuckte mit den Schultern. »Hier fehlt es mir an Erfahrung.«

Knecht meldete sich zu Wort: »Es kommt zuweilen vor, dass die Epilepsie erst später auftritt und nicht bereits in der Jugend.«

Kölpin schloss sich dem allgemeinen Gutachten über die Epilepsie an.

Der Sachverständige des Medizinalkollegiums, Siemens, sagte aus, dass das Kollegium insgesamt der Ansicht sei, dass Tessnow vor der Hinrichtung an Epilepsie erkrankt sei. Nach eingehender Untersuchung könne man von einer Wahrscheinlichkeit sprechen, dass er im Dämmerzustand gehandelt habe. Persönlich glaube Siemens, dass Tessnows Bewusstseinszustand zum Zeitpunkt der Taten verändert gewesen sei, von Dämmerzustand könne er jedoch nicht guten Gewissens sprechen. Einen Lustmord schloss er aber kategorisch aus.

Der Richter schloss die Sitzung, als der kleine Zeiger auf die Acht sprang.

Der Andrang der Schaulustigen am nächsten Morgen war so groß, dass es vieler Polizisten bedurfte, um die Flut der Neugierigen zurückzudrängen. Vehement stemmten sich die

Ordnungskräfte gegen die Tür. Als das Schloss endlich hörbar einrastete, atmeten die Männer erleichtert auf. »Furchtbar, diese Menschenmassen«, sagte einer gerade, als Ludwig vorbeigeführt wurde. »Seit heute Morgen um drei Uhr stehen die schon vor der Tür, um auch ja nichts zu verpassen. Sieh dir mal die Augenränder der Leute an.«

Die Ordnungskräfte grinsten sich eins.

Der Richter trat ein, begrüßte die Anwesenden und rief als Ersten den Sachverständigen Doktor Schultze auf. Ludwig fand Schultze nicht unsympathisch, aber umständlich. Er hatte es während der vergangenen Sitzungstage nie geschafft, Schultze länger als fünf Minuten am Stück zuzuhören. Die monotone Stimme entführte Ludwig stets in andere Welten. Merkwürdigerweise fachte die Stimme in seiner eigenen Welt, zu der niemand sonst Zutritt hatte, Ludwigs Kreativität an. Als Ruhe einkehrte, tauchte Ludwig aus seiner Welt, in der er einen wunderschönen Versuchstisch gezimmert hatte, auf. Er warf einen Blick auf Frantz' Unterlagen und sah die Worte: Schultze, Tessnow kein Sadist. Tat = Geistesstörung; freie Willensbestimmung ausgeschlossen.

Ludwig liebte Frantz' klare Schrift.

Reichhelm fragte die Sachverständigen, wie denn die Apfelsinenreste in den Mägen der Kinder sowie das verschwundene Rasiermesser in Baabe mit einem Dämmerzustand zusammengingen?

Am Sachverständigentisch brach Gemurmel aus. Sätze flogen leise geäußert hin und her. Schließlich disziplinierten sich die Herren wie auf Kommando selbst und gaben der Reihe nach ihre Einschätzung ab, die – so fasste Ludwig für sich zusammen – darin gipfelte, dass die Sachverständigen anzweifelten, dass überhaupt Apfelsinenreste in den Mägen der Kinder gefunden worden seien und dass das mit dem Rasiermesser nicht bewiesen werden konnte. Als Vorwurf somit unbrauchbar sei.

Bernhard erschien und schlug sich vor Vergnügen auf die Schenkel. »Sieh an, jetzt pissen die in das Revier der Pathologen. Keine Apfelsinenreste. Wir wissen es besser, oder, Bruderherz?«

Der Beisitzer schien nicht recht zufrieden. Er wollte zum Abschluss wissen, ob die Sachverständigen den Weggang von Ludwig aus dem Gerichtssaal als Anzeichen eines epileptischen Dämmerzustandes einordnen würden. Siemens, Kölpin und Schultze steckten die Köpfe zusammen. Nach einer kurzen Beratung kamen sie überein, dass dies nicht der Fall gewesen sei.

»Hat noch jemand Fragen?«, wandte sich der Richter an die Geschworenen, den Staatsanwalt und Frantz. Als keine Wortmeldung mehr erfolgte, erklärte er die Vernehmung der Sachverständigen für beendet.

»Ich möchte nun das Obergutachten der wissenschaftlichen Abteilung für das Medizinalwesen des Kultusministeriums verlesen. Ich bitte hierfür um Ihre vollste Aufmerksamkeit.«

Das mit der Aufmerksamkeit war so eine Sache. Ludwig driftete immer wieder in eigene Gefilde ab. Mal war er bei seiner Maschine und überprüfte die Konstruktion auf Fehler, mal war er gedanklich in Stettin unterwegs. Alles war interessanter als dem aufgeplusterten Resümee seines Aufenthaltes in Moabit zu lauschen. Er war ja schließlich dabei gewesen, auch wenn er sich anhand der Beschreibungen nicht wiedererkannte. Es dauerte beinahe eine Stunde, bis der Richter den letzten Satz vorlas: »Es kann folglich nicht mit Bestimmtheit behauptet werden, dass Tessnow sich zur Zeit der inkriminierten Handlungen in einer krankhaften Störung der Geisteskräfte, sodass seine freie Willensbestimmung ausgeschlossen war, befunden hat.«(13)

Ludwig sah sich selbst in einer großen Falle sitzen, deren Bügel in diesem Moment über ihm zuschnappte, und der ihm das Genick brechen würde.

KAPITEL 37

Der Richter legte den Papierstapel zur Seite und stieß die Luft aus. Viele im Saal taten es ihm gleich. Dann sah er Ludwig an. »Angeklagter, haben Sie noch etwas zu sagen?«

Ludwig überlegte. Er hätte jede Menge zu sagen. Aber ob das dem Fall dienlich wäre, blieb dahingestellt. Er riss sich zusammen, konzentrierte sich und antwortete: »Zu Stavenhagen und Osnabrück habe ich nichts zu sagen. Was den Fall in Göhren betrifft, war ich am Morgen danach in der Laube.«(13)

Der Richter sah ihn einen Moment irritiert an, ehe er fragte: »Sonst noch Anmerkungen?«

Ludwig schüttelte den Kopf.

»Gut, dann kommen wir nun zur Verlesung der Fragen, die den Geschworenen vorgelegt werden sollen.«

Erneut driftete Ludwig weg.

Der Staatsanwalt erhielt das Wort für sein Plädoyer. Ludwig tauchte in seiner eigenen Sphäre unter. Der Staatsanwalt feierte sich gerne selbst, es konnte folglich dauern. Bernhard schnippte mit den Fingern vor Ludwigs Gesicht herum. »Pass auf, jetzt geht dein Hals in die Schlinge.« Die Zahnräder seiner Maschine drehten sich in einem perfekten Reigen umeinander, und die Energie floss in einem orangen Strahl. Ludwig genoss seinen Triumph, er badete im Licht seiner Erfindung. Ein Brennen auf der Wange holte ihn nach Greifswald zurück. »Au«, rief er und drückte die Handfläche auf das brennende Jochbein.

Frantz sah ihn irritiert an. Bevor er abermals Opfer von Bernhards Brutalitäten werden konnte, schenkte Ludwig der Verhandlung lieber wieder seine Aufmerksamkeit.

Frantz atmete schnell neben ihm, seine Ohren und der Ansatz des Halses glühten rot. Es war Ludwig, als könne er das aufgebrachte Trommeln von Frantz' Herz hören. Er las mit, was sein Anwalt notiert hatte: Tessnow nicht verrückt, da phänomenales Gedächtnis. Kritik an Osnabrücker Polizeiarbeit wegen Einstellen der Knopfindizien. Anzweifeln der Diagnose Epilepsie in Zsh. mit Alkoholkonsum. Motiv: Sadismus. Lesen von Bilz unterstützt Sadismus. Lechtingen zu koordiniert für Dämmerzustand. Göhren: Schuldzuweisung an Brümmer; schließt ebenfalls Geistesstörung aus. Alles zu überlegt. Rasiermesser. Widerspruch zu Sachverst. Heft fehle, sei egal, weil Tessnow Tischler. Neues Heft schnitzen. Auch Göhren zu koordiniert. Wartete, bis Kuhhirt weg. Dann Jungen massakriert. Dann Mordwerkzeug beseitigt. Spricht für volles Bewusstsein. Ende.

Der Richter verkündete die Mittagspause.

Es dauerte sage und schreibe 20 Minuten, ehe ein Durchkommen war. Der Andrang der Schaulustigen hatte nach der Mittagspause nochmals zugenommen. Der Gang war vollkommen verstopft. Murrend postierten sich die abgewiesenen Leute vor dem Hauptportal und spekulierten wild. Im Gerichtssaal selbst ging es zu wie in einem Bienenstock.

»Ja, mein Lieber, sie wollen dich alle hängen sehen.« Bernhard verzog abschätzig einen Mundwinkel. Er hatte sich von irgendwoher eine Zigarre gestohlen, die er sich unangezündet zwischen die Lippen schob. »Die hebe ich mir für deine Urteilsverkündung auf, solltest du den Tod bekommen. Im Falle deiner Begnadigung gebe ich sie dem ehemaligen Besitzer zurück.«

Warum bist du so?, fragte Ludwig im Stillen. Ich habe dir nicht das Geringste getan.

»Quit pro quo. Mehr sage ich nicht. Ist übrigens das Einzige, was ich auf Latein kann. Das Denken ist eher dein Gebiet.«

»Das weiß ich. Und, hat es mir bislang genutzt? Meine Maschine existiert. Zumindest in meinem Kopf. Kann ich sie bauen? Nein.«

Der Richter bat sich Ruhe aus und rief Rechtsanwalt Frantz auf.

»Zuerst einmal möchte auch ich an die sorgfältige Einschätzung der Geschworenen appellieren. Sollten Sie, werte Herren, dennoch zu der Überzeugung gelangen, dass Tessnow schuldig ist, so verweise ich in stärkstem Maße an die medizinischen Gutachten der Sachverständigen. Diese haben in den letzten Tagen für jedermann verständlich die psychische Erkrankung meines Klienten erläutert. Daher kann ich, und ich denke das Gleiche gilt auch für Sie, dem Herrn Staatsanwalt nicht folgen, wenn er jegliche Einschätzung der Sachverständigen negiert und meinem Klienten volle Willensbestimmung zum Zeitpunkt der Taten zuspricht. Die Ausführungen des Herrn Staatsanwalts beruhen auf Spekulationen. Ich persönlich habe kein Argument vernommen, das die Psychiater hätten widerlegen können. Außerdem bitte ich Sie zu bedenken, dass der Angeklagte immer bemüht war, als zurechnungsfähig zu gelten. Würde ein linker Mörder nicht dazu plädieren, als schuldunfähig zu gelten? Ich stimme überein, dass mein Klient der Taten, die ihm zur Last gelegt wurden, so gut wie überführt ist. Aber über das Gutachten der Psychiater, die allesamt als Koryphäen auf ihrem Gebiet gelten, ist nicht hinwegzukommen. Daher schließe ich jedwede Schuldfähigkeit meines Klienten aus. Vielen Dank.« Frantz ließ sich schwer neben Ludwig auf seinen Stuhl fallen. Bernhard hielt provokativ eine Schachtel mit Zündhölzern in die Höhe und deutete auf seine Zigarre.

Es kamen noch einige Einwürfe, die für Ludwigs Schuld sprachen, einige dagegen. Es war eine Farce. Nichts davon war neu oder hatte Schlagkraft. Der Richter fragte schließlich: »Angeklagter, haben Sie noch etwas zu sagen?«

Ludwig erhob sich mit knackenden Knien, stützte die Fäuste auf der Tischplatte ab und sah dem Richter ruhig ins Gesicht. »Ich kann mich nicht entsinnen, die Taten begangen zu haben. Ich habe nun schon bald sechs Jahre gesessen und bitte um meine Freisprechung.«

Der Richter wartete ab. Als von Ludwig nichts mehr kam,

fuhr er fort: »Das Gericht und die Geschworenen ziehen sich zur Beratung zurück.«

Ludwig wurde hinausgebracht, abgeschirmt von der aufgepeitschten Menschenmasse. Er war froh, nicht das Gebäude verlassen zu müssen. »Knüpft ihn auf«, skandierte ein spontan zusammengefundener Chor aus gottesfürchtigen Leuten, denen es selbstverständlich nur um die Kinder ging. Ihr Rufen hörte man sicherlich weit über die Stadtgrenze hinaus. Ludwig wurde in einen kleinen Raum gebracht, der lediglich über einen Stuhl, einen winzigen Tisch und einen Haken an der Tür verfügte. Kein Fenster. Ludwig wartete, bis sich der Schlüssel im Schloss gedreht hatte, dann flüsterte er: »Bernhard. Bist du da?«

Sein Bruder mochte vielleicht schon endgültig ins Jenseits eingegangen sein, hier war er jedenfalls nicht. Mit jedem Herzschlag wurde Ludwig schwerer zumute. Es musste doch einmal ein Ende haben. Dieser Wahnsinn höhlte ihn aus. Ihm wurde vorgehalten, er säße gleichgültig in der Verhandlung. Nun, zwischen der Notwendigkeit der Flucht aus der Realität und echter Gleichgültigkeit lagen Welten. Genauer gesagt, Ludwigs Welt. Der einzige Mensch, der sie je hatte betreten dürfen, war sein toter Bruder. Selbst die Psychiater waren nicht bis ins Innerste vorgedrungen. Wie eine Zwiebel hatte er sich mit Häuten geschützt. Meistens gelang es ihm nicht einmal selbst, zum Kern vorzustoßen. Dorthin, wo das kränkliche Kleinkind mutterseelenallein in der dunklen Ecke kauerte und weinte. Klebriges Blut an den Fingern und den Anblick des zu Tode gebrachten Mannes in die Seele gebrannt.

Ludwig war jegliches Zeitgefühl abhanden gekommen. Er kniete sich auf den Boden, faltete die Hände und schaute zur Decke. »Bitte, lieber Herrgott, wenn es dich wirklich gibt, dann hilf mir. Lass die Geschworenen erkennen, dass ich mich tatsächlich nicht an die Kindsmorde erinnern kann. Wende den Tod von mir ab und gib mir die Kraft, gegen den Teufel zu bestehen.«

Danach erhob er sich und wanderte ruhelos im Zimmer umher. Gerade einmal zwei Schritte auf zweieinhalb maß die Kammer. Ein Schritt nach vorne, dann dem Stuhl ausweichen, dann noch einen Schritt, kehrt Marsch und das Ganze zurück. Es besaß etwas Hypnotisches und beruhigte sein aufgebrachtes Gedärm. Als sich Schritte näherten und der Schlüssel rasselnd im Schloss gedreht wurde, verspürte Ludwig ein Ziehen im Magen und in den Handflächen. Dem Wachmann war nicht anzusehen, ob er etwas wusste. Ludwig wurde als Erster in den Gerichtssaal gebracht. Dann folgten die Sachverständigen, dann die Zuschauer, und schließlich betraten die Geschworenen gemessenen Schrittes den Raum. Ihre Mienen zeugten von hitzigen Diskussionen hinter verschlossenen Türen. Rechtsanwalt Frantz kam gerade noch vor dem Staatsanwalt und dem Richter zur Tür hinein. Er erweckte den Eindruck, den Fall Ludwig Tessnow schon unlängst abgehakt zu haben und sich geistig schon auf den nächsten Klienten zu konzentrieren. Jedenfalls schob er eine Mappe rasch unter die mit Ludwigs Papieren und strich sich die Haare aus der Stirn. Die Stille im Raum war erdrückend. Ludwig rieb sich die schwitzenden Handflächen an der Hose trocken. Dann schnupperte er. Es roch eindeutig nach Zigarrenrauch im Raum. Bernhard.

KAPITEL 38

Der Geschworene Kray, der als Obmann fungiert hatte, wurde gebeten, den Spruch der Geschworenen zu verkünden. Er sah zum Richter, dann zu Ludwig und verlas mit salbungsvoller Stimme: »Der Angeklagte ist einstimmig im Fall Lechtingen und im Fall Göhren des Mordes sowie des Mordversuchs im Fall Stavenhagen schuldig.« Ludwig schaute starr zu Bernhard, sah dem Aschekegel der Zigarre beim Verglimmen zu. Ein Wölkchen quoll aus Bernhards Mund.

»Angeklagter«, wurde er vom Richter aufgerufen. »Haben Sie dazu etwas zu sagen?«

Ludwig hatte keine Lust mehr zu reden. Es war in den letzten Tagen zur Genüge geredet worden. Für nichts und wieder nichts. »Ich kann nur sagen, dass ich es nicht getan habe und die Strafe nicht annehmen kann.«

»Herr Staatsanwalt?«

»Ich beantrage für jeden der beiden vollendeten Morde die Todesstrafe und für den Fall Stavenhagen zwei Jahre wegen Mordversuchs, da leider die Strafe laut Gesetz nicht höher bemessen werden kann. Ferner beantrage ich, dass der Angeklagte zeit seines restlichen Lebens seiner bürgerlichen Ehrenrechte für verlustig erklärt wird.«

»Herr Rechtsanwalt?«

»Ich habe keinerlei Anträge zu stellen«, sagte Frantz.

»Hört, hört«, rief Bernhard. Seine Stimme hallte von den Wänden wider. »Da hat dich der feine Herr Anwalt verraten und verkauft, mein Lieber!«

»Im Namen des Volkes ergeht folgendes Urteil: Der Angeklagte wird dem Antrage der königlichen Staatsanwaltschaft entsprechend verurteilt. Einzig die zwei Jahre wegen des Mordversuchs hat er nicht extra zu verbüßen, diese werden ihm auf die bereits abgesessene Haftstrafe angerechnet.« Der metallene Hammerkopf des richterlichen Werkzeugs schlug auf die Platte.

EPILOG

Man schrieb das Jahr 1939. Ludwig blickte auf die Geranien, die die Gärtnerin gerade frisch gepflanzt hatte. Der Frühling erweckte in ihm, wie so oft, den Drang loszuziehen und die Welt zu erkunden. In Anbetracht seiner körperlichen Verfassung beließ er es jedoch dabei, nur das Fenster zu öffnen und den Duft der Blumen einzuatmen. Er winkte Bernhard zu, der auf der Schaukel lümmelte und so tat, als würde er ein Buch lesen. In Wirklichkeit sah er der Gärtnerin auf den Hintern. Während Ludwig selbst schon 67 Lenze zählte, war Bernhard ein junger Mann geblieben. Der Glückliche. Ludwigs Blick schweifte weiter über den Garten, wo sich die ersten Osterglocken durch die Erde ins Licht bohrten, an der Mauer entlang, bis hin zum Fahnenmast, wo das Hakenkreuz im Wind knatterte. Das erste Mal seit Langem war Ludwig froh, am Leben zu sein.

Im Jahr 1907 war das zweifache Todesurteil in eine lebenslange Zuchthausstrafe umgewandelt worden. Die folgenden Jahre waren diffus. Ludwig entsann sich an endlose Fiebernächte, in denen er mit dem Teufel gekämpft hatte. Doch nicht einmal, als er aufgegeben und einfach mit geschlossenen Augen auf dem schmutzigen Boden liegen geblieben war, nahm ihn Bernhard in sein Totenreich mit, obwohl er es ihm immer wieder androhte. Ludwig war etliche Male während eines Arbeitseinsatzes, die Zuchthäusler mussten sich ihre karge Kost sauer verdienen, zusammengebrochen. Sollten sie ihn doch verhungern lassen, dann wären die Schmerzen wenigstens vorbei.

Man verlegte ihn in eine andere Anstalt. Sein Bruder beschimpfte ihn fast nur noch, außerdem roch Ludwigs Essen neuerdings merkwürdig. Er rechnete fest damit, dass er elendig mit schlimmsten Vergiftungskrämpfen sterben würde. Eine Weile erschien es ihm merkwürdig, dass er einerseits die Sehnsucht nach einem Ende der Qualen verspürte, dann jedoch lieber seinen Brei stehen ließ, der ihm zu sehr nach Mandeln roch, um eben nicht sterben zu müssen. Aber auch das ging vorbei. Als man ihn erneut in eine andere Einrichtung brachte, ließ er sich wie eine Stoffpuppe tragen. Er hatte zur Genüge gekämpft.

Wider alle Erwartungen bald sterben zu müssen, waren ihm bis heute gute 26 Jahre beschert. Man ließ ihn weitestgehend in Ruhe. Es erfolgte keine Verlegung mehr. Arbeiten musste er nur, wenn er sich dazu in der Lage sah. Mit den anderen Patienten, es waren insgesamt 50, kam er gut zurecht. Er hatte ein eigenes Zimmer im Erdgeschoss mit Blick auf den Garten. In Frieden begrub er seine Pläne für seine Maschine, sein Perpetuum mobile. Die Welt war noch nicht bereit für diese bahnbrechende Erfindung. Das konnte er akzeptieren. Seine Anfälle waren nach wie vor fürchterlich, aber die Versorgung danach wesentlich angenehmer als im Zuchthaus.

Anfang November 1939 ging eine Gruppe von Nationalsozialisten durch das Feste Haus und besuchte die Patienten. Die Männer ließen sich Zeit, sodass die Begehung einige Tage in Anspruch nahm. Angeleitet durch den Anstaltsdirektor Franz Enke, klopfte die Delegation auch bei Ludwig an die Tür. An diesem Tag war Ludwig müde, weil er die Nacht zuvor unruhig geschlafen hatte. Am liebsten hätte er so getan, als sei er nicht da. Aber er wusste, dass sie zur Not die Tür aufbrechen würden.

»Guten Tag«, begrüßte Enke ihn kernig. »Darf ich vorstellen, die medizinische Abordnung, die uns unser Gauleiter, Herr Schwede-Coburg, gesandt hat. Sie sind hier, um alle Patienten auf ihren Gesundheitszustand hin zu überprüfen.« Die Männer rissen zackig den rechten Arm nach oben. Ludwig strich sich über das schüttere Haar. »Nun, ich weiß jetzt auch nicht …«

»Gehen wir doch in den Essraum. Dort finden wir alle Platz«, schlug Enke vor.

Im Essraum roch es nach Hähnchen mit Kraut, die es zum Mittagessen gegeben hatte. Ludwig hatte sich im Übrigen ganz vergeblich Sorgen gemacht. Von ihm wollte niemand der Herren etwas Unmögliches. Er sollte lediglich einen fünfseitigen Testbogen ausfüllen. Auf dem dicken Papier thronte in jeder rechten Ecke der Reichsadler mit dem Hakenkreuz in den Krallen. Ludwig hatte das Emblem noch nie gemocht. Es erinnerte ihn an die Bestie, die ihre Jagd nach ihm wohl nie aufgab und immer dann auftauchte, wenn er sich richtig krank fühlte.

Er nahm den Stift zur Hand und übermalte zuallererst das Tier. Dann las er mühsam die Fragen durch und setzte Kreuze an die Stellen, die ihm passend erschienen. Währenddessen gingen Enke und die Delegation seine Krankenakte durch. Enke erläuterte in leisem Ton einige Einträge. Er übergab die Akte an den Leiter der Delegation in dem Moment, in dem Ludwig das letzte Kreuz machte.

»Warum haben Sie das getan?«, fragte einer der Männer in scharfem Ton und deutete auf die übermalten Adler.

»Sie machen mir Angst.«

Der Mann öffnete den Mund zu einer Erwiderung, schloss ihn jedoch wieder, als der Leiter ihn streng anblickte. »Wir sind hier fertig«, teilte er mit. Ludwigs Akte unter den Arm geklemmt, führte er seine Männer hinaus. Ludwig und Enke blieben allein zurück. Enke sah nachdenklich aus dem Fenster. Dann besann er sich, dass Ludwig neben ihm saß und darauf wartete, in sein Zimmer zurückgebracht zu werden, erhob sich seufzend und ging Ludwig voran.

Am Morgen des 17. November 1939 wurden die Patienten des Festen Hauses aufgefordert, sich auf dem Hof, mitsamt ihrem Hab und Gut, zu versammeln. Aufgrund von Renovierungsarbeiten erfolgte eine zeitweilige Verlegung. Es war kalt, der Nieselregen kroch in die Ärmel und Hosenbeine. Der wilde Horst lamentierte, wie üblich. Jedwede Veränderung war ihm ein Graus. Die Verlegung wurde von den SS-Leuten begleitet, die Anfang des Monats auch schon die Patienten besucht hatten. Ludwig fand den gesamten Transport unheimlich. Zu ihnen stießen am Bahnhof Stralsund noch weitere Männer. Die Fahrt dauerte lange. Ludwig dachte für einen Moment, man ließe ihn in Stettin hinaus. Doch wie hatte sich seine einstige Heimatstadt verändert! Er erkannte den Bahnhof nur noch aufgrund der Beschilderung. Die Fahrt ging weiter und endete schließlich in Neustadt, das im Gau Danzig-Westpreußen lag. Es war dunkel. Rüde wurden die Insassen aufgefordert, die Waggons zu verlassen. Der gelbliche Schein der Bahnhofsbeleuchtung spiegelte sich in den Pfützen auf dem Boden. Die schwarzen Männer mit den unglaublich blank gewienerten schwarzen Stiefeln hatten den kompletten Zug umstellt. Gewehre waren auf die Fahrgäste gerichtet. Warum? Hurtig wurden die Männer zu wartenden Lastwagen getrieben. Es gab keinerlei Lücke zwischen den schwarzen Männern. Ludwig fand sich eingepfercht zwischen anderen Fahrgästen auf der Ladefläche eines Lastwagens wieder. Rumpelnd ging die Fahrt über eine mit Schlaglöchern übersäte Straße. Der Geruch von Angst drang immer heftiger in seine Nase. Es waren viele Lastwagen, die in dieser Nacht im Konvoi fuhren. Abgase mischten sich in den scharfen Angstschweiß. Doch da war noch etwas. Der Geruch einer frisch angezündeten Zigarre. Ludwig sah sich um und schaute seinem Bruder ins Gesicht. Bernhard hatte sich irgendwie zu ihm durchgemogelt. Ludwig wollte ihn fragen, wie er das angestellt habe, da sah er, dass Bernhard weinte. Traurig paffte er seine Zigarre.

»Ich habe dich noch nie weinen sehen«, sagte Ludwig leise.

»Es tut mir so leid.« Bernhard nahm die Zigarre aus dem Mund, blickte sie einen Moment trübsinnig an und hielt sie dann Ludwig entgegen, der kopfschüttelnd ablehnte. »Du weißt, was das bedeutet?«

»Ja.«

Eine Weile sagten sie nichts. Ludwig sah Bernhard beim Rauchen zu, dann sagte er: »Wirst du bei mir sein? Bis zum Ende?«

»Und darüber hinaus.« Die restliche Fahrt über schwiegen sie. Es war alles gesagt.

Kindheit und Jugend von Ludwig Tessnow

Viel ist aus dieser Zeit nicht von ihm überliefert. Die Aktenlage ist schwierig. Damals gehörte Stettin zur preußischen Provinz Pommern, heute gehört es zu Polen. Die Geburts- und Sterberegister sind aufgeteilt. Während ein Teil in Deutschland aufbewahrt wird, sind andere Bücher in polnischen Archiven gelagert. Mutter Tessnow bekam ihren Sohn Ludwig am 15. Februar 1872 unehelich. Sie war 29 Jahre alt. Der Vater war ihr Liebhaber Tebesius. Ihren Ehemann verließ sie ein Jahr nach Ludwigs Geburt, weil dieser sie schlecht behandelt hatte. Dies gab sie in der Verhandlung von 1906 in Greifswald zu Protokoll(7). Doch erst nach 14 Jahren wurde die Ehe geschieden. Leider entpuppte sich Tebesius ebenfalls als Trinker, bestritt dies jedoch, ebenfalls in der Gerichtsverhandlung 1906. Wenigstens ging er einer Arbeit nach.

Ludwig besuchte die Volksschule und begann nach seiner Konfirmation 1886 seine Lehre als Tischler. Nach seinem Abschluss arbeitete er in Grabow und Nemitz. Im Jahr 1893 ging er auf Wanderschaft. Er sollte nie wieder zu seiner Mutter zurückkehren.

Ludwig Tessnows körperliche und psychische Verfassung

Nach seiner Geburt erhielt Ludwig die Nottaufe(22), weil nicht klar war, ob er überleben würde. Er war als Kind kränklich und hatte oft Nasenbluten. Welche Faktoren genau zu seinen Wahnvorstellungen, führten, darüber lässt sich nach so langer Zeit nur spekulieren. Ich verfolge in meinem Roman das Modell der multifaktoriellen Entstehung. Das bedeutet: Von seiner Mutter erbte er die Anlage zur Epilepsie, möglicherweise sogar die Wahnsymptomatik, von seinem Vater und Großvater schaute er sich das Trinken als Flucht ab, was »Lernen am Modell« genannt wird. Kinder orientieren sich in den ersten Lebensjahren an ihren Bezugspersonen, wobei die Kinder keine Unterscheidungen zwischen »gutem« und »schlechtem Vorbild« treffen. Die Lebensbedingungen für Kinder waren am Ende des 19. Jahrhunderts nicht rosig. Sie wurden nicht nur gekleidet wie kleine Erwachsene, sondern man ging allgemein davon aus, dass sie auch den Verständnisgrad von Erwachsenen besaßen. Zumindest, was die preußischen Tugenden anbetraf. Fleiß und Ordnung standen hoch im Kurs. Dem widersprach jedoch der Lebenswandel, den Ludwigs Eltern pflegten.

Ludwig Tessnow galt als introvertierter Einzelgänger, zuweilen machte er einen unheimlichen Eindruck auf seine Mitmenschen. Er »schlief« häufig mit offenen Augen, war weggetreten und wurde während seiner Schulzeit oft ohnmächtig, was ebenfalls einen abschreckenden Effekt auf seine Mitschüler gehabt haben dürfte.

Ein Schädel-Hirn-Trauma, dessen Zeitpunkt einer von Ludwigs behandelnden Ärzten, A. Knecht, auf die Mitte der 1890er Jahre datierte, der exakte Zeitpunkt ist jedoch nicht belegt, trug ferner dazu bei, Ludwigs Psychosen zu nähren.

Bei seinem älteren Bruder, ich habe ihn Bernhard genannt, da in den Aufzeichnungen von ihm stets nur als »älterer Bruder« die Rede ist, äußerte sich das schädliche Milieu auf andere Weise. Er war der Sohn von Tebesius mit einer anderen Frau. Bernhard war aggressiv, ein Raufbold, ließ sich nichts gefallen und erhängte sich in der Zelle des Zuchthauses, wo er acht Jahre Haft absitzen sollte, nach vier Jahren. Es ist vorstellbar, dass die Brüder einerseits zusammenhielten, weil sie gemeinsam in einer kinderfeindlichen Umgebung aufwuchsen, andererseits aber auch immer wieder ein Konkurrenzkampf aufbrandete. Hassliebe schmiedete beide zusammen. Nach dem Tod Bernhards war Ludwig auf sich allein gestellt.

Nicht sesshaft zu kriegen

Es ist bekannt, dass Ludwig Tessnow sehr häufig die Arbeitsstellen wechselte. Er fand Beschäftigungen in Brandenburg, Sachsen, im Königreich Sachsen, Westfalen, Hannover, Schleswig-Holstein, Mecklenburg und auf Rügen. Hameln wird eigens erwähnt. Er soll dort mit einem anderen Gesellen eine Uhr gestohlen und dafür eine Haftstrafe von einem Jahr Gefängnis verbüßt haben. Diesen Lebensabschnitt habe ich jedoch nicht in meinen Roman aufgenommen.

Eigentlich zufrieden

Die Meister beschrieben Ludwig Tessnow als in sich gekehrten, friedlichen Menschen. Zwar eckte er mit seiner Introvertiertheit so manches Mal an, aber er arbeitete gut und fleißig und machte wenig »blau«. Zumindest sprachen die Zeugen bei der Aufnahme ihrer Protokolle so über ihn. Später revidierten viele ihre Meinung und stellten Ludwig als unheimlich und bedrohlich dar.

Erfunden

Die Episode mit der Katze ist frei erfunden. Das Trauma mit der Katzenattacke habe ich Ludwig angedichtet. In der Gerichtsverhandlung von 1906 wird Ludwig unter anderem zur Last gelegt, er habe eine Katze anzünden wollen.

Allerdings ist mir wichtig, ihn nicht als Sadisten darzustellen, dem es Vergnügen bereitet, Tiere zu quälen und töten, sondern die Taten als Kompensation des Traumas stattfinden zu lassen.

Der Mord an Märzer und die Körperverletzung des Malers habe ich ebenfalls frei erfunden. Über die Tippelzeit ist wenig dokumentiert. Ludwig Tessnows Erkrankung dürfte sich aller- dings in dieser Zeit manifestiert haben. Das Verschwimmen der Ich-Grenze ist ein typisches Wahnmerkmal, deshalb habe ich Bernhard den Mord durchführen lassen. Erfunden habe ich außerdem die Person Katharina Detlefsen. Bekannt war, dass Ludwig Tessnow zwei Verlobte hatte. Eine in Lübbecke (Westfalen), die andere wird lediglich am Rande erwähnt. Ich fand es passend, sie zu Beginn der Tippelzeit auftauchen zu lassen.

Der Lechtinger Doppelmord

Aus der ausführlich beschriebenen Gerichtsverhandlung aus dem Jahr 1906 geht hervor, wie sich die Morde zugetragen haben. Ferner bietet Dr. Knecht in seinem Text »Sprechsaal« von 1907 einen umfassenden Ablauf der Geschehnisse an.

Die beiden siebenjährigen Schulmädchen, Elise Heidemann und Elise Langemeier, wurden auf ihrem 1.700 Meter langen Schulweg am 09.09.1898 gegen zehn Uhr getötet. Der Tatort befand sich in einem kleinen Gehölz, das circa 800 Meter lang und 500 Meter breit war. Ringsum lagen Wiesen, in Sichtweite auch vereinzelte Häuser. In etwa 300 Meter Ent- fernung befand sich die Schule. Mehrere Leute waren mit der Heuernte auf den Wiesen beschäftigt. Die Leiche des einen Kindes lag etwa zwei Schritte vom Wegesrand entfernt, der mit Buschwerk gesäumt war. Ihr Hals war durchgeschnitten, der Rumpf durch einen weiteren Schnitt geöffnet, durch die Symphyse hindurch bis ins Kreuzbein. Dicht neben dem Körper fand sich eine Blutlache, die vom zweiten Kind stammte. Ihr war der Kopf vom Rumpf getrennt worden. Der Brustkorb war in Höhe der Lendenwirbelsäule abgetrennt, das Becken selbst in der Kreuz-Darmbeinfuge gespalten. Ein Arm war aus dem Schultergelenk, ein Unterschenkel am Knie herausgelöst worden. Der Körper war teilweise gehäutet, teilweise war die Haut mit Längs- und Querschnitten versehen. Die Körperteile waren auf einer Länge von circa 1.000 Meter verteilt. Die Kleidungsstücke befanden sich dazwischen oder waren an Ästen aufgehängt worden. Einige Körperteile waren unter Steinen und Laub versteckt worden.

Als ein 13-jähriger Bruder des einen Opfers in Begleitung von drei anderen Schulkindern um 10.15 Uhr den Weg entlang kam, sahen sie einen Mann dicht am Wegesrand knien – genau an der Stelle, wo später die eine Leiche gefunden wurde. Sie verhöhnten ihn, weil sie ihn für einen Geistesschwachen hielten, bewarfen ihn gar mit Steinen. Als der Mann sich nicht rührte, bekamen die Kinder Angst und liefen weg.

Ludwig Tessnow wurde von der Polizei verhaftet, jedoch aus Mangel an Beweisen nach acht Tagen freigelassen. Die Blutflecken an seinem Hemd und der Hose deklarierte er als Tischlerbeize, die nach dem Trocknen genauso aussieht wie Blut.

Wie das Schicksal manchmal so spielt

Ludwig Tessnow überlebte tatsächlich auch die zweite Gerichtsverhandlung von 1906. Damals war man sich noch recht unsicher, was die Unterbringung von psychisch kranken Menschen betraf. 1907 wurde seine Todesstrafe in eine lebenslange Zuchthausstrafe umgewandelt. Er wurde in die Strafanstalt Naugard (heute Nowogard in Polen) überführt. Allerdings verschlechterte sich sein psychischer und physischer Zustand so dramatisch, dass er im Jahre 1909 nach Graudenz (heute Grudziądz in Polen) überführt wurde. Diese Strafanstalt besaß eine Irrenabteilung, die der Anstalt angeschlossen war. Da das ursprüngliche Urteil zurückgenommen worden war, eröffnete sich für Ludwig Tessnow die Chance, in einer Einrichtung für psychisch Kranke untergebracht zu werden und nicht mehr im Gefängnis verweilen zu müssen. Er wurde im Sommer 1913 nach Stralsund in die Provinzial-Heilanstalt verlegt. Dort wurde er in dem sogenannten Festen Haus untergebracht. Es verfügte über den notwendigen Sicherheitsstandard und war mit 50 Patienten belegt.

Über Tessnows Diagnose herrschte einige Unsicherheit. Psychopathie wurde ebenso ermittelt wie eine mögliche Haftpsychose respektive nachweisliche psychotische Anfälle.

Besonders bitter stößt sein Ende auf. Er wurde noch vor der offiziellen Durchführung des NS-Euthanasieprogramms T4 als erster Transport von 100 Kranken in ein Waldstück bei Groß-Piasnitz gebracht, wo er per Genickschuss getötet und in einem Massengrab entsorgt wurde. Für die frühe Deportation zeichnete sich der Gauleiter Schwede-Coburg verantwortlich, der die »übelsten Kranken« auf diese Weise vernichtete. Dies bedeutete im Klartext straffällig gewordene, psychisch Kranke.

QUELLENNACHWEISE

1. Greifswalder Zeitung, 03.07.1901
2. Greifswalder Zeitung, 04.07.1901
3. Greifswalder Zeitung, 05.07.1901
4. Greifswalder Zeitung, 07.07.1901
5. Greifswalder Zeitung, 09.12.1906
6. Greifswalder Zeitung, 11.12.1906
7. Greifswalder Zeitung, 12.12.1906
8. Greifswalder Zeitung, 13.12.1906
9. Greifswalder Zeitung, 14.12.1906
10. Greifswalder Zeitung, 15.12.1906
11. Greifswalder Zeitung, 16.12.1906
12. Greifswalder Zeitung, 18.12.1906
13. Greifswalder Zeitung, 19.12.1906
14. Greifswalder Zeitung, 20.12.1906
15. https://de.wikipedia.org/wiki/Serum-Pr%c3%A4zipitin-Test
16. Berliner Zeitung, 07.02.2001 »Ein Forscher überführt einen Mörder«, Anja Urban, Brita Engel
17. Forens Psychiater Psychol Kriminol (2014) 8:254-262 DOI 10.1007/s11757-014-0292-1
18. »Der Fall Ludwig Tessnow (1872–1939), Jan Armbrust, Kathleen Haack
19. Berliner Morgenpost, 09.12.2007, »Das Blut der Opfer«, Ulrich Zander
20. Filmdrama »Für den unbekannten Hund«, 2007

21. Kinderbuch »Was willst du werden?«, Verlag Winckelmann & Söhne http://www.digibib.tu-bs.de/?docid=00000286
22. Sprechsaal, »Der Fall Tessnow«, Geheimrat Dr. med. A. Knecht, 1907
23. Grundlagenforschung und Kriminalpolizei, Arbeitstagung im Bundeskriminalamt in Wiesbaden vom 21.–25. April 1969, Seite 17
24. Paul Uhlenhuth Quelle: http://de.wikipedia.org/wiki/Paul_Uhlenhuth?oldid=140601642
25. »Strafgefangener, Zelle 32«, Hans Fallada, Aufbau-Verlag, 1998
26. Internationale Klassifikation psychischer Störungen, ICD-10 Kapitel V (F), 5. durchgesehene und ergänzte Auflage, 2005
27. »Auf dünnem Eis – Die Psychologie des Bösen«, Lydia Benecke, Lübbe, 2013
28. »Die Leiche im Kreuzverhör«, Colin Evans, Wirkhäuser Verlag, 1998, S. 301 ff.
29. »Der Blutwahn«, Frank Thadeusz, SPIEGEL 22/2013, S. 132–134
30. »Sexuelle Verirrungen des Menschen und der Natur«, Dr. Georg Back, Standard Verlag, 1910
31. Über Gehirnkrebs und damit zu verwechselnde Gehirngeschwülste, Verteidigung von Adolf Emil Knecht zur Erlangung der Doktorwürde in der Medicin, Chirurgie und Geburtshülfe, 1869, Medizinische Fakultät Leipzig
32. Geschäfts- und Adreßhandbuch Stettin 1872, Seite 202

Weitere Krimis finden Sie auf den folgenden Seiten und im Internet:

WWW.GMEINER-SPANNUNG.DE

CHRISTIANE GREF / MEIKE SCHWAGMANN
Die Schädeljäger

978-3-8392-1298-1 (Paperback)
978-3-8392-3917-9 (pdf)
978-3-8392-3916-2 (epub)

»Lässt sich die Seele anhand eines Schädels vermessen? Ein spannender historischer Thriller vor atemberaubender Kulisse.«

Weimar, 1805. Die Heimat der deutschen Klassik steht Kopf: Eine blutige Spur enthaupteter Leichen führt durch die Stadt. Zur selben Zeit präsentiert der Phrenologe Dr. Franz Josef Gall seine umfangreiche Schädelsammlung in den Hörsälen Weimars. Hat er etwas mit den Morden zu tun? Als der Weinhändler Adrian Dennfelder das Angebot ausschlägt, seinen Schädel vermessen zu lassen, wird es auch für ihn gefährlich. Er muss den Täter finden, will er nicht selbst der nächste Kopflose sein …

BORIS PFEIFFER
Dunkelfeld

978-3-8392-1943-0 (Paperback)
978-3-8392-5143-0 (pdf)
978-3-8392-5142-3 (epub)

TÖDLICHE AFFÄREN Hauptkommissarin Nadja Zeughoff wird aus ihrem wohlverdienten Wochenende zu einem Mordfall nach Berlin Schöneberg gerufen. Bei dem Toten handelt es sich um ihren Kollegen Kommissar Ralf Kramer. Dieser ist erschossen und böse zugerichtet in seiner Wohnung aufgefunden worden. Aber was zunächst wie ein brutaler Rachemord aussieht, stellt sich nach und nach als eiskalt geplante Tat heraus. Und das ist erst der Anfang. Die Berliner Hauptkommissarin gerät immer tiefer in ein undurchsichtiges Intrigenspiel.

GMEINER SPANNUNG